eckhart
tolle
editions

神奇的三個詞

掌握力量、平靜與富足的關鍵

THREE MAGIC WORDS

U.S. Andersen **U.S.安德生** 著 **顏涵銳** 譯
Eckhart Tolle **艾克哈特・托勒** 選書修訂

THE KEY TO POWER, PEACE, AND PLENTY

只要你肯相信——
凡抱持信心
沒有辦不到的事。

〈艾克哈特・托勒——新版序〉
你會了解你擁有無限的力量

《神奇的三個詞》最早出版於一九五四年，是一本超越其時代的心靈著作經典。書中所介紹的幾個概念，如今都成為身心靈探討上的常用語：吸引力法則、肯定的力量，以及眾生之間的相互聯繫，本書作者安德生將其歸因於所謂的「萬物共通的心智」（Universal Mind）。據安德生的定義，「萬物共通的心智」是一個巨大、無所不包的心理和精神存在，萬事和萬物無不在其中。[1]這份「萬物的心智」或「意識」（Consciousness）是神性的宇宙智慧，是宇宙所有生命形態演化時有條有理的原則。

萬物的心智就是古希臘哲學的「宇宙法則」（logos），中國靈性精髓中的「道」。人類意識可以視為「萬物共通意識」（Universal Consciousness）的一道光。我們的目的是意識到這股力量，並遵從其指引，好讓它在我們的生活中充分表達。

如何做到呢？要先學會從內心深處感知到它，也就是要超越思想和感官知覺，意識到其餘的東西，即意識本身，也就是你的本質——我則稱之為本我（identity）。安德生有時稱之為「私密自我」。[2]

如果你認真閱讀本書，過程中可能多少能感受到這種領悟。這裡頭有一種超越語言和概念的力量。你能切實感受到書中文字所指向的確實真理！

我最近也在「艾克哈特．托勒選書」中收錄了安德生後來的著作《心中的魔法》，跟該書一樣，本書不僅充滿了改變人生的洞見，也傳達了作者自身靈性實現的改變力量。然而，《神奇的三個詞》一書還多了一層，即包含「十二道冥想」內容，讓人每天練習十分鐘。每章最後，會總結該章訊息「以便實現」——如安德生所言。若能練習得當，這些冥想會非常有力量。建議您可以大聲朗讀。也可以用慢速度邊念邊抄在筆記本上，同樣有幫助。（作者在第一章最後會進一步說明如何使用）。

這部新發行版本做了些許調整，以便讓現代讀者更容易讀懂。這部修訂本主要是刪掉原版使用男人／男子和陽性代詞來代表所有人類的做法，新版採用全面性、性別中性的詞彙。

《神奇的三個詞》一書以清楚的訊息，強調靈性的作用，藉此把覺醒和在任何層面上獲得平靜、力量和富足的鑰匙交到你的手上。

安德生寫道：「你會了解你擁有無限的力量。你會學會如何將這種力量轉化為你所用，讓你在世間的生活崇高美好。」獲得這個力量後，希望你也同心協力幫助眾人，讓他們獲得亟需的意識覺醒。

——**Eckhart Tolle**

---

1 此定義來自安德生一九五八年著作《祕中祕》（*The Secrets of Secrets*）。

2 例如，U. S. 安德生著作《心中的魔法》（*The Magic in Your Mind*）就經常使用「祕密自我」一詞。

〈推薦序〉
實現內心和外在的富足

文——王莉莉 《祕密》系列譯者、《失落的致富能量卡》作者

《神奇的三個詞》是一部能觸動心靈的作品，它揭示了生活中最為重要的三個詞：「力量」、「平靜」與「富足」。在閱讀書稿的過程中，也體驗到和當下經歷的神奇「共時」，例如：才在粉專分享天使數字63的訊息：「對愛敞開心房，讓愛流入心中」，當天稍晚就看到第8章「愛」中正好有「敞開心扉，讓愛進入」這段話。作者安德生書中提到的「萬物共通的心智」，其實也是《祕密》背後的「祕密」：《致富金鑰》中的「天地之心」。

這本書以簡單但深刻的方式，引領讀者探尋內心深處的力量，並教導我們如何在繁忙喧囂的世界中找到平靜，最終實現內心和外在的富足。

每一個詞彙的背後，都蘊藏著無窮的智慧和力量。作者運用十二個主題和十二道冥想，從第一道的「心鎖」到第十二道的「心鑰」，帶領我們一步步揭開這些身心靈常用語如「吸引力法則」等的神奇面紗。當我們真正理解並掌握這三個詞彙的意義時，便能在生活中創造出奇蹟。

首先，「力量」並非僅僅指身體上的強壯，更是一種心靈上的堅韌與自信。透過本書，我們將學會如何在困境中堅持、如何在挑戰中成長、如何在逆境中找到希望。這種內在的力量，將成為

我們面對生活中各種挑戰的支柱。

其次，「平靜」是一種內心的狀態，是我們在喧囂的世界中找到的一片寧靜之地。本書教導我們如何透過十二道冥想等方法，達到內心的平靜。當我們擁有平靜的心靈時，便能更清晰地看見自己的目標，更冷靜地面對生活中的風風雨雨。

最後，「富足」並不僅僅是物質上的豐裕，更是一種心靈的充實與滿足。作者透過豐富的案例，展示了如何在現代社會中實現真正的富足生活。當我們擁有了內在的力量與平靜，富足便會隨之而來。

《神奇的三個詞》這本書，不僅是一部指導我們如何過上更好生活的指南，更是一把打開心鎖的鑰匙。

誠摯地推薦這本書，無論你是正在尋求心靈成長的讀者，還是希望在生活中找到更多意義的人，透過十二道主題冥想、每道練習三十天的原子習慣，相信你也能在其中找到啟發與力量。

願《神奇的三個詞》能成為你生活中的指路明燈，帶領你走向一個更強大、更平靜、更富足的未來。

〈推薦序〉

每一件事情沒有失敗，只是經驗

文——林一凡 潛能密碼心靈科學中心執行長、超意識催眠溝通創始人

「外在是你的投射，你創造了你的世界。」

無論是身心靈或是宗教界都認同這句話。

然而，對很多人來說，這句話跟從小到大的教育是背離的，相衝突的。

因此，即是看過《祕密》這本書，即使知道吸引力法則，即使有意識地讓自己不要有負面想法，生活如舊般的無法創造出心中真正想要的生活，人際關係，伴侶關係甚至金錢關係。

在本書中以淺顯易懂的例子闡述，你的世界確實可以如你所想要的被創造，只是你沒看到阻擋著你創造的障礙是那個深藏在潛意識中的「悲劇提醒者」。

這個悲劇提醒者的名詞可以用印記，情緒因子或是創傷來表示。

這些深藏在潛意識資料庫中的因「認知」而形成的認定，即是悲劇提醒者。

這些是拉垮我們顯化心願，創造實相，讓吸引力法則有效呈現的障礙。

透過催眠面對過往，看到真實的自己，透過每一章節的冥想練習，讀者們會輕鬆的轉化生命的現狀與未來。

作者強調一件很重要的事，那就是相信自己，深層內在的神性即是上帝，神的連結。每一件事情沒有失敗，只是經驗。

無須苛求，悔恨生命的經驗，因為，這都是神性的延伸，經歷的累積。

此書印證了無論是生活困境，金錢困境甚至情感困境改變的鑰匙在自己的手上，從來沒有遺失過。

每天一個章節的閱讀，一個冥想或是自我催眠引導面對，一切就水到渠成的改變。

U.S.安德生——前言

在這個不確定的年代，人們難免滿腹委屈和情緒不穩定。這樣的時代，人類站在自己物質成就上審視寰宇，這才看到自己與滿天星斗相比是多麼渺小、而自己的能力比諸原能又是多麼微不足道。這個時代，當人類急於掌握各種元素和利用大自然的能量時，卻已然有足夠的經驗告訴他，自己早已踏上了一條危及自身安全的冤枉路。因為，在機器、電力、電子或原能中尋不到安全。

我是什麼？我怎麼來的？我怎麼會來到這裡？我要去哪裡？這些都是人心渴望知道的答案。在精神失常患者前去的精神醫師辦公室裡、在墮落犯過者待的刑罰機構裡、邪惡的人的家中，這些人痛苦的呼聲響遍戰場，響遍失根的家庭、響遍焚毀村莊和遭劫城鎮燒焦灰燼，這些都是和上帝、希望和神性切斷聯繫者的行為。

人類不是地球上突來乍到的物種，也不是混沌動盪中偶然的異數。如果不是在某個隱祕的時刻伸出膽怯的手指觸摸過上帝，不會有人類靈魂的存在。

任何情況、事實、事件或事物的存在都有其原因的，人類也是如此。妄想駕馭所有自然元素和力量，創造物質財富和資產，這些都只是過眼雲煙、瞬間即逝，因為我們都是赤裸裸地來到世上，也將赤裸裸地離開。人生在世上唯一要緊的事就是發現自己的靈魂。

因為人不單單只是一具肉身。誰能接受自己只是意外巧合中的意外存在這種事。人是靈，清清楚楚、不容爭辯。人是引導和控制宇宙無上智慧的精魄。人就活在這智慧之中；既是其中一部分，也是全部。如果我們只放眼短暫人生則終於渺小，如果我們追求性靈生活則會獲致偉大，因為他所來自的智慧大過一切，大過浩瀚太空，大過驅使行星運行的力量。只要我們有需要，這份智慧隨時都可供我們使用。這是神賜的，是上天賜予的權力，除非是否定自己的人，不然任誰都可以使用。

本書原名《獲得力量與平靜的鑰匙》（The Key to Power and Personal Peace），本書中你會認識自己所擁有的無限力量。你也會學會如何讓這份力量在現實生活中供你使用，使你的生活充滿美好華貴。本書不談宗教、教派或祕密結社。全書要用一系列文章，來讓你知道你擁有掌控命運的能力。你會了解到天地間只有一個推動力，這個推動力就是思想。你也會了解到，世間只有一個造物者，而這個造物者就是「萬物的潛意識」（Universal Subconscious Mind），或者說是上帝、神。你將會了解到，這個造物者完全依你的想望為你創造，書中也會讓你知道你可以控制自己的想法，不僅能獲得問題的答案，還能創造出你所想要的經驗。

這無法一蹴可幾、不是一天、一周甚至一個月就能辦到；但只要你保持信心努力不懈，終有一天能做到。只要每天花幾分鐘的時間，這幾分鐘就能為你帶來更遠大的人生、實現更大的希望和達成更大的承諾，是你過去絕對夢想不到的。

萬事皆有因果！萬事皆可解釋！在你之上還有一個更大的力量，你只是它的一部分，運用這份力量，可以讓生活變得美好、偉大、充滿活力和富足！

CONTENTS

第 1 章

心鎖
克服深埋內心的痛苦記憶

啊，舉目仰望永恆天空
在束縛中奮力求得自由
用「我是，我曾是，我永遠會是」
來取代永無止境喃喃自語的探尋成因

凝鑄心鎖

在某座城市、小鎮或村落的某個角落，有一個孩子出生了。在某個地方，有顆純潔的靈魂受到聖靈啟發而成形。即使是在這降生的時刻，心鎖已經成形。強大的鐵砧鑄成了心鎖，鎖住了潛意識的記憶。光、聲音、不適、疼痛、挫折、潮濕、饑餓、氣味——這一切就嵌在潛意識的記憶裡，打造出這把「心鎖」，讓心無法通往無限的大門。

這件事既有悲哀也有美麗。悲哀是因為看到靈魂自我否定讓人悲傷；美麗是因為自決是美的。因為這個嬰兒，無論此刻在哪裡出生都是自由的，甚至就像全人類生來都是自由的一樣——可以自由地決定自己的命運，自由地發現自己存在的源泉和無窮的力量。

錯誤的思考習慣

你可能會問，為什麼大多數的人都過著單調乏味的生活，只關心恐懼、挫折和不安全感？你可能會問，這樣來人世走一遭有什麼意義？既不是出於個人意願來，又很快就要離開，不過是一座微宇宙裡的一個微生物，一個針尖上的針尖，一絲閃光中的一閃？這些想法都是你「意識心靈」（Conscious Mind）的產物，沒有別的可能。因為只有意識心靈記得開始，並期待結束。

詩人華茲華斯（Wordsworth）曾說，世界對我們影響太大[3]。環境塑造了我們的命運，不應該是這樣的。有一種資源能讓人類的靈魂不受環境影響，但懂得使用它的人卻少得可憐！

這人你認識嗎？約翰．瓊斯，一九〇六年出生於舊金山。父母是移民，父親是勞工。約翰從小家境貧寒，一戰時他還小。父親應徵入伍並在海外殉國，撫養母親和兩個弟弟的重擔就落在約翰肩上。他不假思索成了一名日班工人。每周領到的工資都交給母親。後來，兄弟們有能力奉養母親了，約翰還是繼續工人工作。他自認別的都做不好，自怨是殘酷的命運讓他失去未來，這種自艾就投射到母親身上。四十二歲時，約翰患上了腦瘤，剩下的時日都臥病在床，半身不遂，四十八歲就

3 譯註：The World is too much with us 是華茲華斯的知名詩作題。

結束一生。

你覺得他這樣的一生聽起來像耶穌「因為你們的父樂意把國賜給你們[4]」話中所說的那個孩子的一生嗎？這樣的人生像是一顆朝著意識宇宙力量擴張的自由靈魂所過的一生嗎？根本不像吧。把約翰．瓊斯乘以一百萬倍，也還是不像。但約翰．瓊斯所使用的那份力量，卻和愛因斯坦、荷馬、柏拉圖、林肯、愛默生、佛陀和耶穌所用的力量，是同一份。

是約翰．瓊斯意識心靈的思考習慣讓他的人生變成這樣的。他以為自己被環境所束縛，所以只有這條路可走；他嚴重到即使環境的因素自行消失了，他依然無法跳脫對自己處境的既有成見。他對母親的怨懟在心中滋長，化為腫瘤，奪走了他的生命；即使他希望人生能有變化，但他的人生其實是被他不戰而敗的輸家心態所結束。意識心靈的成見習慣正是自我發現的最大障礙。

善與惡都來自同一力量

如果你從事過競技體育，肯定在更衣室牆上看過一個標語：「不肯輸的隊伍，就不會輸」。你也知道，凡懂這個標語的隊伍就會贏。

如果你從商，那你肯定也聽說過「胸懷大志方能成大事」這句話。你也知道，以此自我要求的人終能成大事。

如果你是家中一員，你肯定見過信心的力量創造奇蹟——不管是生病、經濟問題、生死問題、或人生大小事。

如果你是信仰團體的成員，看過祈禱的巨大力量。如果你生活裡遭遇過危機，見過靈光乍現時求助於平靜的內在自我，一轉瞬就得到答案。這個力量每個人都多多少少體驗過。這個力量並沒有那麼難取得，難到讓人一輩子連一次都碰不到。不過，怪的是，多數人都當是運氣好、剛好碰上、「不小心撿到」，沒當它一回事。

所以切記，不管什麼時候，帶給你好運那份力量同樣也會帶給你厄運，要好要壞端看你怎麼運用這份力量。之所以大多數人都沒能從這力量得到好運，只有一個原因，就是他們既不知道有這力量存在，也很少用，還用錯了方式。他們對自己的成見被鎖在潛意識心靈中。跟地球自轉一樣規律，每個人的未來都是根據這些成見和想法打造出來。想要自由地創造成功、幸福和健康，唯一方法就是了解真相——解開心鎖，找到鑰匙！

心靈從不沉睡

你可能並不知道，也不真的了解，其實人的心智不只包含清醒時的記憶和理智。在我們不清醒狀態下，還有一個心靈意識是永遠醒著的，不斷在運作著，它有許多潛力從來沒被探索使用過——這個心靈所擁有的能力之大，絕不可能只屬於單一個人所有。這個心靈就是潛意識心靈，而且它和意識心靈涇渭分明、各司其職。

4　譯註：出自路加福音 12:32。聖經和合本。

透過精神醫學的發展讓我們對這個「潛意識心靈」有了相當多的了解。比如說，科學家發現潛意識心靈的記憶力非常好——它不僅能記住要事，還能清楚記得經驗過的每個暗處角落、細節和場景。學有專精的精神科醫生可以在患者回溯潛意識中回溯二十年前的回憶，喚出她六歲時的某個場景，這時，這個場景就以比影片更逼真的色彩、聲音和細節在她腦海中重現了。夏日空氣中遠處依稀的鳥鳴、草地上楓葉正在風乾、輕微的沙沙作響、遠處火車隆隆、某人做鬼臉的表情、動作、話語、語氣——逼真到會帶動情緒。而這個場景卻早就被意識心靈忘得一乾二淨。

探索潛意識

精神醫學為了恢復患者心理健康，會在潛意識心靈中回溯以便找回過往記憶，探索情感中不願被提及的「痛處」，將之暴露在患者意識心靈中，以便理性判知到這其實是很微不足道的事。用這個方式，患者或多或少恢復心理健康，也讓這療法獲得認可。可惜的是，過程中有時會意外從潛意識心靈中挖掘出對意識心靈強烈的「排斥感」，這時患者在驚恐之餘，會陷入歇斯底里或麻木的憂鬱，結果造成強烈的情緒衝突，形成始料未及的災難。

但這種對潛意識心靈的探索發掘了大量其他方式無法得知的資訊。透過深度催眠下，患者竟然能夠描述只有在子宮時才會經歷的聲音和環境。另外也有患者所描述的場景和時代是他們不可能得知或親眼目睹。會是來自前世的記憶嗎？還是其他人的人生？或者別人的想法轉移到他腦裡？也許精神科醫生偶爾會將其「靜止」在潛意識的時間軌道上，但此現象的存在卻是不爭的事實。

潛意識心靈原來是這麼強大驚人的工具！那些從前在各種江湖術士店裡玩的遊戲，如今都被稱為醫學實驗的主題。能預知未來的靈媒、讀心術專家和催眠師如今都被嚴格地檢視。通過計量、編號、稱重、計數、製表和交叉分組列表，得出一個結論：潛意識心靈是宇宙中最具創造性的工具；它跨越時空，從物質中展現形式，觸及所有知識。它存在於每個人的心中！

主人與僕從

這一來你可能會想問，既然潛意識心靈是這樣探討不盡的主題，為什麼大家老是關注意識心靈呢？相較之下意識心靈既渺小又微不足道，只記得幾年的時間，只記得一點點的事實，也沒學會最基本的思維法則，甚至幾乎無法處理周圍的事物。

我們之所以只著眼在意識心靈，是因為這是一個主僕關係，而且最讓人想不到的是，這關係裡的主人是那我們覺得微不足道、渺小的「意識心靈」！

意識心靈就像按鈕，開關，槓桿一樣，負責啟動引擎，發電，推動世界！

潛意識心靈則完全按照意識心靈的指示辦事！

悲劇的提醒者——排斥痛苦

問題就在這裡。當然，沒有人會刻意想生病、想一貧如洗、想沒人愛、想不成功。問遍全世界的人，也找不到有一個人會承認自己是刻意想要這些負面的東西。但如果他們已經有了這些負面的東西，那可以非常肯定地說，這是他們自己要來的。

有一種東西叫做悲劇提醒者，而這些人就是提醒者的犧牲品，悲劇提醒者是由意識心靈設定好放在潛意識心靈裡的。就像健忘的小狗忘了自己把骨頭埋在哪兒一樣，意識心靈將悲劇提醒者埋進了潛意識心靈後，就忘了給埋在哪，也忘了埋了什麼。

那些前往精神科就診的大批不幸患者，就是潛意識心靈中的悲劇提醒者所造成的。相較起來，沒有任何東西給個人人生和人類整體帶來更多的禍害。就是因為它們，這世上才會有那麼多的不安、敵意、貪婪、腐敗和仇恨。它們是神聖樂器中的破損琴鍵。害人類因此無法彈奏出無限和諧聲響，不斷走調。它們就是阻止人們走進自我實現之門的心鎖。

像弗瑞德·史密斯一開始就不是爸媽想要生下的孩子。在襁褓時期，他初次在父母身上乞求憐愛就遭到斷然拒絕。為了因應這種傷痛，他變成一個暴力傲慢的人。隨著年齡漸長，他完全忘了自己曾經渴望父母的愛。反倒以自己誰都不需要、不用靠別人為傲，為了達到目的不擇手段。獨裁者或殺人犯就是這麼來的。他這樣做其實只是在拒絕當初最早拒絕他的人。這完全不是他能控制的。在意識層面，他早就忘了這個原因，但潛意識的記憶卻記得清清楚楚。埋藏在潛意識中的痛苦記憶或悲劇提醒者可沒放過他。

我們反對我們自己

如前所述，精神科醫生正視該問題，追溯出這些潛意識心靈中的悲劇提醒者並記錄下來，好讓病人察覺其存在。例如，瑪麗亞・伯德（Maria Byrd）來找精神科醫生，抱怨自己經常為頭痛所苦。經過調查顯示，這些頭痛總是在她用瓦斯爐煮菜時發生。此外，醫師也發現瑪麗亞還對火心生畏懼。透過回溯潛意識的過去，醫生發現，瑪麗亞兩歲時，媽媽使用瓦斯爐時引發氣爆，情急之下媽媽一個失手讓她撞到了頭。瓦斯—瓦斯氣爆—頭痛；這就是瑪麗亞・伯德之所以一用瓦斯爐就頭痛，其成因就是來自潛意識記憶這麼簡單。

但是，絕大多數心理治療案例可不是這麼簡單。這個例子也只是用來說明潛意識心靈中悲劇提醒者這件事是醫學界普遍公認的存在，也說明其所能造成的危害有多巨大。

比如說有個人窮困潦倒巴不得有錢。可是他再怎麼努力，結果都是一成不變——不是沒賺到多少錢，就是完全也沒賺到錢！表面上看來，這個人心目中最重要的事，似乎就是要獲得一筆數字上能讓他滿意的金錢，但無論他付出多少努力和時間，換來的都只有貧窮。這顯然就是上述的「悲劇提醒者」在作祟。乍看或許不解，「悲劇提醒者」看似微不足道，不過就是潛意識把孩提時期聽到的某個詞埋藏起來而已：「錢老是不夠花。」大家想想看！就因為潛意識心靈深信錢不夠用的事，就讓這個人因此老是遇到這樣的匱乏和無能為力。

凡是生病的人都想要康復。之所以不能康復正是悲劇提醒者從中作祟的證據。以此案為例，是因為其潛意識心靈存著類似「世上病痛多到不可勝數」或「要不是生病不然我還能做得更好」或者「我們身邊有數百萬危險微生物」之類的話。有這樣的潛意識悲劇提醒者一直重複叮嚀的人，又怎麼可能有機會真的得到健康呢？

孤獨的人渴望愛和友情。但無論如何他們就是吸引不到心上人也融入不了社交圈。這種人的內心深處有一個趕走愛的悲劇提醒者，不斷提醒他們「沒人真的關心我」、「誰都信不過」、或者「別人都只是想從你身上貪圖好處」。或更糟的，悲劇提醒者還會讓他產生自卑感，像是「你不夠好」、「你一無是處」、或「你沒人愛」等等。潛意識心靈非常強大的！會讓你把這些妄想體現在生活中。

如果潛意識有個悲劇提醒者不斷說著自己什麼都不如人的話，還有誰會成功？如果有個悲劇提醒者不斷提醒自己再高的成就都毫無意義的話，誰還能成就任何事？如果有個悲劇提醒者讓人相信自己一無是處，這人又怎能盡展所長？以上這些問題的答案當然是誰也不行。原因正在於，潛意識心靈是偉大的創造者，它會根據被提醒的內容依樣創造，分毫不差。

當自己的主人

所幸，這些陰森詭祕的「悲劇提醒者」是可以靠自己的力量移除的。而且，透過了解生命的法則和起落，還能自行移除其影響，讓它們不再對你造成傷害。

這邊講個道理讓大家安心，那就是：有心的話，沒有事是辦不成的，因為意識心靈控制著潛意識心靈，而潛意識心靈則是無所不能。

不管你生活中的任何條件、環境和願望體現都能透過你有意識的想望而獲得改變。

要做到這地步，只需要奉行兩個步驟，要了解到：一、恐懼是你的敵人；二、認識內心的那道心鎖。

因為恐懼會帶來「心鎖」，而「心鎖」則化為「悲劇提醒者」的形式被意識心靈擺在潛意識心靈中。

今天，藉由這第一章，我們請大家開始解開心鎖。我們要求大家從腦海中消除所有與你的居住地、出生地、所做過的事情以及所處環境有關的想法。我們要求你只專注在一件事，那就是你內在的靈魂。

這個真實的你，這份躲在你眼睛看不到的地方、刻意隱藏起來的智慧，是永恆、無形、從所有曾有的榮耀和輝煌構建起來的。它不是一個名字，不是一份工作，也不是一個家；事實上，它與環境或處境無關。你存在就是再明白不過的事實。牢記這件事，其他都不用理會。

我在。

這兩個美妙的字從沒人擺在一起過。我在，這一刻。當下。長此以往。

萬物共有一個心靈，要懂得使用

你是純淨的靈魂，是天神智慧化為人身的體現，來到地球這短暫時刻是為執行天神的計畫。身為純粹的靈魂，你屬於那唯一智慧的一部分，這份智慧的力量和理解力任你取用。

萬物只共有一個大智慧、共有一份心靈，所有人都是它的一部分。不論是思想轉移、催眠術和超感應靈視（clairvoyance）都是所有人共同擁有同一顆心靈的證據。所有書籍的作者都由同一人所作、所有建築、所有橋都是由同一位建築師所造、所有畫作都出自同一位畫家之手、所有十四行詩都由同一位詩人所寫、所有音樂都是由同一個音樂家所構思。你和鄰居，我們、每個人，就是一體。這就是天道。

這份流經所有人心中的萬物共通心靈沒有限制、也沒有匱乏、對它來說無所不能。它最大特性就是創造力。因為它是全知、全體和全能，所以它唯一的工作就是創造。它會依每個人心中所想一模一樣地將之實現。

這裡所提的不是你可以任意決定要不要用的東西。這裡提到的是你每天都會用到，而且你無法不用到，因為它就是你的一部分；事實上，它就是真正的你。

這顆萬物共通心靈不管你地位高低、貧富貴賤、權勢大小。它只依需要而提供，也只根據渴望創造。就在當下，它就正在把你對它輸入的思考加以實現！

可以把這顆萬物共通心靈想像成一個巨大、具有可塑性的媒介，裡頭包含了所有能量、所有知識和所有物質。想像它是一個只對你的想法有反應的媒介，而且它也會根據你信念的堅定程度和持久性來實現你的想法。

我們因此就得出一個簡單的公式：想法加上信念等於想望的體現。

你所相信的就會體現在你的現實體驗中！

但光這樣是不夠的，因為就算我們的意識心靈渴求成功，我們的潛意識悲劇提醒者卻不信這有可能實現，那情緒上還是會一味地指向失敗，結果盼來的就是失敗。

而阻礙成就和幸福的心鎖則是潛意識悲劇提醒者，是它的存在讓自由意識的人成為無意識的行屍走肉。

揭露潛意識

儘管催眠術這門學科尚處於萌芽階段，但它完美點出潛意識心靈的驚人潛力，讓我們看到它是如何成功透過暗示發揮作用。

催眠師讓意識心靈進入睡眠狀態，只是解除了意識心靈對潛意識心靈的控制。在催眠狀態下，病患會把催眠師的每一個暗示當作真的，因為催眠師現在已經取代了意識心靈的地位。一旦催眠師說「你的右臂沒有知覺」，病人右臂立刻就沒了知覺。而且，其麻醉效果之大，遠勝於現今科學所知任何藥物。而當催眠師再對病人說：「我現在數到十，隨著我每數一下，你會逐漸失去聽覺，所以當我數到十時，你醒來後就什麼也聽不到了。當我從十開始倒數時，你將逐漸恢復聽力，當我數到一時，你的聽力將完全恢復。」

這就是所謂的催眠後暗示（posthypnotic suggestion）。這時催眠師喚醒病人，他數到十，患者竟然真的逐漸失去聽覺。到了十時，患者身後有人開了一槍，但他卻渾然未覺。然後催眠師又從十開始倒數，患者又逐漸恢復聽力。

這就是強大的潛意識心靈在發揮作用！舉這個為例，是要向你證明，你自己就可以創造這樣奇蹟，不假外求。而你就可以用自己的意識心靈去取代催眠師的功能，只要你懂得如何讓它們並肩合作朝你的夢想前進，將能讓你的力量增強數千倍。

消融負面的提醒者

不過，在那之前，得先將潛意識心靈中所有負面提醒者清除，並代之以許多正向提醒者，有它們的引領下，我們將走上成就和幸福的道路。

不過，並不用為了移除負面提醒者而特別做什麼。因為只要有正向提醒者，它一出現就會取代負面提醒者，所以只要換上一組正向提醒者就行。靠這些正向提醒者就能驅散所有負面提醒者，讓我們的力量得到充分的發揮。

例如，如果你老是為病魔所苦，這時與其浪費氣力去潛意識心靈中尋找致病的「提醒者」繞這麼一趟遠路。倒不如直接找到一個正向提醒者，讓它來提醒你，健康安好本來就是與生俱來的，健康和活力是人所當有，而你就活在一個完美的精神媒介中，而你沒有缺憾的身體正是這個完美媒介的體現。一旦這個正向提醒者完整地安裝在潛意識心靈中，負面「生病提醒者」就自然會枯萎和消失。

不過，如果能夠追根究柢找出生命中所有負面情況的根源、所有罪與罰的源頭，這對治療當然有助益，因為，因為天堂和地獄就在你的一念之間，獎賞和懲罰不過是你運用統治所有生靈偉大靈性法則所形成的因果。

直覺

人類心靈主要由記憶、理智和想像力所組成，是早獲證實的事。但這三個心靈組成成分加在一起，卻無法解釋人類性格為什麼會這樣，這讓心理學家相信人類心靈尚有未為人知的部分。在過去的一段時間裡，學界又針對另一心靈組合成因進行嚴格實驗研究——那就是直覺成分，即有些人有一種能力，即使對於問題並不嫻熟，卻能夠得知正確答案。研究者發現，並非所有的人都具有這樣的能力，或者說並不是所有的人的直覺能力都有被喚醒，但實驗的數據，儘管證實有直覺的存在，卻總是遭到學界從理性和經驗的角度斥之為無稽。

但，直覺終究是被證實為人類心靈的一個組成部分。

信心

人類心靈不只上述四個組成部分，還有第五個成分是直到近年才獲得廣泛認可的，但其實先賢大哲早就告訴我們這才是心靈中最重要的一部分。那就是信心。

只要看看下面這些成語大家有多常掛在嘴上就知道了：「有信心山都能移」，「照你的信心，給你成全了[5]」，「信心遠大，方能成大事」。但雖然這些前人的諄諄教誨可以追溯到人類開始有文字的早期，但世人卻始終置若罔聞，不當一回事。

這些心想事成的事，太常被我們誤歸為巧合了！鄰居看你手指長了顆疣，就拿塊抹布往疣上一抹、把抹布埋了，然後就告訴你說等抹布爛了，疣就會消失。你信了她的說法，而疣也真的消失

5　譯註：馬太福音 8:13。聖經和合本。

了。純屬巧合吧，你理性的成人心靈這麼說，因為從小到大學校都說，這種事純屬無稽，哪可能爛抹布可以讓疣消失。因為已經先入為主了，所以你就沒能往對的方向去理解這件事，其實讓疣消失的不是抹布，而是信心！6

再想想耶穌的一生。很顯然，這位悟道者就是在向世人布道，讓世人知道他所發現的信心的不凡之處。耶穌透過啟示、直覺、頓悟、以及與無限一體，他對於信心無窮的力量了解之深可能是前無古人、後無來者。透過信心，他才得以展現治病和聖靈感悟的神蹟。

其實聖經中所記載的那些奇蹟，在現代人的生活中也一樣天天可見。咽喉癌患者被醫生告知有一種新型X光治療儀器可以治癒他的病。雖然這人既是文盲，也沒人告訴他治療過程中使用的儀器或療程。當他第一次來到醫生辦公室，嘴裡被放了根體溫計後，他誤以為這就是X光治療。醫生對心理學也有涉獵，馬上就看出端倪，於是就讓溫度計擺在病患口中十分鐘，之後告訴他療程結束，並吩咐他兩天後再回診。就這樣光是用溫度計治療三周後，這位病人的癌症消失了！

很顯然，治好他的病的不是溫度計。而是信心！

造物者

以下就是現今科學家所了解的人類心靈。在意識心靈方面，其主要部分包括記憶、理智和想像力。有意識記憶是回憶過去的能力，但潛意識記憶則是完美無缺，它裡頭埋藏許多被擺放在那裡作為抗拒意識心靈痛苦的「悲劇提醒者」。直覺就是潛意識心靈中的一種特性，是意識心靈與潛意識心靈接觸的現象。信心能移山，能造奇蹟，它正是意識心靈對潛意識心靈的影響。記憶、理智、想像力、直覺和信心：這些加起來就是人類心靈。

不過本書要教導給大家的，則只有直覺和信心，因為要有信心才能打開心鎖，而透過直覺，才能觸及無限。

只要移除心鎖，人類的心智就會變得無所不能。船艦、飛機、電力、雷達、火箭推進力、汽車、引擎、電器產品和核能無一不是人類智慧的結晶。思想是偉大的創造者、也是宇宙的主宰和母親，是人間的上帝，瞬間中的永恆。只要善用思想，一個人的力量沒有極限。

思想加上信心＝造物者。

但在真正開始使用或理解這位偉大的造物者之前，要先了解阻礙我們正確使用它的「心鎖」。

朝向上帝的旅程

人類都是純淨的靈體，基本上就是上帝的一部分，實際上就是祂的無限的體現。儘管如此，我們雖完美，卻生命有限。我們在塵世中的存在不過一瞬間，外觀不斷在變換。困在這樣凡人的肉身中，讓我們的靈魂感受到孤立和個人責任，讓我們在日常物質生活中常感到不安、孤獨和挫敗。這些對於不安全感、孤立感和失望感的記憶超過作為掌管物質的意識心靈所能負荷，我們因此抗拒

6 譯註：這是美國民間流傳的偏方。要把舊抹布抹過疣，然後把抹布埋到土裡、或從左肩往後拋進池塘裡，等抹布爛了，疣就會消失。

它的存在，而將之掩埋在潛意識記憶裡，並化身為受限制的悲劇、匱乏、病苦等諸多的提醒者。這些潛意識中的提醒者，就像通往無垠大門的障礙，使我們無法與我們居於其中、活動於其中、且留存著我們一生意義的萬物共通心靈取得充分的接觸。

澈底清除心智中所有負面提醒者，並建立與無限可能的充分接觸，再加上充分體認到人類靈性法則和靈性本質，這些是人類存在的一切和主旨，這樣才會走上那條前往上帝旅途上必經的道路。

「真我」不容否認

讀了本書第一章的大家，可能心態上還沒準備好，無法了解自己就具有這樣的神聖出身和力量。或許，現在你腦海中的潛意識悲劇提醒者正在讓你妄自菲薄，告訴自己你一點也不重要，不過是意外降生在混沌宇宙之中，毫無目的原由，不知去向，不能自主。但在你的內心深處，卻還是有一個小小的聲音告訴你不是這樣的，且不管那反叛真我的聲音有多大，你的靈魂、強大的真我都無法被否定。別擔心因此迷失自我。如果第一章中有些主張和說法你不能認同，那是因為你現在所接觸到的這些真相，過去都被藏起來，而若想重新挖掘出來，就得花些氣力。但其實這些本事早就在你身體裡：本書這些章節不僅僅是要向大家揭露這些真相；還要向大家示範。也就是說，書中會有練習、也有實驗、並透過證據讓大家千真萬確地信服，相信有那麼一股在你之上的力量，可以讓你獲得幸福美滿的人生。了解這個力量就在你裡面，會讓你的人生活獲得擴展，來到全新而讓你大開眼界的高度，並讓你踏上世上最了不起的探險旅程。

自知之明

就拿身體來說吧。每個人的外觀，或矮小、或高大、或纖細、或笨重、或英俊、或嬌美、或粗獷、或強壯、或虛弱。透過這副皮相外觀，或多或少塑造了你這個人的特質。這一生你自我意識開始啟程之際，就已經有了這副肉體。這身體不是你訂製來的。沒有那麼一位了不起的裁縫師，可以依你的吩咐：「我要一雙手臂、兩條腿、兩隻眼睛、一副耳朵和一個鼻子，要比別人好看點、強壯點，還要不容易老化磨損。」要是有這麼位裁縫師在世上，那肯定大家都下單訂做身體了。但這身體卻是別人幫你訂製的，你以嬰兒狀態降臨擁有了這副肉身，隨著你成熟，那副肉身也圍繞著你長大。這身肉身是你靈魂的外衣！

完整的自我認知到最後就形成這具形體，因此你的形體或者說肉身，就是你認識自我、察覺自我的結果。

你的肉身就是生命的體現，是生命的外在表露，因為你的靈魂會透過你的身體表達出來。你身體的形體如何並不要緊，因為它生來完美，一如在它裡面的靈魂一樣完美。它是表達你的靈魂的完美工具，只有濫用靈魂法則才能讓它失去完美。而一切疾病正是濫用靈魂法則和缺乏靈性理解所造成的。因為上帝完美無瑕，靈魂完美無瑕，而表達它們的肉身皮相也必然完美無瑕。

為什麼你和你的身體會來到世上，這個答案很簡單，就跟了解自己一樣簡單。作為靈體的你，是永恆且從未存在於世間。你的身體只是你靈魂的體現，是由永恆的物質所造、不斷變化的形體，就像所有的形體必須改變一樣。用意識心靈是無法分析和探知這個奧祕的，但要向意識心靈展示靈魂擁有無限力量卻相當簡單。

難以捉摸的無限

我們用來控制人世間種種的語言和想法，用在靈魂方面卻完全不管用。就「無限」一詞而言。大家可能認為「無限」意味著永無止境。但就拿直線來說。我們自認清楚所謂的直線就是永無止境長長的線。可是，拿兩條相交的無限長直線來，如果想用雙手讓它們撥開就會發現，越撥卻只是讓兩線相交點離你越來越遠而已。但因為這兩條線無限長，也就永遠撥不開！靠著雙手，你可以把你眼前這兩條線擺成平行，但兩條線畢竟還是在遠處相交，而且始終維持是直線！

也就是說，很顯然意識心靈受限於外觀和數字，遇到無限的問題就難以參透。再說人類對時間的概念吧，我們對時間的概念是由地球在地軸上的自轉及繞著太陽公轉所決定，也就是世紀、年、月、日、時、分、秒的構成。有人可能會說，時間這東西再明確不過了，怎麼可能會有不同的時間？

但如果從人類的經歷感受來看時間，早就已經有人證實，時間是相對的，有時候，短短一秒鐘卻長如一分鐘，一小時則長如一天。愛因斯坦在他的《相對論》中就用科學語言讓我們知道時間並非一成不變的道理。他從本質上指出光速相對於人類的感受是無限快的：每秒可運行十八萬六千英里。但在光速下，一個質量[7]會變成無限大，而時間則會靜止。據此理論可以得出，一艘以十八萬五千九百九十九點九英里秒速飛行的太空船將能以相對該太空船中旅客三十年的時間繞行全宇宙一圈。但當他們回返地球時，地球卻已經歷了一千萬年的時間！

然而，儘管超過一般人的理解範圍，但科學已經證實，這世間每一條物理通則背後都有一條相對應的靈性法則。

科學已經證明，物質和能量是一體的，即使是最重、最堅固的物質，也是由一群自由運動的粒子以極速互相碰撞所組成。透過光譜儀，科學家發現在遙遠星球上的許多元素竟有重達每立方英寸一百噸的元素！有朝一日，人類將能使用電子設備將物質瞬間傳送到世界各地，一如現在傳送圖片一樣！很顯然，在這個年代，認為人類無法跨越時、空和形態的想法已然不合時宜。

肉眼難見事物的挑戰

歷史上有過許多有識之士，教師、科學家、精神導師和詩人；這所有人都講過同一件事：每個人內在和身邊都存在著一顆偉大的心靈和智慧物質。這是一個全知的智慧，知曉一切、無所不能。這個智慧的存在，也就是上帝，是永恆的造物者，會讓人心中所想的一切成真。

一名堅決相信物質世界的醫師說：「我給很多人開過刀，從沒見到有靈魂這東西的存在。」

7　譯註：狹義相對論中指的是靜止質量。

旁人聞此則答道：「此言誠然無誤，我們說話當下，難道就看到思想這東西存在嗎？」

認識人類屬於無形的那個層面，對人類是最大的挑戰，但同時也是最大的希望所在！

數年前有位在美國土生土長的年輕女性，她是不識字的文盲，只會說英語，有天她和父親坐在家門前，這時父親的一名老友從前門走了進來，他剛從希臘回來。這名不識字的年輕女士一見到他，馬上從椅子上站了起來，並開始用對方的母語流利地和他交談，但這語言卻是她這輩子從未聽過、也從未學過的！這名希臘來的友人一聽立刻崩潰大哭，因為這位年輕女子剛跟他說，他人在希臘的太太已經過世了！

隨後的調查證明，這位年輕女士說的是真的。她跨越了時空、語言的界限，向這位她素昧平生的男士傳達了這讓人悲傷的消息。

另一名女性她能夠非常敏銳地觸及萬物共通智慧，她能夠光靠念頭就引發物理現象。在示範過程中，她接受一群訓練有素的科學家監看，光靠意念就啟動了被一層肥皂泡泡包覆的電燈開關。科學家看著開關打開，但肥皂泡泡卻完好無缺！

真理來自內省

正因為發現了意念具有如此前所未知的巨大力量，世界各地因此紛紛組織團體，想藉由意念的力量締造和平。而要發揮意念的力量，除了祈禱以外，還有什麼比它更適合的嗎？還有什麼比祈禱更能將念頭、欲念傳達給宇宙的創造心靈的？只要得法、用心，一定會成功！

長久以來，恩尼斯特・赫爾姆斯博士（Dr. Ernest Holmes）和他在洛杉磯的宗教科學機構（Institute of Religious Science）就一直很成功地在宣揚萬物共通心靈會回應實現個人意念的事。赫爾姆斯博士在正念方面出版了許多著作，在他主持的機構中，也都持續開設心靈治療門診，在那邊奇蹟般獲治癒的事有如家常便飯。但對於大家把治療說成是奇蹟，他則一笑置之。「這不過是心靈法則在作用而已，」他道。「一切變化存乎一心。僅此而已。」

這個偉大而具可塑性、主掌創造力的物質，正是潛意識心靈，也是宇宙心靈，它擁有全知、全智、全能，只要我們活在世上一天，就隨時可為我們所用。就在當下，我們就在使用它；我們無法不使用它。我們對它了解的越多，就越會使用它、也越懂得使用它；但往往我們卻誤用它來創造不愉快的場面和狀況，要不拖延、要不就剝奪我們實現上帝賦予我們的神性。

本書的目的就是要幫大家了解到自己所屬的這份偉大智慧，並向大家點出讓你無法自我實現的錯誤念頭和謬誤狀況。

這種自我禁錮的觀點，這種自行施加的限制，一定要予以消除。人總是這樣，讓自己被四周物質世界所包圍影響，依此對人事物下判斷，然後又把這些判斷拿來對待自己。而以外界價值觀為標準，則讓我們以為建立了對自我的錯誤認知，而且是最嚴重的誤解。

競爭 vs. 創造

如果你隨便問一個住美國的普通人「你是誰？」這個問題，他們多半會答以姓名或工作，或者工作和姓名。跟這個問題類似的，則是他們對自己的成功、財富、能力的定義，這個定義並非來自內省，而是來自和身邊的人比較。

人類的本質並非競爭；人類的本質是創造。全世界就只有一個你，過去也從未出現過另一個你。那你想把自己依別人樣子打造、摧毀上帝在你身上的傑作，這不是很荒謬嗎？你可是那萬物智慧中特別的一部分，降生到世上化身為你，目的是要完成只有你才能完成的工作！不論你從事的工作有多微不足道，不論你生活中地位有多低微，你都要振作起來！這世界中只有一個你。只有你才能成為你自己。只有你才能從無限中汲取屬於你的神聖力量。

在每個現代人的心裡，競爭與創造力之間的分界非常容易混淆。但兩者卻是黑白分明，處在完全對立的兩端。競爭是極力想像別人。創造力則極力想不像別人。競爭想將所有人依同一個模子打造。創造則要讓每個個體都是上帝在人間的獨特分身。

競爭的心理層面，是想要擁有比鄰居更好的房子、比鄰居更好的車、比鄰居更好的工作。它讓人掉入令人窒息的陷阱，不敢與人不同，只追求與人相同，而且還要贏過人家。它逼你接受一個不屬於你的價值觀，而是去接受群體的價值觀。

但反過來，創造力卻是完全由你自己掌控的世界。拿起畫筆和調色板，畫一幅油畫，不論結果如何——按外界標準而言是好是壞，或平淡無奇——怎麼說都還是自己的作品。這幅畫，任在世再優秀的藝術家也無法仿製得一模一樣。這不就證明了你是世上獨一無二的了嗎？從眾和競爭是靈魂的喪鐘。創造力和不從眾則讓人得以觸及廣大無邊智慧。

開悟

你生命中的安全感完全取決於你是否認識到自己的神性。金錢、房屋、保單和地位如暗夜死靈、天亮即逝。死後的世界沒有銀行，棺材裡也沒有裝錢的口袋。世間萬事萬物沒有恆常不變的；有出生、有花開、有結果，也有死亡。只有那巨大的共同體——藉由你和無限的結合、你將上帝萬物共通心智的獨特體現——才是恆久不變的。透過你對此偉大真理的接納和運用，將提供你想都想不到的安全感，讓你對生活的各個層面，都能採取適當的觀點，釋放你內在的創造性能量，讓你的人生洋溢個人定義的成功、眾人欽羨的成就和活力。

有一竅門能幫你達成這一目標。如果可以只用一句話就打破意識心靈所設下的屏障、移除悲劇提醒者，那現在就把這竅門傳授給大家，瞬間改變大家的人生。可惜這是不可能的。意識心靈和陰險的「悲劇提醒者」加起來的力量實在太強大了。必須要靠著讓大家讀完數百頁的本書的論述和證明，才能削弱其成見。只有靠著每天勤奮運用本書，才能最終消除所有疑慮。因為信心是最有力的疑慮移除者，是一切創造的源頭。

隨著閱讀本書每一章，你的信心和直覺能力都會跟著增強。到最後會有那靈光乍現的一刻，你會發現全世界都受到神性感召，化成特別為你打造的樣子。

〔本章要點〕

但切記，不要操之過急。要真正有所成就，不可能一蹴而成。本章中有幾個要點，務必確實記在腦海中：

有一種比你更強大的力量，可以讓你的生活充滿活力、成功和快樂。這個力量就是萬物共通創造心靈，也就是潛意識心靈，這個當下你就正在使用它；你必得要使用它。

宇宙和我們的世界都是由這個偉大的智慧所組成的，而我們所有人則都生活、活動在其中，我們也存在其中。

這個萬物共通心靈會對人的意念有所回應。凡投射到它的意念，它就能創造出來。

之所以我們有意識的欲想並不總是能夠在現實中獲得體現的原因有兩個：(1)在投射意念時信心不足。(2)潛意識心靈中的悲劇提醒者讓我們的意念走偏了方向。

是潛意識心靈中的悲劇提醒者造了這把心鎖，讓我們無法充分發揮無限的巨大潛力。

這些「悲劇提醒者」是意識心靈的幸福抗拒阻礙，它被埋在潛意識中，遭人遺忘多時。它們主要是痛苦經驗，因此多半是負面經驗，會吸引和並製造匱乏、限制、疾病和不幸福。

透過對偉大靈魂法則的了解、研究和運用，就可以移除心鎖，和眾多悲劇提醒者。

崇高的冒險

要使用鑰匙以前，總是有必要對該鎖有所了解。但同樣的，在用鑰匙打開鎖之前，對鑰匙也應有一番了解。在本章裡，大家已經讀到，讓你無法充分運用神一般潛力的心鎖，其基本構成的要素。也談到打開心鎖鎖鑰的某些要素。下面幾章中，大家將全面了解心鎖和鑰匙；這一來，你就可以在全無任何幫助下，度過人生中最具生產力、最幸福、最重要的一段時光。隨著針對自己神性的研習和實驗，這將會是一個千載難逢的契機，讓你登上最高的冒險——這情形就和你發現自己體內擁有最偉大力量和智慧的源頭一樣。

無須和自己爭論

接下來的數章中將分別論及幻覺、心靈、形式、直覺、信心、吸引力、愛、成功、健康和永生等主題。最後一章「心鑰」則會告訴大家一個重大形上學的祕密。

本書我們同時也會深入探討催眠術、思想轉移和超感應靈視，我們也會證明這些其實都是萬物共通潛意識心靈龐大力量的產物。

然而，可不要以為只要讀完本書這些章節就可以開悟了。還要每天至少花十分鐘把學到的心得加以練習，因為只有透過合作和努力，才能獲得自我實現的回報。

每天要花十分鐘冥想，讓想法投射到創造性的潛意識心靈中，這樣才能美夢成真。這些冥想旨在達成目標，以便向你證明，善用心靈法則就可以實現願望。不過，如果你每天花十分鐘說「是」，但其餘二十三個小時五十分鐘的時間卻都在說「不」，那換來的結果當然只有「不」。顯然，要讓「是」（正面）實現，唯一的辦法就是讓自己正面多過於負面。潛意識心靈接收到訊息就會開始行動——而且總是遵照我們腦海中最主要的想法去行動。因此，要牢牢把冥想內容記在腦海中，不然就是要隨身攜帶。每一天，只要狀況不順心，當幻滅、沮喪或氣餒敲意識大門時，就在腦海中開始冥想，並將之朗誦出來。光只是靠著簡單地唸出這些詞句，就能立刻恢復你內心的平靜和自信。

要明白身而為人，是不可能不用這道法則的。你一生中每分每秒無時無刻不在使用著它。所以要是你一直告訴自己，不可能成功、不可能健康、不可能幸福快樂、不可能內心平靜，那自然的，失敗、病痛、不幸、和內心慌亂就會找上門來。因為這個法則分秒在運作著，無法要它停下來！

但對你而言，要在意的只是你要的是善還是惡，因為這個法則一定會為你帶來二者中的一種，而你的欲想就是它的指示。

冥想——顯化成真

「太初有道[8]」，就這樣，道與所有的創造同在，因為道即思想。道為信念，並以信心維持這個信念，這就是讓意念具體實現的完整過程。

我們的第一道冥想會出現在本章最後，這是要讓你建立與萬物共通潛意識心靈的接觸用的，要讓你獲得平靜、力量和安全感，只有獲得這種絕對的感受，才能在閱讀完全書後完成自我實現，並獲得無限的力量。在這之後的冥想，則是分別要在個人成功、社會成就、金錢、健康、愛情和幸福等不同領域取得具體成果的冥想。

冥想時務必獨自一人。要找個安靜和無人的地方，沒有噪音干擾或任何動靜。要靜下心來，暫時忘卻一切煩惱、問題和他人。要徹底放下——放下所知一切，除了自我。

一旦感到平靜和安詳，就知道自己已經與萬物共通心靈達成接觸了。這時才把自己內心冥想的內容大聲說出來。但不要只是說。還要加以理解、感受、投射。日後它會把冥想內容顯化成真。

延伸閱讀

《耶穌，全知者》（*The Man Who Knew*），雷夫・沃爾多・特萊恩（Ralph Waldo Trine）

8 譯註：約翰福音 1:1。聖經和合本。

第一道冥想

我知道我是純粹的靈魂，過去是，現在是，將來也是。在我的內心深處，有一個充滿自信、寧靜和安全的地方，在那裡我知道所有和理解所有。這裡就是萬物共通心靈，也就是上帝，我是它的一部分，我呼喚它時，它會回應我。這個萬物共通心靈知道我所有問題的答案，即使是現在，答案都朝我源源不絕而來。等到時機成熟，答案自會揭曉。不用我勞心費神；我把問題交付給上帝的大智慧；我放開手，相信在需要的時候，正確的答案就會找到我。通過偉大的吸引力法則，我在生活中所需要的一切，不管工作和成就感都會來到我身邊。我不必為此勞神傷神，只需相信。因為只要我堅信，我的信念會讓它成為現實。我看到了神的智慧將我團團圍繞、在花朵、樹木、小溪、草地之中。

我知道創造這一切的智慧就在我的體內和周圍，只要我稍有需要，我就能呼喚它。我也知道我的身體是純粹靈魂的體現，而這顆靈魂是完美的；因此我的身體也同樣是完美的。我享受生活，因為每一天都在不斷地展示萬物和我自己的力量與奇蹟。我有信心。我寧靜安詳。我內心篤定。無論有什麼障礙或不利的環境狀態擋在前進的路上，我都不被打敗，因為那不過是幻覺。在上帝的心靈中，是不可能有障礙或不利的情況出現，而上帝的心靈現在正環繞著我，要為我所用。

第 2 章

幻覺

邪惡如何茁壯

人生的樣貌
乃依你心中想像打造
心中看到了什麼，人生就擁有什麼
看到邪惡，人生就擁有邪惡

邪惡——最大的幻覺

要討論邪惡，首先就要澈底摒除邪惡和地獄的存在。要由衷相信，世界之外的那份大智慧並不會自我毀滅！人死後受盡痛苦、懲罰罪惡的地獄之火這東西，純粹是人類自己病態的發明；邪惡也是人類自己病態的發明；病痛折磨同樣是人類病態的發明。疾病和痛苦是人類自己的病態想法。上帝並不知道這些東西存在。因為上帝創造了清清白白的我們，我們的狀況，是由我們自己去打造想像的。所有的邪惡，都是透過我們的念頭而產生！

善與惡的出現全來自自我投射。對此我感受最深刻的經驗，來自第二次世界大戰期間的遭遇，當時我在菲律賓群島納蘇格布灣（Nasugbu）驅逐艦上服役，該艦正在巡邏執勤，而我則在艦橋上當差。我目擊一名日本水兵開著自殺艦艇發動攻擊，過程中他的胸部被一枚四十公分口徑的炮彈擊中。我感覺我們兩人之間似乎近到我伸手可及一樣。炸彈隨後爆炸，他就在我眼前被炸得四分五裂。

這一幕深深地烙印在我腦海中。這次對戰過程中的這一幕不斷浮現在我腦海。這是大戰中我首次目睹的暴力死亡事件。當然，這是件邪惡的事——某人死於他人之手。

但在他死時，我的身旁卻響起了巨大的歡呼聲。要是被他把裝滿炸藥的小船撞到我們船舷，那就換成是我們必死無疑了。所以，我們要了他的命，並為此歡呼。但這事對他來說不邪惡嗎？當然，他的家人、朋友和親人可不會因此歡欣鼓舞。他們肯定是被大家視為邪惡的絕望所籠罩。

對我們而言是善，對他卻是惡；我們這邊歡欣鼓舞，他的家人卻傷心欲絕。但這究竟是善還是惡？這究竟該歡喜還是該難過？誰來決定？誰才有資格決定？

隔夜當我們艦艇繞過薩瑪島（Samar）海邊時，我站在船尾，看著船尾劃過海面散開的浪花，就像月光下的一條霜路。夜色和靜謐似乎都融入了我。然後，我聽到了那話聲。

觀點

那一刻我有一種頓悟的狂喜。會覺得邪惡，不過是出自偏狹且片面的自我設限觀點！邪惡乃是無法全面視事的偏見！但看在全知上帝眼中，沒有邪惡這種事！

而我從日本水兵自殺式攻擊之死所看到的，不過是上帝藉由化解對峙力量，從人性中推演出真理。這當中沒有勝，沒有負、也沒有惡。一切都是上帝一步一步在體現其完美。

有此發現後，我腦中浮現紀伯倫（Khalil Gibran）的字句：「只有這樣你才會明白，生與死不過是同一個人的微小自我與神般自我分立黑夜白晝微光之中。」

邪惡是全人類的巨大幻覺。歷來的宗教思想對此難解的謎團所提供的解決之道總是不盡理想，幾乎每個宗教都千篇一律編出一個仁慈博愛的上帝，祂造出邪惡以之誘惑人類。但一個會讓疾病、痛苦、貧窮和苦難降臨其子民的上帝，怎可能稱得上仁慈或博愛呢？同樣的，一個創造邪惡好誘惑子民下地獄被火焚燒的神祉也談不上寬厚慈愛。真相很明顯。如果一個上帝有愛，就不會創造邪惡！

因此，所謂魔鬼和地獄這整個概念的創造其實很拙劣。因為要是魔鬼和地獄是上帝造的，祂肯定算準有些子民會因此入地獄，按此理祂肯定也很清楚哪些人會下地獄。這不就等於是說，這位上帝既創造了誘惑，又創造了無法抵禦誘惑的人，讓這些人出生受到詛咒，必定要落入地獄，受撒旦之火的懲罰。

這當然很荒謬啊。但更重要的是：按照這個邏輯，要是我們相信有邪惡存在，邪惡就會找上門；要是我們相信疾病存在，疾病就無法擋；要是我們相信地獄和魔鬼，那只要我們稍有逾矩，就必然會飽受地獄之火等折磨。

邪惡純粹是人性的產物

這所有東西都是我們在人間創造出來的——邪惡、疾病、貧窮、地獄和魔鬼——這些都和上帝沒關係！

說到這裡，就該來談談上帝到底是什麼。上帝必然擁有一切智慧和知識。既然祂無所不知，祂就永遠不會有問題。祂沒有找不到答案的問題，也沒有目標需要實現；沒有需要取得的知識，也沒有需要培養的經驗。凡事在上帝眼中都顯而易見。所有動作在上帝眼中都是自然而然被創造出來。但人類卻硬是要把上帝設計成是一個有道德判斷的神明，可是既有道德判斷就表示有是非對錯，而身為上帝卻不可能掌管兩者。他不可能自相矛盾、在善惡中翻來覆去，決定現在或下一刻由誰佔上風。要知道，上帝只管創造，創造時祂的眼中沒有善惡。要知道，我們每個人都是上帝的化身，上帝就在我們裡面和身邊，我們每個人則通過意念創造。人類秉持是非善惡的判斷力創造了是非善惡。這是他們意念所創造出來的。是他們。是我們。我們全體創造的。而非上帝。

因為今生的創造行為是由意識心靈作用在潛意識心靈上，而萬物共通潛意識心靈則是上帝的心靈。

人類永遠也無法接受愛所有人且公正不阿的上帝會創造出邪惡這樣的事。人類永遠也無法想清楚，上帝竟會讓行義的人和行非義的人，遭受到同樣的疾病和苦難。人類的頭腦，光是想到這件事，就會無比掙扎痛苦。但這難題我們不必再費神思考了，因為我們可以證明，疾患、苦難和所有的邪惡全都是人類一手造成，沒有別人。

因果的靈性法則

有一個真相說來讓人難以接受，但卻再明顯不過，那就是，獲致生活中的良善，靠的不單只是行得正坐得端，正義公平，而是要靠信心和意念的力量來創造。

「人種的是什麼，收的也是什麼[9]。」這句話是世上最難參透、最被誤解的一句話。數百年來，宗教界一直將之解釋為，耶穌是在說要是行不端坐不正、違法犯紀，在死後就會遭到懲罰。這完全偏離事實。這句話只是在論因果的靈性法則：種在心靈花園的種子，會收到其開花所結的果。

因為潛意識心靈是一座花園，而它也的確就像花園一樣，只懂得怎麼讓花草生長，潛意識心靈花園也只懂得如何從意念的種子創造現實。至於這個意念道不道德，合不合倫常道德與否，都與這不容改變的生長過程無關。因為種子既然播下，就一定得長出來，然後就必然成為實體，除非種子本身被連根拔起，換成另一粒種子種下。

自由——人性的本質

既然上面我們把心智思維比作宗教，又說過上帝就是潛意識心靈，而潛意識心靈，或稱為上帝，其眼中沒有善惡存在，那肯定有人會逕自以為不知道人間苦難、痛苦、疾病、戰爭和災難正在

9　譯註：加拉太書 6:7。聖經和合本。

侵襲祂子民的上帝，至少也比刻意將這些苦難、痛苦、疾病釋放給子民的上帝來的好些吧。

不論任何時刻都不要輕易忘記你是自由的！自由是你存在最神奇的部分。是這份自由讓你成為今天的你，也讓你成為明天的你。同樣的自由也必須不論善惡都讓你獲得你要的，否則就算不上是完全的自由。我們存在的本質就在確定什麼是善，什麼是惡，並從中擇善而固執。因為善才能推動進步，惡則阻礙進步，而人類存在的目的就是進步和創造！只有同時創造善與惡，才能決定出善與進步之路！

舉你的手指神經為例吧，摸熱爐子時痛感讓手不至遭到燙傷。在身體上、環境上和情感上，所有邪惡的痛苦都是為了讓你走上進步的道路。邪惡並不是上帝造出來的；祂只是賦予了你創造的基礎能力，並讓你可以依意願隨心創造。祂也賜予你求生和進步的本能，所以一旦你造出一些違反個人利益的東西時，學到的教訓就會讓你就不再重蹈覆轍。但上帝造人，止於讓人能以自己意念創造。至於會造出什麼來，路都是由人自己決定的。

道德和靈性法則

很多人會誤以為遵守道德倫理就等於行善。道德倫理是人類下的定義，它只限於特定年代特定地方，而且其定義不斷在變化。但不容爭辯的事實是，事業成功與個人成就、健康與活力並不因你行得正坐得端、公道正義就可以換得。如果可以，那年紀輕輕怎會生重病、剛出生的嬰兒怎會就染上殘疾、聖徒也不至貧困潦倒、或遭受不公不義的對待。可偏偏這類情事總是不少。

你肯定常聽人訴苦：「不懂為什麼這些厄運會降臨在我身上，我又沒做什麼壞事。」又或者聽過有人難過抱怨說：「我這麼努力工作，怎麼總是失敗。」又或者，「我這麼努力要把事情做好，可是上帝卻似乎總是在懲罰我。」

把那些想法趕出你的腦海。厄運不會沒事降臨到你身上；是你自己招來的。成功也不是單靠努力工作就能獲得；而是靠正念。上帝不會懲罰你；懲罰你的人是你自己。

在潛意識心靈中種下失敗的種子，自然長出來的就是失敗。在潛意識心靈中種下疾病的種子，它就會為你帶來疾病。把孤獨的種子種在潛意識心靈，就會為帶來孤獨。在潛意識心靈種下不快樂的種子，它就會為你帶來不快樂！

鄰人的重要性

萬物共通的心靈只有一個，我們都在其中活動、感受。而萬物共通潛意識心靈中，則接收了數十億意識心靈的念頭，從而將之實現成真，其中的每個念頭都是透過全心全意信念傳達進去的。這個萬物共通心靈能做出回應、也有創造性，能接收你的意念為你創造出你對鄰居所想的事物。

現在請想想。你對鄰居所想的事，萬物共通潛意識心靈會為你創造出來。也會把鄰居對你所想的事創造出來！

說到這裡，有沒有覺得難怪耶穌所提第二重要的誡命是「要愛鄰舍如同自己[10]」。因為你的鄰

10 譯註：路加福音 10:27。聖經和合本。

居對你的態度，也會是你的遭遇。

可是，當然有可能你想要的是成功，可是你鄰居卻想要你失敗，而你可能後來成功了，但這是因為潛意識心靈是不停歇的。它總是在動，它會依你信念最強的那個想法去推動。

或許到目前為止，你還沒能完全理解我們只有一個心靈，一個萬物共通潛意識心靈的想法。那容我們指出思想轉移這種現象，思想轉移除了用所有人都存在同一個乙太或智慧或心靈中這個解釋以外，沒有別的辦法可以說得通。還有靈療[11]這種事，可以在被治療者和治療者之間沒有任何直接接觸下完成。還有「直覺」或「洞察力」這種現象，它讓人在沒想通問題前，就找到答案。就連所謂的黑魔法也不全然是迷信。當然，用針扎布娃娃這種詛咒不可能會讓人生病，但伴隨著這種扎針的強大信念卻可能會導致肢體萎縮、發燒、藥到病除或移山填海。

視無邪

將意念傳送進偉大創造性萬物共通潛意識心靈並加上信心的話，就能夢想成真。不管你的想法是正是邪；只要有信心在，就會體現，法則就是這樣定的。意念加上信心就能夢想成真！

相信自己會失敗，就一定會失敗。相信自己會成功，就一定會成功。相信你會痊癒，就一定會痊癒。相信會沒人愛，就一定會被拋棄。相信自己沒魅力，就一定沒人愛。「我實在告訴你們，你們若有信心像一粒芥菜種，就是對這座山說你從這邊挪到那邊，它也必挪去。」

邪惡除了是人類信念的結果，不是別的。諺語中的三隻靈猴說：「非禮勿視，非禮勿聽，非禮勿言」，就像白晝之後是黑夜一樣金科玉律，這麼做就不可能有邪惡。

蹣跚學步的人類，自亞洲古代文明以來，一直在真理的邊緣徘徊，從未澈底相信我們的信念可以讓我們的生活變得美麗、富足、和諧、成就非凡，一如天上神明。

人類邁向真理的奮鬥

在本章中，我們必須摒棄任何將邪惡視為今生存在的獨立實體的觀念。我們要看到邪惡的真面目：它只是幻覺，只是痛苦的反應，是迷途，是對真理的嘗試，但始終是幻覺，是死靈一般短暫即逝的東西，一旦遭到否定，就會像霧一樣，隨著清晨降臨消逝無蹤。

自古以來，人們總是口耳相傳，指邪惡是一種既存事實，是單獨存在於人類之外的東西。但這卻是一種錯誤的假設，而其由來則是因為沒有人能找到邪惡的起源，似乎邪惡就是不按道德模式，不分行義或不義之人、強者與弱者、智者和無知者、富人和窮人都會遭遇。就因為這樣，當看到新生兒毫無來由卻帶天生殘疾降臨世上時，讓他們感到費解，只好假設說肯定是父母造孽，上帝因而讓孩子受苦。「父親造的孽兒子來擔」——這個直覺上的猜測其實還有點接近實情！只不過，害孩子受罪的並非父母在道德上的過失；而是他們想法上的錯誤！而且不僅是父母的想法，還有父母兄弟姐妹的想法，再加上所有將想法投射到宇宙創造性心靈犯過者的想法。

11　譯註：mental healing 在本書中指的是透過宗教力量的治療，和一般英文 mental healing 指的精神治療或是臨床心理治療不同。

原因只有一個

事出必有因，邪惡也是；既然事出必有因，出生嬰兒天生的殘疾也有其原因。

遺傳學對此的解釋可能會從細胞理論出發，解釋這是因為卵子或精子中的染色體缺陷影響了胎兒，而這樣的生物學理論很難推翻。問題在於，為什麼會發生這樣的事？在此我們想探究的是這個點。

世間萬物都是思想的結晶。這句話我們可以說得再精確一點。不能說，萬事萬物都由是思想所創造。只能說，萬事萬物都是因為思想而被創造出來。潛意識心靈那偉大的共通可塑創造性心靈媒介會作用在位於該處的有意識思維。所有生命都共同使用這一心靈。每個來過世上一遭的人的每一個念頭都被牢牢地記錄在這個共通心靈上，而這顆心靈則在意念的推動下行動。這顆共通心靈會讓思考者的想法實現，也會向全世界展現該想法。

既然世上一切都是思想意念的結果，那只要意念保持原狀，形態就會維持不變。一旦意念改變，形態也隨之變化。每個新生兒都是意念的結晶，不論外觀或本質，在嬰兒從意念體現的過程中，受孕那一剎那不過是物質世界所發生的一個事件，一如木匠把木板釘在一起，是體現屋舍過程中的一個實質事件一樣。形態外觀肯定是意念思想的產物。新生兒也不例外。正因如此，新生兒的殘疾絕對是思想的產物。

說到這裡，你可能會覺得不可思議，畢竟世上有哪個父母會接受說孩子的殘疾是因為他們想法造成的。但別忘了，那個創造心靈所接收到的想法，並非都是有意識傳遞來的。它所接收到的想法中，有很大部分，是被我們埋藏在記憶深處、藏在潛意識心靈中不為人知的悲劇提醒者。另外，別忘了，別人的想法，甚至是已過世者的想法，都有可能出現在我們的現實經驗中，就連已經不在人世者的想法也會。

所有生命體都活在同一心靈之中

要完全理解這一點，就要回到萬物共通潛意識心靈這個我們共同使用並生活在其中的心靈。這個心靈或智慧不只存在於人類身上，而是存在於每一個生命身上。觀察演化過程，就會發現，欲望被投射到萬物共通心靈後，會回到實體上。水裡的魚接觸到陸地後，渴望行走於陸地，於是演變成爬蟲類。爬蟲類接觸到天空後，渴望飛翔而變成鳥。爬蟲類希望變得更大更有力於是變成馬。熊、狼、虎、獅、蛇，爬的、匐的、飛的、游的、打洞的、造巢的和欲想的——這些飛禽走獸全都是意念或欲想投射到上帝的萬物共通創造心靈的結果。

想游的魚長出鰭；雪中的北極熊全身白毛；混在樹葉中的變色龍會變色融入其中——有情萬物的欲念都獲得同一偉大無窮來源的回應，不論其善惡，而只是回應其想法和欲念。

如果地球的溫度下降一百度，生命還是會以不同形式適應和演化並存活下來。如果地球和行星不見了，生命還是同樣會生存和適應。因為欲望就是生命，生命就是改變，改變就是進步，全都遵循著一條永恆不變的法則。

新生兒的殘疾如果照我們對自己外觀的定義來看，可能會覺得對這孩子太不公平、太可惡。但或許在遙遠的將來，人類真的變成不再需要雙手，或雙腿，還可能外觀變得讓今日人類驚駭的程度。因為今天我們對自己的看法就是依我們肉眼所見，這讓我們堅信這才是人類的真相並認為人類外觀會永遠如此，任何外觀上的改變，因此被我們視為畸形或是殘缺。

潛意識心靈，或者說是上帝，其眼中並沒有苦難、痛苦、戰爭、饑荒或疾病。它只看到想法和欲念，或者說是意念和情感，而且它只用一種方式來看待這些事——即把它們化為現實。

意念和信心——唯一的責任

你能控制的只有兩件事。一是意念，一是信心。至於實現心願其他的工作，則都不是你能控制的。人生在世，真正能夠掌握的只有自己的意念和信心。其餘的，都是由偉大的萬物共通心靈其創造力在運作，在它面前，全宇宙最大的核能發電廠，也不過是地球上一個小黑點，起不了作用。

耶穌說過：「凡勞苦擔重擔的人可以到我這裡來，我就使你們得安息。因為我的軛是容易的，我的擔子是輕省的[12]。」

這位大人物這段精闢的言論你聽懂了嗎?

在談到他的治病神蹟時，他說：「不是我做的，乃是住在我裡面的父做他自己的事[13]。」

他知道實現願想的責任不在他。他深知有一個強大勝於他的力量會實現這些願想，而他能做的只是對願想抱持信心。

他並沒有站到拉撒路[14]（Lararus）的墓前，費力想讓拉撒路復活。他只是深知拉撒路定會復活。除此之外，事情不由他左右。

毫無疑問，回應耶穌並使拉撒路復活的那個力量，如果以同樣的信心去求他，也能讓拉撒路死去。

這份力量既能體現惡，也能體現善，因為它眼中並無惡善之分。它只負責依心相和信心實現創造。

對所有的惡也是一樣的。「上帝降雨給義人也給不義的人[15]」，因為惡既會降臨在義者身上也會降臨在不義者身上，但卻不會降臨在只看到善和相信善的人身上。

真理和錯誤

經歷惡，選擇善，是人性必經之路。與其他事物一樣，這也有其原因。

善是真理。惡是錯誤。從錯誤中學習而選擇真理是進步。一旦了解所有真理，自己就成了上帝，因為已經與上帝同一境界，不再有問題待解，不再需要探索，一切都是昭然若揭、顯而易見。

這樣的無限性我們可能在有生之年都無法企及。在我們短短在世的時間，要以微薄知識和渺小信心，將惡從世界中摒除，這工作似乎太過龐大。但有一點倒可以確定。那就是既然知道善與惡

12 譯註：馬太福音 11:28、30。聖經和合本。
13 譯註：改編自約翰福音 14:10-12。聖經和合本。
14 譯註：讓拉撒路復活神蹟記載於新約約翰福音第十一章中。拉撒路是耶穌的門徒與好友。
15 譯註：馬太福音 5:45。聖經和合本。

都是發自意念，那就可以建立一支從不休息的前哨，引導我們意念走上善和進步的道路。因為只要有信心和目標，就算這最終極目標也並非不可能在當下實現。

既然善是真理，惡是謬誤，那顯然惡就是幻覺。惡是歧途，是錯誤，痛苦的經歷，只是尋找前往真理路上的摸索；而既然它不是真理，它就是錯誤；既然它是錯誤，它就是幻覺。惡作為幻覺，很容易就消聲匿跡。惡被善所取代速度之快教人不可思議。但善要被惡取代，卻要在對善的概念非常薄弱、而對惡的概念非常強大的情況下才有可能，因為真理不會輕易屈服於錯誤，而錯誤在真理的照耀下幾乎沒有力量抗拒。

要想充分了解真理，以便有意識地行使潛意識心靈的力量，那就要先讓自己不至於行使潛意識心靈的力量來製造邪惡。也就是說，一個如耶穌般開悟的人是不可能把足以讓拉撒路復活的力量用來讓拉撒路致死。因為人性會追求真理，而只要看到真理，就不會容許錯誤存在。既然真理是善，錯誤是惡，擇善固執了自然就會驅邪避凶。

靈性知識不輕易透露

除了耶穌，還有許多開悟者曾經出現在歷史上。有些開悟者所在的社會，因為對真理洞察的如此透澈，讓其社會能夠將意念化為實際、進行思想轉移、以及運用直覺成為他們日常生活普遍的事。然而，這些人和社會卻認為不該輕易將這件事向全人類公開，因為很危險。

不過過去的二千年來，人類已經今非昔比。讓大家知道這個真理不再是問題，不會像是把上了膛的槍交給孩子那樣危險了，人類不再無知如昨。因為人類全體都在尋求人類存在的大哉問解答，也都在尋求和平與知識。雖然將心靈力量交到沒有準備好的無知者手中無疑會對人類進步產生負面衝擊，但人類現在也的確正站在走向靈性自由的轉捩點上。因此，當前這麼做不僅是基於需要和渴望，同時也確實呼應了所有人的要求，必須取得掌管其生活的法則，以便讓大家利用這些法則來造福自己並為全人類謀福利。

真理永遠能說得清楚

許多形上學論文和一些哲學論述在探討外在世界時，總視其如純然空虛幻覺，並主張唯一的真實的就是專注於自我，也就是要放下主觀意識，並達到完全無我的狀態。但這種絕對狀態卻從未有人完整描述過，之所以如此，過去總將原因歸咎於人類儘管有數百種語言、卻不足以表達的緣故。

但如果是真理，不可能無法描述！既然有它的存在，就可以認識，而一旦被認識，就可以被描述。所有真理總有具體可拿捏描述的地方。但這不意味著所有的實質狀況都是真理，因為善與惡會自行展現。

但幻覺——存在於今生或靈性生活中的唯一幻覺——則是惡。真理就是真實，而真實必然可以描述。

罪與罰——因與果

或許我們現在能夠更好地理解罪和罰的概念。罪不是對上帝或法律的違背，也不是違反道德準則。懲罰也不是社會或上帝對違法者的報復。

罪簡單說來就是過錯，而懲罰則不過是過錯的必然結果。比如說你要找朋友的家在哪，卻走錯街，就不能指望在那條街上找到朋友的家。畢竟你是走錯路；結果當然是找不到她家。這是因果關係。定律法則。僅此而已。

邪惡也是如此，它是過錯。你所認為的善或惡，都將不可避免地在你的經驗中展現。如果是惡，就是過錯，那招來的後果也一定是惡的。

當你明白上帝完美無瑕，你就知道上帝不可能犯錯；既然邪惡只是錯誤，就不可能出自上帝的手筆。

因此，邪惡是錯誤，是幻覺，是我們在尋求真理的過程中通過將我們的意念定見投射到萬物共通創造心靈，或者稱潛意識心靈後被創造出來的。

從惡的經驗中，我們選擇了真理。也就是說，我們透過一連串嘗試錯誤取得進步。每一個錯誤都會帶來相對應的結果，因為因果法則在其中運作。因此，錯誤的後果由地球來承擔，而不是由來世承擔。每個靈魂來自潛意識心靈再回到潛意識心靈時，不帶道德標籤，不受任何評判，沒有褒貶，沒有獎懲。因為我們都是同一株大樹上的枝條，既是同根生，自不會相煎、自我毀滅，而只是沉思和創造。

某些宗教會談煉獄和詛咒，看到這裡其信徒可能要問：「既然這樣，如果無罪的人和有罪的人死後都遭受同樣的待遇，那在世時行善又有何意義？」

僅僅因為想要死後上天堂享受、不想下地獄被火燒所以就不去作惡，這理由聽來讓人搖頭，因為這種關於死後獎懲的虛構承諾，與人類尋找真理各種充滿創意的途徑相比之下真的太沒有創意。要知道造惡會受什麼懲罰，何須等到審判日的到來。就去偷鄰居的錢包，然後看要等多久自己的也被偷就知道答案了。或者去把鄰居殺了，再看看要多久自己也沒命了也可以。種瓜得瓜種豆得豆，不用等到死後就會報了，今生今世就是關鍵，要看到報應不用等那麼久。

不要沉浸在懊悔之中

切記：悔恨是對自己的罪行。

追求真理的過程難免會犯錯。不要讓悔恨茁壯成為悲劇提醒者。要從錯誤中找到了真理。渾渾噩噩度日，不斷為過去的錯誤自責，唱衰自己、遷怒枕邊人、甚至因為害怕死後地獄恐怖懲罰而不敢有所作為，這慘狀正是潛意識心靈悲劇提醒者的來源和濫觴。

犯錯是人之常情。造惡的是人。但惡是幻覺，僅此而已。在善面前惡會神奇地化為無形；你生命中的每一個錯誤都是為了向你揭示真理，不是要讓你在羞恥、懊悔和恐懼中失去神性。

在與上帝合而為一的過程完成之前，邪惡仍會存在世上。因為在所有真理被發現之前，依然會有人犯錯。人總是難免要犯錯。活著不可能不犯錯誤。但在這情形下，可以做一件事。只容許自己每件事只錯一次，不能有第二次。

就用大家與生俱來的勇氣來面對這個非常簡單的問題。不要怕犯錯，也不要怕犯錯後要承擔後果。如果心裡有願望，就要讓它實現；不要對潛意識心靈下達游移不決的指令，「要」—「不要」—「要」—「不要」……搞到它疲於奔命，結果就是這游移不決的重擔丟回到你身上，重的難以承擔。要或不要說的清清楚楚，因為潛意識心靈雖是一支聽命於你的大軍，卻需要明確可靠的指令。

這一來，所產生的結果要麼是對的，要麼是錯的。如果是對的，你的人生將立即得到改善。如果是錯的，你將會暫時遭到懲罰和挫折，但由此獲得的正確知識會讓你進步。這暫時的挫折，就像造成它的錯誤一樣，只是幻覺，實際上是朝正確的道路上向前邁進。

找到有二十次失敗經驗的人，就等於找到偉大的靈魂。他們可能比成功六次的人更懂得對錯。有六次成功的人就只學到六次的對，而有二十次失敗經驗的人卻清楚二十種對錯！

不怕被說服

你必須願意讓潛意識心靈為你實現願望。如果渴望金錢，就要明確表達，深自相信這個定律會幫你想出辦法。就這樣錢財會自然來到你手中。不過這並不意味著獲取金錢就必然是好事。這反而可能會導致因為有錢，而讓你充滿虛榮心和權力欲，導致你陷入孤立和焦慮之中，並莫名招惹破壞你幸福的人。

這裡面沒有對錯的問題。許多人擁有財富，又因此蒸蒸日上，再藉此做了很多好事、還因為擁有財富而生活得更好。然而也有很多人因擁有財富而導致妻離子散，失去健康，喪失生活樂趣和心靈平靜。

但如果想要錢，就不要三心兩意。不要一方面抱怨自己錢不夠用，另一方面又說不在乎錢。搖搖擺擺拿不定主意，這會影響潛意識心靈，結果就是什麼也辦不到。

無論遇到什麼問題，都要不怕被說服。敢於做出決定，表明立場，不怕去相信。然後讓你的決定實現，之後更勇敢面對該來的獎懲。

就算犯了錯，除了因果法則這完全客觀的法則之外，不會有人要你負責；因此一旦犯錯的後果降臨，也不必擔心還有別的會降臨……除非是你自己惹來的！

因為如果你由於某些錯誤而背負著羞恥、悔恨和自責，那就會把它們帶給潛意識心靈，從而實現了這些負面想法！

一個風光明媚的日子裡，一名年輕人創業。剛開始時一切順利，但因為一次誤判導致破產。但錯誤的觀念，或者犯錯，只會出現一種後果，而年輕人的生意破產的那一天他明白了這個後果。這也正是他善加利用這最嚴重錯誤的時候。如果他能從中記取教訓，在腦海中好好把這些過錯回想一遍，透過檢視自己的錯誤而得出正確答案，然後再次大膽出擊，他就是正確運用宇宙的大力，成功肯定屬於他。但要是他讓錯誤帶來羞愧、悔恨和自憐，只要他還帶著這些幻覺，他就還會承受更多的負面後果，因為只要他還帶著這些幻覺，它們就會在他的生活中繼續發展，只要他讓它們進入潛意識心靈中。

英雄造時勢

不過，要知道這不是在說惡不存在；這只是在說惡並不具真實性，所以要將之還原為「幻覺」。史上偉人們，沒有一個不是靠著否定其出身的匱乏、限制、疾病、貧窮和不如人中爬起來的。如果你讓自己被出身所限，那每次遭逢惡時，都會讓你相信惡是實體，這樣你的經歷中就會出現更多的惡。然後絕望、恐懼和不幸就會不斷與你相伴。

絕對不是時勢造英雄。是英雄造時勢！

依據偉大的吸引力法則，只要相信，願望就會實現；人生中的時勢環境都依你的信念被你吸引而來。你不折不扣就是自己思想的產物。你想什麼，你就是什麼；就只是這樣，不多不少。

現在你要告訴自己，惡是果，不是因。惡是錯誤想法所導致。錯誤想法是惡的因。惡是時勢；而你，作為宇宙智慧的神聖部分，沒必要成為時勢的果。因為時勢由你所造。只有當你認為時勢強於你，你才會放任它在你的經歷中發展惡。

人間律法與靈性法則

道德和倫理法則主要是為人類族群的共同福祉而立。也就是說，道德和倫理是為了保存族群而設計的。而既然律法中個人或群體的第一要律是要保存人類這個族群，我們可以確信，所有道德和倫理法則的演變與宇宙的靈性法則不可能有所違背。但這並不表示道德和倫理法則不會出錯，也不表示它們不會偶爾出現助長邪惡的情形，因為所有的形式（人類制定的法律也不過是形式）不過是想法的一時表現，必須隨著想法的變化而轉變。因為這樣，人類社會才能從過去打打殺殺的游牧民族轉型為今日的龐大文化形式，人們在相對和平的環境以創造為主要目標，而不再是互相毀滅。值得注意的是，倫理道德法則的規劃與靈魂法則的構建在本質上是相同的。也就是說，它們都是作為實質的法則——純粹講因果關係。

在社會上犯了法，你的犯法行為就會遭到社會懲罰——施予監禁、流放、罰鍰、褫奪某些公權力等等。犯了什麼法危害社會，法律就會以牙還牙。儘管法律一開始的設計是以道德倫理是非對錯為考量，但一旦犯法，法律考慮的則只有因果關係、毫不寬貸、別無其他考量。但因為社會中的律法是人訂的，難免會出現有人能夠逃得了一時的情形。但靈魂的法則則天理昭彰，難以逃於天地間。靈魂法則沒有分毫差池，心念一惡、出手即惡；施行惡行的人，也將遭惡回報。

因此，道德法則是為了消除社會中的錯誤行為而制定的行為準則。同樣的，靈魂法則也可視為同樣目的，旨在消除個人生活中的錯誤。

悲劇提醒者的作用

奇怪的是，我們明明多半時候都能辨別是非，卻老是走上錯路，似乎渴望惡果一樣。人生在世似乎少有人會忍住不犯些糊塗，就好像被磁鐵吸引一樣，視自己為某種祕密殉道者一般樂在惡中。

正因如此，大眾便宜行事，就不免主張這正是證明惡魔和上帝同在，邪惡確有其事，義人和罪人都會同樣遭到引誘。

不要被這種似是而非的說法誤導了。人類並不是上帝和魔鬼攜手創造的。創造我們的人肯定是其中之一，要說他們攜手創造人類這完全不合理。畢竟如果魔鬼造了我們，那麼上帝就不可能在我們裡面，善也不可能在我們裡面，一切都會是惡。而既然惡是錯誤，那所有生命就都是錯的，這一來一切陷於混沌，沒有設計，沒有形式。如果我們是上帝造的，那我們本質上就是善的，只是因為我們很自由，所以在追尋真理的路上會犯錯。這不就是今日的人性嗎？魔鬼和邪惡同為幻覺。他不是真的，地獄之火也同樣不是真的。

過去一直被認為是魔鬼的傑作，在這個年代，可以肯定地說，不過是被意識心靈所拒絕，而埋藏在潛意識心靈中的痛苦經驗被重新憶起而已。

忘了自己犯過錯

在此，要點出耶穌基督帶給世人的美好真理：他讓我們知道宇宙是由一位愛的上帝所擁有和掌管。

在現今的世界，很難形容這一發現有多了不起，因為當時的人們所在的世界，是活在復仇之神的恐懼之中。但耶穌讓大家看到愛的上帝，他的本質是包容和寬恕。基督教世界在短短兩千年時間裡的進步超過全人類在之前漫長歲月幾十倍，這並非巧合；這是因為耶穌的教誨告訴我們，錯誤只要受過一遍就好，無須再承受更多，因為這樣，耶穌為這個飽受不健康思想和壓抑、還有疾病所苦的世界捎來訊息，告訴大家過去錯誤的包袱不用一直背在背上。

這一點在耶穌的教誨中非常重要！「拿你的褥子行走[16]，你的罪赦了。」「去吧，從此不要再犯罪了[17]！」不要認為耶穌這話是在為替罪人向不容寬貸的上帝求情，或者他的話中帶有道德倫理是非對錯的判斷。他其實只是在說：「忘了你犯過錯，別再想著錯誤。沒事了。善無所不在。」

不過短期內人類的世界不可能沒有錯誤。不管大家悟性有多高，無疑未來大家多少都還是會犯上一些錯。但這個明白又讓人安心的道理是永遠都在的。除非我們執意要把錯誤的包袱扛在心上，讓他如滾雪球一般越滾越大，以至引來更重大的惡行，否則我們無須害怕犯錯的後果。

語言的力量

或許在前一章中，大家已經充分了解潛意識中的悲劇提醒者，進而看到了當下我們所面對的問題。不為人知的悲劇提醒者，其對惡——限制、匱乏、疾病、貧窮等等的吸引力遠大於追尋真理正道過程中所犯下的任何錯。

現在的你潛意識中可能充滿了悲劇提醒者，一直在害你生病、貧窮、孤獨、不成功。你一定要控制這些悲劇提醒者，否則它們就會控制你。你必須有意識地冥想宇宙靈性法則，在潛意識中安

16 譯註：馬可福音 2:9。
17 譯註：約翰福音 8:11。

裝善的條件反射，讓它自動取代負面的悲劇提醒者。一定要這樣做，否則一點獲得完整和美好生活的可能性都不會有。心中不想著惡事到來，惡事就不會來。

進行冥想之後，心中疑慮盡釋，這時說出那個字就等於啟動創造你要的狀況的力量。言語或意念自古以來就是一切創造、一切成就、一切願望的第一步。字詞或意念的力量之大，只要堅定地說出，就沒有任何東西阻擋的了。

潛意識心靈非常善於演繹推理。我們有理由相信在這方面潛意識心靈能力非常完美。像是遇到「我要賺錢」這樣的前提，它就會自行演繹出一連串聰明的方法來達成任務。比方說，在深度催眠狀態下，病人被告知他正在與柏拉圖討論；而從隨後的討論中產生最美的哲學命題，宛如柏拉圖親口所言一般。這段哲學論述遠超過病人原本的知識水準，現場觀眾好長一段時間都認為這名年輕人肯定是真的「親炙」柏拉圖的靈魂。

一般人遇到一時之間無以名狀的事物時，往往就會把它歸因為鬼魂、女妖、靈異之說。但千萬別懷疑，潛意識心靈擁有世上所有的知識和智慧作為資源，而其實，所謂的超自然力量，也不過就是懂得運用潛意識心靈這份所有人共有、共存、共生的智慧如此而已。

你絕不是孤單一人

善惡之說既然影響這麼劇烈，大家可能會覺得需小心提防善惡之爭才行。換言之，你似乎必須付出許多力氣，讓自己的意識心靈發揮監督的功能，去防止負面想法的侵犯。而既然上面說生而為人犯錯在所難免，你可能會因此擔心害怕，生怕稍有差池就要犯錯，因此變得舉步維艱，猶豫不決。

這種想法千萬不要出現。首先，要知道，你絕不是孤單一人。你的一舉一動，絕對不全是你的責任。如果一切都取決於你，那你絕對過不了街、找不到朋友講話、甚至不可能存在於世上。千萬記得。連你自己都不是由你所創生！光靠你自己，是不可能造出什麼東西來的。只有你將自己意念投射前去的那個大力量，才是唯一負責創造的力量，是它把所有的形式和時勢創造出來，但它的創造則是根據你的意念。

欣然接受——不要靠意志力

這個大力量不是你要它做什麼就會做什麼的。光靠意志力要讓它服從你的需要是不可能的。因為你沒有比上帝偉大。你怎樣都無法阻止或啟動這份創造的力量，因為它比你巨大、而且只依照特定法則運作。沒辦法光是靠著決心和衝勁告訴它說：「我就要發財了」，就以為可以獲得正面改變，順遂如意，而不會招來混亂和反對。你該做的是接受、而不是要求。靠意志力要求是不可能的。但這不表示你必須屈服於它——遠非如此。這只是表示你要明白負責創造的人不是你；是比你更強大的力量。這個力量會實現你所相信的，並將你準備要接受的體現在你眼前。

務必明白這點。只是想著要有錢什麼都不會得到，靈性法則不是這樣使用的。只有了解並清楚你就置身在富足之中、而且你接受這一點，這時金錢才會在你的經驗中被創造出來。換句話說，你不是要求有錢；你不需要用錢不夠花、你手邊錢不夠用作理由來迫使錢財來到。你只要接受錢財；你身邊有許多金錢，你知道這一點。這就是使用靈性法則的真正用法，這不同於每次都單獨用個人意志去取得物質。因為你對抗萬物共通心靈的意志力，勢必要在你的經驗中建立起同樣的東西去對抗，這讓你眼中只看到反對沒有合作。

當耶穌說：「你們的父樂意把國賜給你們[18]」時，那是千真萬確的。因為創造實現的全部力量已經被賜予大家了；不用等大家開口要求。

心中期待並欣然接受。知其所以並敞開胸懷體驗。正向且懷抱感恩之心。因為偉大的吸引力法則和創造實現法則是調適一致的法則，它們從不向那些用蠻力的人傾吐其祕密。

「讓小孩子到我這裡來，不要禁止他們，因為在天國的正是這樣的人。」要知道，耶穌是有史以來最偉大的哲學家。小孩子不正是這樣嗎？全心全意接受善。是我們這些被恐懼害怕制約控制的成年人強迫這些神一般的年輕心靈接受「不可以」，讓他們從而受到制約產生了「沒辦法」、「不可能」、匱乏、限制等等的束縛。因為孩子接受一切的好事就是事情最自然的發展，他們相信一切的好事都會依他們的願望賜予他們。要去接受。心領並且神會。禱告和冥想的奧祕就是這樣。

從調和一致中得到指引

你必須知道，即使意念出於你，但左右事情成敗的責任並不在你。實現意念的力量也是覺知的力量；因此只要調和一致到完美，就能夠在人生每一次的狀況中都能獲得指引。

如果事事想要靠意念讓事情發生，這樣就無法達成調和一致，也無法獲得指引。妄想將自己的意志加在上帝意志上，不管怎麼看都立於必敗之地。所以要等你接受了那個比你更強大的力量，知道它會在你的世界中為你實現你的信念，這時你就會發現，它也為你提供了問題的解答。

而要達成這一步，就要放下手中的問題。一旦問題的基本要素已經在意識心靈中釐清、而總體目標也在意識心靈中劃定後就擱下來。完全忘掉問題。某天早上，在你忙著日常雜務時，答案會自然浮現。它會以讓你毫無疑慮、確信它是正道的方式衝擊你的意識。這個答案會非常的清晰，簡單到讓你想不透為什麼先前沒想到，或者之前自己怎麼會不相信。

這就是指引。這不是靠人為努力或意志力得來的。它是藉由對於那在你之上的力量的信心得來的。是靠著全心領受那個在你之上的力量得來的。

要是能夠在生命的每一刻都達成這樣完全的一致調和，那毫無疑問，痛苦、匱乏、限制和疾病將永遠不會再出現在你的生命中。但千萬不要將期待超過信心。要是早上對自己說：「我知道我正在成功的道路上努力。」卻在之後整天裡不斷抱怨遭遇的阻礙，那就算你心裡期待這一周結束時獲得成功，你也絕對不會如願。至少要在這當中超過一半時間裡抱持信心，才有可能見到希望實現。只要你大部分時候都相信這事會成，願望就會實現。

18 譯註：路加福音 12:32。

〔本章要點〕

以下是第二章中要記住的要點：

1. 惡是錯誤，是幻覺。
2. 善是正道，是真實。
3. 正道會驅逐錯誤，因此善也會驅逐惡。
4. 惡是人意念所造成，不是上帝所造。
5. 地獄和魔鬼都是幻覺。
6. 上帝不會毀滅靈魂，因為祂不會毀滅自己。
7. 上帝無所不知，因此不會犯錯或作惡。
8. 潛意識心靈，或者說是萬物共通心靈唯一功能是要將意念的種子體現為形式或環境情勢。
9. 在潛意識心靈的花園中，要種下什麼樣意念的種子，選擇權在我們手上。
10. 除了自己的意念之外，其他事都不由人做主，因為萬物共通潛意識心靈才是創造一切的關鍵。
11. 道德和倫理並不總是遵循因果法則，但靈魂法則的運用卻總是遵循因果法則。這是因為道德律法是人訂的，而靈魂法則是神的本質。
12. 正確使用靈性法則的方法就是領受和信靠。
13. 用意志力無法向萬物共通潛意識心靈求來任何東西。
14. 靠信靠那在你之上的大力，可以在通往正道和成就的道路上，獲得指引和靈感。

力求平衡

大家現在就以自然界中最強大的力量在進行實驗。但要提醒大家不要太過沉迷其中而忘了日常生活。不要為了想與潛意識心靈接觸而忽略了意識心靈的運作，因為生而為人，必須學會在兩者之間平衡拿捏。平日遇到的一般人幾乎都不會使用「潛意識心靈」，他們的生活完全被環境所引導和控制。天才是懂得在潛意識心靈和意識心靈之間保持完美平衡的人。這是我們所追求的平衡，在萬物共通潛意識心靈的偉大實現力和意識心靈之間的平衡。

心電感應經驗

現在我們可以針對目前正在談的這個巨大力量來做個有趣的實驗，找幾個朋友一起來試試心電感應。手牽手圍成一個圈，其中一人先蒙起眼睛。圓圈中間則擺放一疊撲克牌。遊戲開始時掀開一張牌讓所有人看，只有蒙眼的人看不到。只能掀一張牌。然後所有人集中精神想著那張牌，當大家心中清楚浮現這張牌的點數後，要蒙眼的人說出大家心中想的那張牌。再讓所有人輪流蒙上眼睛。遊戲最後的結果不會每個人都說對，但會證明我們共同生活、活動且同在一個心靈或者媒介之中，並能透過這個心靈用意念互相聯繫。這個心靈就是萬物共通潛意識心靈！

冥想

本章最後的冥想旨在驅除幻覺或邪惡。當你靜下心來冥想時，回想一下人生中所有你認為是錯誤或邪惡的情況。對自己說，這些都只是幻覺，在真實中並不存在。然後開始冥想。不到一個月你就會看到驚人的變化。

後面幾章中的冥想會越來越具體，一步一步會將潛意識中埋藏的悲劇提醒者釋放的心魔和幽靈去除，這時你的人生就會為無窮的可能和了不起的壯遊所開啟，你就會看到宇宙的真實樣貌，知道它是為你特別設計的！

察知！領受！信靠！保持信心！世界之豐富你絕對夢想不到。

延伸閱讀

《創意心靈》（*Creative Mind*），恩尼斯特．赫爾姆斯

第二道冥想

我知道，自己與萬物共通心靈一體。我知道這是完美的心靈，我可以依靠它全權導引我所有日常事務。這顆萬物共通心靈，也就是偉大的潛意識心靈、亦即上帝心靈，在它眼中沒有邪惡、限制或匱乏。它只會在我經驗中實現我所信靠和領受的意念。因此我拒絕所有邪惡和錯誤。當眼睛和感官被周遭的邪惡所迷惑時，我別過頭去，讓思緒提升到全宇宙的完美、豐富和愛中。

我知道上帝不會創造邪惡；我知道，借助上帝的力量，我能夠拒絕邪惡，因為邪惡只是幻覺、錯誤，在真理面前無所遁形。因為偉大的正道是善，它總是會體現成真。我知道錯誤或邪惡是我自己意念所造成，是我自己錯誤的結果，是我孤立於萬物共通心靈的結果。我知道，萬物共通心靈不斷在我的經驗中實現我的意念，所以如果出現了邪惡，那一定就是我自己意念的產物；我自己的意念也會很快地否認它。事情的發展不是我能夠用意志去控制的，因為我並不比上帝更偉大。

我只是明白，實現意念的法則在我之上，我的意念和信心成真不由我主宰。因此，我緊守自己的意念從善出發。但我並不會刻意這麼做，不是像在下達命令一樣。我只是放鬆的冥想良善、心中知道一切都由那比我更大的力量在主導，泰然自若。我信靠這個力量。我對這個力量充滿信心。在我的日常生活中，我依靠這份力量的指引。我拒絕接受邪惡，邪惡就會消失。我領受善，而宇宙的供應和愛就會到我身邊。

第 3 章

心靈
了解意識心靈和潛意識心靈

歲月的奇蹟，萬物的主宰
永恆的心靈啊
傾聽天父的召喚
來到等候你前來的寶座和王冠

心靈之謎

我們太習慣把心靈看成客觀的物質！我們已經被教導成把心靈等同於大腦，只是孤立於額頭後兩英寸處的一團灰色原生質堆積物！我們相信科學新知，它們追蹤我們的腦迴（brain convolution）和腦神經網路，並告訴我們記憶儲存在大腦哪些空間、以及思維邏輯是細胞所構成的大腦在運作、而想像則是大腦那像果凍一般的物質的產物、條件反射則是脊椎網路的功能。這些被我們統稱為心靈——這些物質的排列組合，通常我們只能透過大體和麻醉病人來研究其功能。但這實在與心靈的真相相差太遠！

但對於「我」的質和量卻還沒有人在顯微鏡下觀察神經組織來確定其存在！自我意識，即個人的「我是」，從未在外科醫生的手術刀下或生物學家的探索下洩露其祕密。從科學角度以客觀方式指出身體有個稱為大腦的神經中樞，並無法讓我們對於自我存在的理解更進一步，自我存在是夢這類事物的由來，大腦和神經和組織不過是自我存在的果，絕非因。

在本章中，我們要揚棄這種只觸及部分真相的科學觀點，轉而探討個人意識，在此要脫離將心智視為物質，而是純粹意念和想法的組成，因果關係的屬靈層面。這種探討方式讓我們可以整合一切，認識到萬物合一、意念是推動一切的力量，是萬物的創始者。

生存的工具

首先要來探討意識心靈及其依記憶、理智和想像力分別處理的概念。意識心靈主要建立在五種感官體驗上，因此是聽覺、視覺、嗅覺、觸覺和味覺的產物。這顆心靈追求讓這五種感官得到歡愉的滿足，而不受到痛苦。

每個人都會記得自己意識心靈開始運作的情形，大約是才幾個月大時，有些人則可能才出生幾天，不管怎樣那份記憶始終沒有被遺忘，隨時可以回想起來，而所記得的則一成不變都是和感官有關，五感中和歡愉和痛苦有關的知覺。

因此，意識心靈主要是在區別歡愉與痛苦，而關於記憶、理智和想像力的區別，只不過是意識心靈依本能尋歡避痛的分類名稱而已。

所有有意識的生物都被賦予求生的生存欲望，而這種欲望在每一種生物身上都以一種最能適應其周圍環境的意識智性表現出來。這種求生欲一定要依快樂—痛苦原則來建構，因為快樂是生存的保障，而痛苦則是毀滅的警訊。而每種生物所具備的警告和安心系統就是所謂的「意識心靈」，在大腦及其神經網路中居於中心。就求生層面上而言，變形蟲的意識智性正合適牠在那樣的環境下生存，而魚的智力也正適於魚的環境、叢林貓的意識智性則適於牠生存的環境。而若是不適合，那其意識智性就會改變適應，生物也會跟著改變！

痛苦的體驗會帶來避免痛苦的欲望、而避免痛苦的欲望則會產生逃離痛苦的心像、該心像則會投射到具實現能力的萬物共通心靈，從而在這個生命身上具現出新的形態和新的意識智性讓牠得以適應這個環境。

所有的演化就是這樣進行的；所有的適應也是這樣出現的；不管任何形式的生命都是如此，因為形式只是一時的，不過是感知欲望的投射，是意念的必然產物。

意識心靈的功能

也因此人類的意識心靈會記住產生痛苦和快樂的狀態，從經驗中分析什麼樣的狀態會產生痛苦和快樂，據以決定該奔向快樂或是逃離痛苦；就這樣產生了記憶、理智和想像的分別。

因此，意識心靈是感官的記錄、分析和選擇工具。

作為感官的工具，意識心靈是有限而短暫的存在，因為它是世間的物品，屬於官能的事物、是有生命生物體組成的一部分，一旦生物體不在即失去其用處和目的。

因此，意識心靈肯定像它所在的肉身一樣終會寂滅，我們在此提到它，只是因為要靠它我們才能與真實自我接觸，我們必須了解其功能和局限性。

意識心靈主要功能是記錄、分析和歸檔。它記錄痛苦和快樂層面的感官；它針對造成這些感覺的情境進行分析；並根據感覺區分歸檔，分別歸入兩個主要類別中，「痛苦回憶」和「快樂回憶」。

但意識心靈本身卻沒有記憶。換句話說，它沒有配備儲存所有經驗和感覺的倉庫。用於意識心靈的記憶功能不過就是回憶經驗和結論的能力，真正記錄經驗和結論的地方則是潛意識心靈。

而正因為潛意識心靈的記憶是完美的。意識心靈的每一個念頭都會被潛意識心靈永遠地記錄下來，不會被抹除，而每一個感官經驗也同樣會被它永遠記錄下來。但這許多的記憶，意識心靈卻是永遠也沒有印象的，因為只有當它在歸檔分類時，曾給予潛意識心靈指示，告訴它這將召喚出來以便回憶，潛意識才能到時候釋出這些記憶。

意識層面之下

由此可見，潛意識記憶中有著大量的內容——包括前提、結論和感知——全都是意識心靈所不知道的。意識層面下有這許多的記憶知識。這些在意識層面之下的大量記憶，是可以供每個人提取使用的力量，但卻大部分不為人所知，未被使用，要是讓你能夠完美的回想所有記憶，你的效率和智力將會增加千倍。

這些意識所無法提取回想的潛意識記憶，對個人周邊情境而言，既不會有益，也不至有害。因為意識心靈從未在它們上面標註重要性、也未曾對其賦予信念，它們自然無法推動潛意識心靈去促成任何事、只是單純存在著，形成一個龐大不為人知的經驗和知識以休眠狀態存在著。

但在潛意識心靈中，有一些是被意識心靈下了清楚指令，要求永遠不可加以回憶的定見——那就是悲劇提醒者！

這些記憶都是一些痛苦的被拒絕經驗，痛苦到意識心靈無法承受、這些眼不見為淨的定見，卻是我們那些虛幻不實的心魔作惡的根源。因為萬物共通智慧的基本特性就在於它會對心中的定見有所回應；悲劇提醒者於是反而會催促潛意識心靈去實現這個人所畏懼的事物。

意識心靈，負責記錄和分析個人生存的痛苦—快樂，是一個巨大整體中微不足道的一部分，而這個整體的全部力量和智慧可以讓每個有思辨能力的人使用。要點出我們和萬物共通潛意識心靈這份關係的重要性何在，那就得從頭說起，但這個點會很武斷且只是臆測來的，因為無限無始亦無終，這個問題自然也就沒有答案。

永恆的物質

聖經中「太初有道」一語並不是說萬物共通心靈始於字句之「道」，而是指我們今日所認識的物質世界。物質世界當然是有其起點，這點無庸置疑；既有起點，當然也就會有終點；想要找到造物的起點，是因為我們想找到這個物質世界還沒誕生前，我們自己所在的時空定位。但不能把這樣找到的答案視為一切的起點；因為萬物共通心靈在時間、空間和物質上都是無限的。

人類對於元素性質的研究一直到近年來才發現，質量與密度純然是相對而非絕對。近年科學界關於並沒有真正固體這件事的驚人發現，讓人們重新修正對世界的看法。就連你在讀這段文字的當下，你所坐的椅子，就是由一堆以特快車般速度動來動去的粒子集合而成，而這就足以撼動你對事物的基本假設。而如果再進一步想到，在這些粒子彼此之間的空間，事實上是大於粒子本身數千倍以上，那更會讓你頓時感到自己其實是坐在空洞的空間上。再繼續用這個觀念來看待你自己的身體，就會知道它其實也是一組自由移動的粒子所組成，而這些粒子之間相隔甚遠，並各自以瘋狂的活力在移動，這一來你就會發現自己和椅子有多相似。你們都是由同樣的物質所組成，那是唯一的物質；而你和椅子之間唯一的差異則是形狀和意識。

原子理論

才不久前，科學界還都相信特定元素是基礎元素，無法再切割為其他物質。這個理論主張賤金屬如鉛、銅、鋅、鐵等原則上是永遠不變的物質，因為構成它們的個別原子在原子量表上非常地重。有一段時期，這個理論主張，在原子量表上的元素，就是組成萬物的物質。科學家其實無法從這個理論去解釋生命為什麼會有意識認知，但因為他們似乎看到了某種前兆，所以就先採納了這個原理，然後就由此往下發展近代科學。物質和能量的最小基本單位被發現是原子這件事似乎很合理，尤其是既然所有基本元素的原子都有同樣的特性。在這之前，有人猜測化學分子是物質或能量的最小單位，但隨著原子被發現，再加上統計分類，新的時代於焉展開。

但才過沒多久，科學家就發現就連原子，也是由不停轉動的粒子所組成，而粒子本身幾乎就自成一個小宇宙，其兩個主要成分則是質子和電子。科學家開始猜想，質子和電子是否能夠跳脫原子的束縛，而答案就在某個夏天的日本找到了。

在此暫且不談科學界這最大發現被用在戰爭中的道德意涵，但我們回來談元素的原子量理論從此不再能成為大自然基本物質這麼簡單分類的答案。因為一旦原子被分割，元素就會瓦解，問題是元素會變成怎樣？

質能互換

到目前為止，我們只能籠統地觸及質量可以轉換為能量，能量也可轉換為質量；比如說，特定重量的鈾能夠釋放出特定量的能量；特定數量的能量能夠產生特定量的鈾。而根據純科學研究，由此只可能推得一個結論，那就是所有物體都由同一種物質所構成，而所有能量則都只會由同一種物質所產生，這種能量、或是物質，在時空中是無限的；沒有起點，也沒有終點，因此在任何時候都無處不在，而所有的它也任何時候都無處不在。

以下要講的可能資訊量有點大，不好消化，但要是你願意擺脫思想的桎梏，那就要努力破除形態、質量、空間和時間為最後的真相的成見。你要對自己說，你知道你所看到的物質世界不可能回答你關於自身存在的問題，所以答案一定在別處。你必須朝內心最深處去挖掘，因為答案就在那裡，而且只在那裡，而絕不在你周圍的物質世界中。

我們現在知道，質能互換，萬物擁有同一物質、能量和智慧。由於其在純粹形態時，這個能量不過是無形的能量，無法用五官感受，因此有充分理由相信它的基本性質是恆定，且永遠不會改變的；它過去一直都在、未來也將永遠在；換句話說，它是無限的。

一體同心

必須強調，任何無限的事物中都不可能有空間或時間。無限沒有起點，也沒有終點，它裡面再沒有任何個體存在。無限就是一個，也只有一個。如果你把無限分成一系列個體，就不再是無限，而是多重。既然在無限中沒有個體，就沒有任何東西可以從一點移到另一點，既然時間是物體在空間中移動的度量，那麼無限中就不存在時間。

這一段話基本上就是在說：萬物一體，無始無終，無往無來、只有一個永恆的現在。

愛因斯坦說過，由於以光速運動的質量會在同一時間出現在任何地方，因此光速就是無限大。這個前提就是這位數學大師相對論中的一小部分，他說相對論是來自他的直覺或受到啟示。為證明相對論正確，一群訓練有素的數學家夜以繼日不眠不休地工作了好幾年，即使到現在，人們依然懷疑它的正確性，畢竟，要用有限的工具和度量衡去探測無限是太困難了。

但今天少有人會懷疑相對論基本上是真的。能以無限快速度運行的物體，顯然能夠同時間出現在任何地方，因此就只有那一次或永恆；而以這種速度飛行的所有物體，可能會落在任何特定點上，而它也會無處不在、落在所有的點上。

無限與上帝

無限並不容易理解。文字的功用是表達思想，「無限」一字涵蓋了太多不為人理解的事物。今天，許多人隨意使用這個字來指涉任何超出他們理解範圍的事物，但它其實非常精確，很可能是人類用過最精確的一個概念。

科學界用無限取代上帝。這不是要讓科學對上帝不敬，因為科學家是一群最虔誠的創造者。只是科學家無法處理難以理解的東西，而宗教則主張上帝無法被凡人探知。科學認為，無限是所有造物背後的本體，是可以被了解的。因此，自然而然就用無限取代了上帝。

當然，這談的並非兩回事。上帝是一體；無限是一體。上帝無處不在；無限無處不在。上帝是永恆的現在；無限是永恆的現在。上帝知道一切；無限包含一切。宗教、生物學、植物學、化學、電子學、物理學，以及所有的科學、所有的哲學，我們所有的學問，不過是通向一個共同目的地的不同道路：無限或上帝，只是稱呼不同。

無限或上帝，永恆的物質，永恆的智慧，無所不在，卻是單一存在，無所不在，卻又只存在於一個地方，隨時都在，卻只存在一次，化為所有形狀，卻又只有一個形狀。無限、永恆、唯一、永不改變，萬物皆知，萬物皆存在其內——這就是上帝，上帝的一切此刻就在我們裡面，也在未來的所有時刻。

宏觀定見

如果說到這邊覺得聽得一頭霧水，那只是因為你既有對於物質世界最終真相的成見實在太深，所以除非你盡力卸除心防，是無法消除這個成見的。要是你還在猶豫，不知道該不該相信，那要抱持你的信心和決心。就連學個新的語言也不是兩、三個月就可以成的事，而我們現在要學的這個可比任何語言都要難。但要確定一件事：所有不解和難懂之處到最後都會消失。隨著繼續鑽研學習和冥想，慢慢有一天你再重讀本書某些章節時，你會發現，那些原本難懂的部分，變得簡單易懂極了。因為隨著每讀一章，你就學到比你原來所以為還多，最後就越來越能了解自己真實的自我，突破自己有限的思想束縛，然後就會出現你目前所不知道的力量和觀念的擴展。我們向你保證，等讀到最後一章揭露了形上學奧祕後，在那看似簡單卻又難以理解的奧義背後，你就會了解全書所傳達的意義和力量了。

所以現在只先談到這裡，全宇宙背後只有一個無處無時不在的力量，這個力量形成了萬物。

下一章中，我們會詳細討論介紹形體是如何在這個力量召喚下、由其所產生的，但在這裡，我們只要先知道，這個無限的智慧遍布在所有的生命——所有蔬菜和動物生命，甚至也遍布在世界上的無生命物體。

因此，這個無窮的智慧就是唯一的心靈，我們都在使用它。我們不能不使用它，因為它是唯一，無處不在，是萬物的來源。它和人腦就像日與夜一般不同，因為人腦是為了特定環境所造的特定器官，從而形成特定工具，但這個創造萬物的至高智慧卻是不會在任何時間或地點、形體或環境而形成特定功能。身為永恆且一體的存在，它不會區分這些事物，只有當存在於它裡面的意識投射給它意念時，它才會體現其意念。

它就只是一個心靈，同時存在所有地方、也是萬物：它就是潛意識心靈。而現在，在本書中，我們就能認識它，並且可以藉實驗來證明它的存在。

催眠術揭露潛意識

觸及潛意識最重要的第一個工具就是催眠術，因為這個科學技術可以暫時讓意識心靈置身事外、不介入，而直接與上帝的力量、也就是那份在每個人心裡都有的無窮智慧、及潛意識心靈溝通。這一來我們立刻會有一個驚人的發現，那就是潛意識心靈完全透過暗示反應。換句話說，它沒有自己的意志！

它不會自己做選擇，也不會爭論，不會提出理論，不會尋找答案，也不會發想各種可能性。它只會接收指令和行動。只要給予暗示，它就會立即進行讓暗示成真，因為它會完全採納這個建議。

可惜的是因為催眠術的發展過程，讓大眾視它為魔術般的奇技淫巧。看過催眠師施術的人，儘管不能完全了解其過程，甚至感到迷惑，但總是會有種在觀看詐術的聯想，甚至更糟的會產生「有什麼了不起」的反應。你或許看過有人被催眠後行為舉止變得像熊一樣、或者明明天氣暖和他卻冷得直打顫、或者冷天裡卻熱到滿頭大汗。你可能也看過女人催眠後渾身僵硬，再大的力氣也無法讓她改變姿態、或是能扛起很大的重物；又或者看過解除催眠後，卻在聽到催眠師設定的暗號後唸出特定詩句、或者在催眠師做出特定手勢後，舉起某些物品、又或者做出很多無意義的動作。就因為這些催眠師為了舞台表演效果，弄了這些奇門招式，讓大眾心中深植了催眠術稱不上科學的既定印象。

儘管有這麼多年的誤解，但大部分人還是深信，潛意識心靈不僅僅會把暗示當真，還會真的實現催眠所給的暗示！

比如說，只要告訴被深度催眠的病患說她的手臂沒有知覺，就可以在完全不須麻醉的情況下，讓病患在完全感覺不到疼痛的情況下進行截肢。更好的是，這樣催眠截肢的病患還可以告訴她，在醒來後，若身體有任何不適，只要說：「不舒服走開。」就可以驅除不適感。這一來，每個人只要用簡單一句話，就能夠擁有個人化的麻醉藥。想想在意外、災難、戰爭時，傷者可以簡單說一句：「馬上就不痛了。」然後就止住疼痛，這可以救多少人。而現在許多臨床實驗實際上就正在針對個別病患進行這種研究！

正當使用催眠術，可以讓疾病的治療和預防達到想像不到的完美程度。一些催眠技術臻於化境的催眠師目前就正在施行跟耶穌一樣驚人的療法。像有一名年輕人皮膚先天畸形，藥石罔效，但如今卻透過催眠獲得正常皮膚。怎麼做到的？方法很簡單，在他的意識心靈不干擾的情況下，告訴他，他的皮膚正在痊癒！

潛意識心靈是一切，包含一切、知道一切，因此無所不能。只要給它暗示。所有的事物、物質、知識都存在其中，它會根據暗示重新安排它們。催眠術是讓我們真正揭開並研究潛意識心靈運作的第一個方法。

催眠的限制

既然催眠術可以達到治療疾病和麻醉身體的效果，那就讓人不禁要問，為什麼沒有獲得更廣泛運用？答案是，催眠術正逐漸獲得廣泛運用，但這門科學被迷信和惡名所籠罩，充滿了誤解和弊端，以至於科學界一直不願將其廣泛運用。不僅如此，對潛意識心靈的科學研究發現潛意識心靈所擁有的驚人力量，這讓科學家對於他們知之甚少的潛意識能力不敢對外揭露太多。儘管如此，催眠術醫學界正獲得越來越普及的運用。

那麼潛意識心靈的力量極限何在？告訴病人的潛意識他們沒病了，他們就會好起來，告訴傷者的潛意識說他們不痛了，他們就不感覺痛楚，這麼說來，是否意味著，可以跟失敗的人說他們成功了，而他們就會成功？當然可以。只要有適當的暗示，潛意識心靈就會把失敗化為成功，把疾病轉為健康，把貧窮化為富裕，把寂寞和孤立化作友誼和愛。

因為對於潛意識心靈而言，沒有辦不到的事，它完全靠暗示來運作。

從上面所講的來看，彷彿要治好這世上的疾病，只要有一位睿智且善良的催眠師，由他把所有人催眠，再告訴他們，他們很健康、富裕、成功、被愛、然後嘩啦，聖經中的太平盛世、人間仙境就出現了。這話聽來荒謬不經，但要真能找到這麼一位充分開悟、又值得信賴的人，再開發出成功治病的催眠術，那這太平盛世或許真的就會到來。問題是，現代催眠術的發展離這程度還有相當的距離。

目前我們已經獲得決定性的實驗證明，當前的催眠技術成功率只有五分之一。更不理想的是，這些催眠術中的暗示，並無法永久植入潛意識中，而是必須定時更新，否則就會慢慢失效，所以被催眠病患，一開始會有幾個禮拜時間呈現明顯好轉現象，但要是沒有再次獲得催眠，那他們很快就會舊病復發。為什麼會這樣？這是因為他們的大腦已經有制約反應，也就是悲劇提醒者，會導致他們發病。提醒他們會好轉的新的制約反應雖然被植入，但這顆新種子必須時時加以灌溉、照顧才能成長。而舊種子也就是悲劇提醒者，則早就已經茁壯生根，其深植的制約反應「你病了，你病了」必須被壓制並且瓦解才行。

不過，儘管當前技術仍有缺憾，催眠術已經無疑讓我們知道，所有人都有一顆心靈，擁有無限實現意念的能力，而這顆心靈會因為暗示而做出回應。

催眠術

這一來你可能要問，為什麼一個陌生人在你處於催眠狀態時跟你說，你的手臂沒有知覺，你的手臂就真的失去知覺，但你自己在正常有意識的情況下，跟自己說你的手臂沒有知覺，你卻還是感覺得到手臂的感受？

憑個人的力量無法停止手臂上的知覺，原因在於你一邊想著這件事一邊說出來。你並非單純告訴潛意識你的手臂沒有知覺。你要不是在腦海中形成這句話，就是說出聲來，但同時間你還有十多個念頭一起浮現在腦海，像是「好蠢喔，想也知道不會有用」、「這當然辦不到啊」、「我手臂上有正常知覺，因為我能意識到知覺」。也就是說，你太習慣感受到自己右手臂的知覺了，所以就算你說「我手臂沒有知覺」的同時，還有十多個念頭正在對你的潛意識說話，讓你確保自己的右手仍有知覺。

你做不到的，催眠師可以做到，其原因無他。催眠師要把你的意識心靈搬開，這件事就是證明。它證明了意識心靈一旦陷入沉睡狀態，就不再能說「不要」或「不可能」。意識心靈這時再也無法介入。而潛意識心靈也才能獲得催眠師的暗示，開始將暗示化為真實。

從催眠術施展的過程就可以讓我們看清這一點。催眠剛開始時，催眠師會讓被催眠者調整一個舒服的姿勢。為什麼要這樣？因為他知道對象的意識心靈必須先進入睡眠狀態。接著他會發話讓對象入睡。要達成這一步，他可能會先要對象眼睛專注看著某個東西，像是催眠師的指尖或是他的眼睛、或房裡的任何物品。這麼做的目的，是要讓對象的眼睛肌肉感到疲累，從而讓他感受到睡意。催眠師有耐心地暗示對象說他的眼睛很累。他可能會持續這一步驟長達五分鐘，並且刻意地一再重複，因為他知道重複這個步驟很重要，只有不斷地重複才能有機會在潛意識心靈種下種子。過一會兒後，催眠師會開始暗示對象告訴他眼皮快要闔上了，眼皮越來越重，已經撐不住快要闔上了。一旦他看到對象眼角下垂、眼皮闔上，他可能就會說：「你的眼睛再也打不開了。」要是在這時候眼睛完全闔上，就表示對象進入狀況了。

催眠師接著告訴對象說他現在好累、好想睡，如果能好好睡上一覺有多舒服。一旦對象進入深度睡眠狀態，催眠師可能會先讓他在那裡待上一陣子，然後才喚醒他，這時催眠師就有把握，在下一次催眠時，會更容易，對象也會進入更深度睡眠。催眠師想要的就是儘可能達到最深度的睡眠。因為他知道為了直達潛意識心靈，一定要讓對象的意識心靈澈底沉睡！

一旦對象被引導進入深度催眠睡眠，催眠師就可以向他的潛意識提出暗示，不管是健康的或是富裕等等之類的，然後這些暗示就會在真實世界中實現。但要是催眠暗示沒有持續定期更新，這個新的暗示可能又會消褪回先前的狀態，但這只是因為負面的思想舊習深深烙印在對象的意識心靈上，而如果催眠師的新暗示沒有植基得夠穩固的話，被埋葬的痛苦回憶、也就是悲劇提醒者就會出現來取代催眠師的暗示。

但令人震驚的是：就在這裡，我們終於看到了純粹的上帝——力量、也就是無限、強大的潛意識心靈的作用；因為它會依據純然的字句或意念實現，也是宇宙間所有創造唯一的造物力量。

思想轉移證明萬物共有同一心智

說到這裡，這個潛意識心靈並非單屬一個人，因為萬物就住在它裡面，也由於它，萬物得以生存，各安其好。由於它是無限，它也是不可分割的，因此也是不可逆轉，就這樣所有生命都由一根看不到卻非常強大的連結繫在一起。

要了解這點，最好的證明就是思維轉移。其次則是重要性不在其下的直覺。

思維轉移是指在沒有明顯互動交流的情況下，取得他人思想的方法。在這方面的實驗已經進行了多年，近年來更是在專業科學家的嚴格把關下進行，也的確觀察到不容質疑的成功。最初的測試是把兩名受試者放在同一棟樓的不同地方、其中一人負責用思想傳送一幅簡單的圖畫，另一人則靠意念去捕捉對方腦海中這幅圖畫，並用鉛筆把它畫下來。雖然測試的結果一點也稱不上完美，但卻顯示絕非偶然或巧合，而且即使在接收意念一方明顯畫錯的情況下，通常雙方的圖都有充分相似性，足以證明雙方意念的確達成某種程度的連結關係。而如果再將受試對象的距離拉遠到數英里外、分別在兩座大陸、甚至隔著汪洋大海，也還是影響不了其測試結果。

思維轉移的確存在。人類心智之所以無法完美掌握這個技巧，只是證明意識心靈在和萬物共通潛意識心靈之間的聯繫有瑕疵存在。對於思想轉移而言，三千英里的汪洋就跟近在咫尺一樣短，因為萬物共通心靈無處不在，萬物皆在其內，所以對它而言是沒有距離和空間的差距存在。

直覺顯示全知心靈的存在

直覺是一種精神力，它能使人輕鬆與潛意識心靈的某些層面達成接觸。多數直覺發生的情形可以說是靠直覺能力向萬物共通法則取法。很多數學神童就是這種情形。隨便問一位這種神童21,952,000的立方根是多少，他們可以馬上回答是280。連想都不用想，不用進行加減乘除、不用分解因數、不用進位。答案就在他們眼前。這是因為看到了萬物共通法則，該法則會自動產生答案。這沒什麼神祕玄奧的地方。既然萬物共通潛意識心靈無所不知，也就無須再向外去尋找答案；答案在它而言就是問題的同義詞。而對這位數學神童而言，因為他與潛意識心靈有聯繫，靠著直覺就能一看到問題就得知答案。

音樂神童也有類似的直覺。音樂跟數學遵循同樣的萬物共通法則，這對於不識音律的數學家或是看到數學就頭大的音樂家可能有點難以理解。但對於能夠一眼看穿的人而言，就知道兩者所用的法則是一樣的，而喬爾·卡博曼（Joel Kupperman）還沒到就學年齡，遇到複雜數學問題，以及貝多芬童年時就寫作交響曲，兩人都使用同樣的直覺在和萬物共通法則聯繫。

阿黛拉·羅傑斯·聖蕎絲（Adela Rogers St. Johns）的精彩小說被數百萬人閱讀，她有一套創作優秀小說萬無一失的方法。「我不過就是把自我搬開，讓那東西來接管，」她道。「當那東西來接管時，故事寫得奇快無比，也比我自己寫還要好得多。也因此，我寧可讓那東西來寫。所幸，通常那東西也願意。」

聖蕎絲深知那實現創造的無窮力量，而這力量，其實也流經我們每個人。

每一位偉大的藝術家、工程師、物理學家、化學家、天文學家，凡是需要創造和答案的，必然與萬物共通潛意識心靈有某種接觸。這種接觸只有他們排除自我意識，讓那唯一實現創造的心靈來接管，才會獲得答案。

在深度催眠狀態下，這個巨大萬物共通心靈的特徵就會獲得凸顯。似乎它無所不創，沒有疑問、無所不知、沒有恐懼、沒有猶豫。雖然催眠實驗還沒有發展到這個境界，但無疑潛意識心靈沒有做不到的事、因為它無所不知，一切都存在於它的內部，而它唯一會做的事就是改變自身物質的排列或易懂的程度。透過催眠思想轉移的成功率會提高很多倍。在催眠狀態下，以直覺參透萬物共通法則也會增加許多。被催眠後，許多人在讀心和回答自己原本不了解的問題時，成功機率也會大幅增加。

推理的方法

科學研究指出人類心智的思考方法，一般分為兩大類：歸納推理和演繹推理。歸納推理是指由特殊到普遍的推論。例如，如果看到一隻貓夜裡看得到，歸納推理就會指出所有貓夜裡都看得到。而演繹推理則是，如果前提是所有貓夜間都看得到，則會得到特定貓在特定地點特定時間夜間能看得見的結論。

換句話說，歸納推理是透過觀察特定事件，得出涵蓋所有此類事件的普遍規則。演繹推理則是已經掌握了普遍規則，再用這規則來判斷在這規則下特定事件會發生什麼情形。

所以很顯然，歸納推理是明白事件後尋找定律，而演繹推理則是知道規則然後尋找事件。兩者的差異之處一目了然。人們看到了事件從而尋找定律。萬物共通潛意識心靈則是深明定律，而在尋找事件。

潛意識心靈只會進行演繹推理。它無法進行歸納推理，因為所有定律它都了然於胸！它只會從它所知的所有定律去決定事件的發生。

潛意識的這一特點，即它只進行演繹推理，因此它掌握了所有運做法則的全部知識，正是它作為無限物質不容質疑的證據，它是人類心中的上帝，是一切創造實現的極致或必然絕然。而很顯然，透過充分利用這個心靈，會為我們帶來所有創造實現的力量。

潛意識只對暗示有反應

催眠術給我們帶來的最大啟蒙真理是，萬物共通潛意識心靈只對暗示有反應。換句話說，這個潛意識心靈會將意識心靈向它暗示的事物化為形體和情勢力。潛意識心靈不會把我們當傀儡、機器人一樣指揮，不會給我們帶來災難和痛苦，也不會支配我們的人生。事實上，它是我們的僕人，完全遵從我們交代給它的指令！

我們可以回到上面那名透過催眠治癒皮膚問題的年輕人，用他的情形來解釋這不凡的概念。當時催眠師對他怎麼說的？「你左臂的皮膚正常了。」就這麼簡單！他沒有解釋東解釋西、也沒有滔滔大論。他只是簡單說了：「你左臂的皮膚正常了。」就這樣，他左臂的皮膚就正常了。

這也太容易到不可能了吧。年輕人不可能對自己說：「我左臂的皮膚正常了。」然後就真的被治癒了。為什麼？因為他和自己完全在同一狀況下，當他說「我的左臂正常了」時，他同時也在想「我這樣子一輩子了，沒希望的」、「不可能光靠說幾個字就治好我的皮膚」、「這有問題的皮膚就在我眼前，我很清楚的。」這一來他的潛意識心靈接收到什麼？它接收到的是這個年輕人的定見、成見，相信自己皮膚有問題，而且會繼續化為現實的狀態。因為潛意識心靈總是在作用著，而它會根據定見最強烈的想法去執行。

或許你會覺得，那就乾脆找個合格催眠師，由他們在自己潛意識心靈中植入正確暗示，一舉解決人生困擾，豈不是省事？沒錯，這樣做的確可以事半功倍，但你肯定不會喜歡下半輩子一遇到什麼人生問題，就要去請催眠師這麼麻煩。再好的精神科醫師或是催眠師都沒辦法幫你過日子，而且即使他們願意這樣，你多半也不願意。人生是你自己的。只有當你能有意識地施展屬於自己的力量，你的人生才真的過得多彩多姿。人生不可能請人代理，一定得你自己來過。唯一的解決之道就是要了解有一個無上的力量，而你屬於其中，當下如此、永遠如此。

你可以接受催眠或自己當個催眠師，但要是你想把催眠用在實驗以外的領域的話，那就萬萬不可了。催眠術只是研究萬物共通心靈其中的一種研究，而它目前對我們主要的功用，就只是要讓我們相信，萬物共通潛意識心靈只對暗示有反應。

冥想會強化暗示

因此，想要實現自己的渴望，還是要靠冥想。在冥想中，我們只會向潛意識心靈強化特定暗示。在冥想中，我們只不過是不斷以信心和定見去重複、強調特定意念，這樣意念就會被無限大智慧所作用。沒錯，一開始嘗試時成功機率會很低，這是因為在強化同時，其實我們也在否定。就算你每天靜下心來冥想，強化生命中即將來臨的善，過去多年特定負面疑慮還是深埋在你腦海中，會不斷向潛意識投射，抵銷你在強化上的努力。悲劇提醒者就已經夠難克服了，再加上負面思考的惡習，更讓成功冥想難上加難。

靠催眠師可能有辦法用幾個療程治癒你的某些疾病，而靠自己的話，同樣的治療可能要花上好幾個月、甚至一整年的時間。但除非你的問題非常嚴重，而你又必須短時間解決問題，無法另尋他法，不然千萬不要誤以為找人催眠治療會比較好。因為只有靠自己解決問題，透過取得自主權並了解自己的力量，才能成為自己生命的真正主宰。身染慢性病，必須在許多醫師之間疲於奔命，同樣的，靠催眠解決問題，也會讓你在許多催眠師之間疲於奔命。

在這裡要澄清一下。盲腸發炎或斷了腿時，那就該看醫生。如果患了嚴重的精神官能症，造成憂鬱或是人格錯亂、或是產生思覺失調行為，可能會危害自己或是社會，那你要看的人應該是精神科醫師。要是現實世界發生什麼重大事件或是情況，危及個人生命或是身體安全，那就應該在現實世界的層面去解決這些事件和情況。醫師和精神科醫師未來還是會在人類身心福祉上扮演重要角色。但在將來會有那麼一天，人類終能了解所有現實世界的問題，其實都源於思想的層面，到那時候，每個人就要擔任自己所有疾病和精神、情緒問題的守門員了，這一來這些現實世界的問題，將會從世上消失。

終極真相

我們的「意識心靈」在大腦中負責為我們分類和分析痛苦和快樂，但是它會對我們做些讓人相當不安的事。由於意識心靈的功能完全是為了個人的生存，所以它會盡其所能去衡量、判斷和分類它所接觸到的一切事物。它會用其所進行的多樣且精確的分類，來說服我們對於周遭現實世界最後真相的判斷。

比如，如果我們說，老實說，你現在所坐的椅子不過是由不斷移動的純能量所組成，意識心靈就會回說：「不是這樣的！我感覺得到，這椅子明明很硬。明明看得到形狀和顏色，這是把真椅子。我把它擺這裡，明天回來時鐵定還在這裡。要不是有人搬動它，它是絕對不會移動的。它又不是活的；這是沒有生命的物體。就是張椅子，我很清楚椅子是什麼樣。」

這就是意識心靈典型用推理思考的例子，但如果你因此信了最終的真相就是這樣，那就沒救了。這麼說的意思並不是要你當這椅子不存在，然後就可以穿越它，因為如果你真這樣做，那肯定會被椅子絆倒跌個大跤。上文只是要指出，物品和我們世界的狀態，並不代表最終的真相。如果是，那麼今生就是全部，而每個人都是被瘋狂而諷刺的命運蹂躪的可憐蟲，而你腦中的那份意識在你看來珍貴了不起，卻只是宇宙中的一場意外。宇宙的偉大計畫和設計不可能允許如此令人震驚的意外出現的。你，你的意識就像其他事物一樣，必須融入這個偉大的設計之中；而所有生命的細節和目的都是這樣的奇蹟、如此的複雜，以至於在其之上除了有一個擁有無限能力和深度的巨大智慧以外，不可能還有別的。

你就活在這份智慧之中。你的存在就在其中。這份智慧是世上唯一心靈；我們若承認它的存在，它就回應我們，而它只回應暗示。這個世界多麼了不起又神奇啊！只要透過意念和定見就能夠取得創造一切的力量！我們沒有什麼是辦不到的，因為我們活在其中的這份大智慧，只要我們想得出來、且有信心的事物，都會賜給我們。

因此，不要被自己的意識心靈蒙蔽了，誤把物質世界當成是終極真相。在物質世界中且遵循意識心靈的指示生活，因為它善於分辨苦樂，很適合用來面對物質世界。但莫忘要時時向那份屬於我們的無限大智慧探求。要知道，一切形體和事件最早都起自意念的層面，一切實現創造的第一成因就是意念和定見。要知道，任何問題都可以從萬物共通心靈那裡取得答案，而我們的所有問題都起自自己的腦海，宇宙沒有任何東西可以阻止我們的意念成真，因為這就是生命和生存的法則。

第一成因來自心靈

你是永生不朽的；不是你的身體，不是你的意識心靈，而是真正的你，永遠存在於萬物共通潛意識心靈中的那個你。你一直都是，未來也會是。你和萬物、世界上的每個人、所有生命、所有形態、所有物體是不可分割的一體。一體，就只有一個共同體，而一切都依意念和信心回應。

本書稍後會提到物質世界中所有形式和事件的源起。也會提到宇宙的起源，並解釋演化背後的基本過程和原因。但在這之前，要先知道，生命中所有事件的第一成因是自己的意念。不論任何事和狀況首先都是從精神層面創生的。當這種來自意念的創生意念非常清晰明確，並且源於信心和定見時，那就什麼都阻擋不了這個心像成真。一旦這個心像出現在你的腦海中，你也領受了它，接下來就沒有你能夠插手的空間了。之後所有創生這個意念的過程——時間、地點和情勢——全落在全知的潛意識心靈手上。你所渴望的物質環境或許會從你預期的地方來到，也可能以你想也想不到的形式出現。別緊張、也別急，更別不耐煩。只要有信心，放開手。切記，觀察得過於仔細，就不免要有所疑慮。所以什麼都別做，只要以全然信心創生出心像，就這麼簡單一個舉動，你該做的事就結束了。你放心，你的心像一定會在物質世界成真，因為你面對的是定律，除了定律無他。

【本章要點】

以下是本章所提到的幾個要點：

1. 意識心靈是記錄痛苦和快樂的工具。它測量痛苦和快樂的體驗，再將之歸檔以備回憶，並分析產生這些體驗的經歷，據以想出逃離痛苦和追逐快樂的方法——因此，「意識心靈」依此區分為：記憶區、理智區和想像區。
2. 意識心靈是一個經過精密調整的工具，其唯一目的是讓生物肉體得以生存。
3. 意識心靈和它所屬的身體一樣脆弱不堪一擊。
4. 意識心靈沒有自己的記憶，但有特定回憶能力。
5. 潛意識心靈的記憶是完美的。
6. 潛意識心靈是無限的物質，萬物都是由它構成的。它無始無終，萬物都存在其中。
7. 潛意識心靈就是一切，知道一切。它隨時隨地無所不在，因為空間和時間並不存在於無限之中。
8. 歸納推理透過觀察特定的環境來得出通則，而它是主要由意識心靈來進行的推理。
9. 演繹推理則從對通則的認識得出特定的情況，這是由潛意識心靈來進行的推理。
10. 催眠術讓我們看到潛意識心靈的本質，也讓我們看到它只聽從暗示的指令。
11. 我們無法通過催眠來設定自己的生活，而只有靠不斷練習控制自己的潛意識心靈，也就是練習控制自己的意念。

12. 冥想是控制自己意念的工具，也就是透過潛意識心靈來控制自己的世界。
13. 思想轉移證明所有生命都存在於負責創造萬物的那顆心靈中——也就是萬物共通潛意識心靈。
14. 直覺證明萬物共通潛意識心靈擁有對定律的認識，只要讓它和意識心靈有良好的溝通關係，它就會將之展現給人類的意識心靈。
15. 潛意識心靈具有治癒身體、創造物質形態和物質環境、情勢的能力，但重症還是應由醫生來處理，而嚴重的精神疾病也應由精神科醫生來處理，因為人類的信心和定見還沒有強大到可以消除所有純物質層面的因果。
16. 每個物體和事件的第一成因都產生於心靈層面。

鴻鵠之志

漸漸地，在更大的想法面前，你意念中的障礙會逐漸消失。慢慢地，你的腦子不再擔心周遭環境的問題，而轉向更重要、更迫切的現實。

要改從同體一心的角度去思考。你與每一個過去、現在、將來的人一體。你和所有存在的生命形式、每個生活中的無生命物體一體。因為萬物都是由一個物體所組成，因此萬物同一體，而物體和事件都是想法和可望投射到無限創造物質的結果，我們也是那物質的一部分，在它裡面我們合而為一。

思想是唯一的推動者。根據你意識智力的程度，你會掌握屬於自己的力量。根據你的意識智力的程度，你會向潛意識投射或大或小的心像。因此你所接收到的，也將是你心中所冥想的情況。但，不論你冥想了什麼，都會回應到你；因此要是你的思想被疑慮和擔心所盤據，那唯一會降臨在你身上的就只有你所擔心的事物，因為它們正是潛意識心靈必須實現的定見。

我們既無法不在潛意識心靈中生活，也無法不思考。我們更無法阻止自己的意念在物質世界中實現。但我們可以控制自己的意念。我們可以控制自己的意念，因此就可以控制自己的命運，只要我們能夠想像得到的，不管多偉大或多有力量，我們都可以變成那樣，因為那實現創造意念的無限能力就任憑我們支配使用。

接下來的冥想是要為你的日常生活創造和諧與效率。不論你從事什麼工作，在家裡，在外面，體力勞動、用腦力的、雇員、雇主，你都可以實現創造和吸引事件與和諧，讓每一天都充滿成就感和滿足感。要記得，冥想是我們工作的工具。它是我們給潛意識心靈暗示的方式。一定要堅持每天冥想。只有不斷使用這個很棒的工具，才能成功控制你的周遭和命運。

你會成功，因為你不會失敗。你面對的是生命力，是生命力的一部分，而透過自我實現獲得力量就是你的命運。

延伸閱讀

愛丁堡心理科學講座（*The Edinburgh Lectures on Mental Science*）湯瑪士．特勞沃德（Thomas Troward）

第三道冥想

我清清楚楚知道自己與萬物一體。我知道所有形體和事件都出自無限大智慧之手，它在我裡面也在我四周。我知道一切出自想法和欲念，我的世界是依我的意念和定見來安排。因此，我專注於和諧。在我周圍我只看到秩序和建設性。我不接受破壞性和不和諧的意念。朋友、我愛的人、同事身上，我只看到合作與互相幫助。我知道大家要的是同樣的答案、同樣的目標。但我也知道，為了自己的願景，大家各自要走上不同的道路，我也能理解我所認識和看到的每一個人的努力和難處。對所有事情和人我都抱持同理心和包容。我知道，幫助別人就是幫助自己。在兄弟姐妹眼裡，活著我的靈魂。在朋友的微笑中，閃著我的幽默。在鄰居的悲傷中，映著我的失落。我對萬物同情，對萬物同理，因為我這一生就奮力想獲得別人的同理同情。

沒有錯誤這回事；錯誤只是達到正道的過程。只要有信心就不會有失敗。不用我去要求一切依我的時程和所在實現，萬物共通心靈知道最好的時間和所在，也知道最好的方式和需要。每一天每一刻實現願望的時刻都離我越來越近。就在眼下我的目標就已經朝完成更接近了。成功與和諧、平和與信心都屬於我。

第4章

形體
萬物共通心靈如何創造萬物

宇宙像巨大豎琴的琴弦鳴響著
響出一道強力的和弦
以實現回應每一道意念
它來自一切的本源

宇宙法則

萬物共通心靈的慧眼所及之處，其心靈就能投射，其靈魂就會觀察，一切都依其永恆與不變的法則運轉！人類研究肉眼可及最小的物質，發現原子有原子核、裡頭則有不斷繞著原子核轉動的部分。再研究肉眼所及最大的物質，也觀察到太陽系有一個核心，而其他行星也繞著這個作為核心的太陽永遠不停地轉動。宇宙間最小和最大的單位都剛好結構相同，這也太巧了！由此可推，我們的宇宙肯定不過是一群更大宇宙中的成員之一。當我們了解到無限有多麼龐大時，自己相對之下有多麼渺小又無助啊！但我們這些想法都只存在於自己的腦海中，而我們的觀察如此真確，一如我們置身其中心一樣。

前提是事物由意念所造；這不是一般人經驗中能接觸到的事，所以為了證明其真，就必須從所有形體的開頭說起。跨越所有時空的唯一基本物質為何？分割物質到最細時，就會發現原子，再將原子分裂則得到能量，因此可以說，所有形體和造物最基本的組成就是能量。那能量又是什麼？它顯然不會在太空中亂爆炸，而是只有在物質或運動中才會出現，而且是只有擁有知性的存在的物質或運動、或是朝向有智慧方向的移動才會出現。所有能量的設計和流動，似乎讓人不容質疑相信宇宙最基本且永恆的，其實是行動永恆且不變的法則，這個法則是讓物質堆積成形體的原因。而在這法則中的，則是讓原子和太陽系存在的基本運作和移動，而且不受到體型大小的限制。而其實，如果不特別從哪個角度去看、也沒有相對比例的話，太陽系和原子無異，因為它們就在萬物共通的潛意識心靈之中。

有生命的宇宙

因此，萬物共通潛意識心靈，這個第一成因，這個無限計畫和能量，就是造就萬物的原料。它原始的形態中，如果曾經出現過，那將會只以有智慧的運動形式出現，簡單用一個詞來形容就是：法則。其第一個我們所知的化身是在一個力量的中心，而據我們所知這類力量中心的最小形式就是原子；而最大的形式則是太陽系。取決這些力量中心成因，無非該法則；正是該法則的本性體現這些中心，因為這個法則正是生命和運動和能量的法則，依該法則，同樣頻率的個體會聚在一起、共同形成一個有各種振動頻率的宇宙。

關於這一點，且讓我們先假設所有空間中只存在振動。先不要問是什麼在振動，也不要問為何而振動，因為振動的只有知性的存在，而它所發出的力氣，也只有知性的存在。這份以純粹萬物共通智慧的振動，建立在許多不同的頻率，同一頻率的振動會互相吸引聚在一起形成一個個體。這個個體即是原子或是太陽系，這個回應頻率振動的中心，是可見形體的雛形，也就是有形物質出現的最早證據，這是由無限制法則對自己和其內部的運作，並依其本性所催生。

成形的原子也同樣會產生振動，並尋找其他具有相應振動的原子。而透過這樣相同頻率聚合個體的振動，即形成我們物質世界的物質。

因此，物質是由知性的存在所形成；更重要的是，知性的存在就存於物質之中；事實上，知性的存在就是物質。既然知性的存在必須擁有意識，它就成為不容否定的證據，證明我們被活生生的宇宙所包圍，而萬物中都有意識存在。

原子的意識

說到這裡，要請大家耐心看完下面這段關於萬物初始和物質本質的討論，這很重要，因為接下來要向大家證明，是意念讓形體出現，形體不過是我們生活其中的知性存在的一部分。

愛迪生（Thomas Edison）對他所謂原子在無數化學結合中，不斷接受和拒絕「原子的明顯抉擇」這一說法相當著迷。將兩種化學物質放進溶液中，其中一種化學物質的部分原子會與另一種化學物質的部分原子結合，這讓愛迪生不禁好奇，為什麼是這幾個原子而不是其他原子？他所能想到唯一的答案就是，每種化學物質的原子都會有意識地做出其決定，選擇是否與另一個化學物質的原子結合。沒錯，愛迪生當然是沒有說原子具有自我意識，他只說原子具有智能或意識——換言之，原子具有做選擇的能力。

原子是宇宙的基石，是力量的中心、原子具有意識！

原子會根據法則或萬物共通智慧，尋找以相對應速率振動的其他原子，而這些原子的結合，即形成我們稱為無生命的物質：水、土、風和礦物。

擴展意識

這一來，你可能會說，或許這理論用來解釋活生生的宇宙如何形成物質還說得過去，但生命的起源要怎麼解釋得通？

再重複一遍：整個宇宙都是有生命的。沒有一樣是死的、沒有一樣是沒生命的。當耶穌說「神不是死人的神，乃是活人的神[19]。」時，他正在告訴我們，所有造物的基本真理。一切都有生命，一切都有智性、一切都有意識；所有生命最大的動力就是想要拓展意識。也就是說，它想了解自己！

19 譯註：路加福音 20:38、馬可福音 12:27。

雖然說原子有意識和知性的存在大致上不會有大錯，但要說原子有自我意識這可能性還是很低。事實上，所有證據都朝向原子的意識處於意識中最低階。它的確會做選擇，但其選擇卻屬於法則中非常僵化狹窄的範圍內。一定數量的原子開始以特定同一頻率和形態同時振動後，拿一顆岩石來說好了，這一來就會讓這顆岩石擁有某種程度的意識，相對之下這個意識屬於原子意識中極低的那一類，因為岩石顯然選擇能力少上許多。當然，岩石無疑還是有一些程度上的意識，因為一群有意識的個體肯定會形成一種集體意識。岩石既然存在，它就一定有意識。它擁有意識性的智慧，因此也就一定程度上擁有一些自我意識，雖然其程度實在比我們低太多，以至我們無法察覺得到。

從岩石、沙子、泥土、水和空氣到對疼痛、歡愉有反應的變形蟲這樣一個會生長、進食和繁殖的物種，這是多麼巨大的一步啊！

擴展意識！萬物就是以此為目標，除此無他。

首先，能量按照法則運動，依據特性聚集在各力量中心，並極化（正極為核，負極的電子環繞正極的原子核轉）。這些力量中心，也就是原子，有自己的生命，也是有意識的。這些小生命的特性是要和其他原子聚在一起，在相同頻率上共鳴，就這樣形成了物質，但這一點都不是物質，而是有智慧能量的個體。其次，由許多個別生命所組成的所有形態，它們共同組成一個有意識的整體，然後再組成一個有意識的個體，藉此要實現其目標。這兩個結論導出第三結論：來自許多個別生命集合所形成的形體、或者意識，是整體意識的產物。也就是說，岩石是岩石本身意識的產物。變形蟲是變形蟲自己意識的產物，人類則是人類意識的產物！

生命會努力認識自己

說到這裡你可能又要說，聽起來似乎滿合理的，但這個意識是從何而來？要知道，整個宇宙都在從事這份擴大意識的大工程，因為萬物共通智性的特性就是要認識自己！上帝眼中的自己只是一個物件！

在你大喊褻瀆神明或不敬之前，請稍等片刻，在這個前提上想一想。想像一下太空。它綿延不絕，永無止境。在心中想像，你遠離地球數萬億英里，並以地球為中心畫一個大圓，稱這為整個太空，那請問，圈外的是什麼？唯一的答案是更多的太空。我們所知的太空，或我們所稱為無盡的智慧，或是萬物共通的法則，或者萬物共通潛意識心靈，它不可能有一個極限或是疆界。那一個沒有疆界的東西，又怎麼可能認識自己呢？

要認識自己，它必須要能夠說「我就是此物」。而為了要能夠說這句「我就是此物」，它就要成為有邊界的東西，那就有了極限，成了一個物件。

而這正是萬物共通潛意識心靈在做的事。它要擴展自我意識。而我們所能觀察到，它所達成最了不起的自我意識的那個部分就是人類。

演化為何物？它是生命擴展到意識上與上帝合而為一的境界。隨著時間過去，我們的意識逐漸擴展，就越來越接近這個境界。事實上，這正是解開生命謎團和人類命運的線索。

在浩瀚無垠的無邊太空面前，不要擔心自己太過渺小，因為心靈沒有極限，而擴張意識也沒有極限。人類命運是要一直擴展到和所有創造化為一體為止。當這天來臨時，人們可以和五千英里外的別人溝通，彷彿就像兩人在同一個房間中一樣。到時候，人類的心智將會超越時空，以及形體的限制，而我們的存在將會只剩下存在永恆當下的靈魂。過去、現在和未來將合而為一。所有空間會合而為一。所有形體將合而為一。人類意識將和上帝意識合而為一。

靈魂化為物質

所有偉大的形而上學和宗教著作都提到，意識的演化是靈魂化為物質。亞當和夏娃以及伊甸園的偉大寓言就是一個例證。亞當和夏娃受到蛇的誘惑，吃了智慧之樹的果實，最後墮落，最後的墮落最終導致了自我意識，這一切講的正是自我意識的開啟。自我意識作為自由選擇，正是有意識的選擇行動方式和思考方法。也就是錯誤的開始、惡的起源、罪與罰的開端——全是我們追尋真理的自然產物。

偉大的萬物共通潛意識心靈根據其本質法則運作，建立起有意識的力量中心，由它吸引其他力量中心以便共同形成物質。這個物質的整體意識本質（它所有原子的意識總和）則形成一個特定的形態，努力要對自己更為了解。隨著其意識增長，它變成有生命、不斷擴張、會進食、會成長的個體，也就是我們口中的生物體。這個生物體的意識以不斷增加的速度擴張，讓它在相當短的時間內擁有的意識或靈魂，不再能忍受其形體的限制，於是揚棄了舊形體。就這樣開始了所有生物體的生死循環。

於是演化開始高速進行。想認識自己的許多變形蟲聚在一起形成水母；水母的認知和意識逐漸發展集合成為魚類；魚類又進一步發展意識成為哺乳類；哺乳類意識進一步發展後成為人類。演化的路上留下許多殘餘的形體，讓我們看到一路走來的發展，因為意識只要達到更高層次，就會有一些意識被拋下來。人類從蝌蚪、變形蟲、低等脊椎動物、胚胎到最後人類嬰兒再成長為成人驚人的意識，讓我們看到意識演化過程的種種細節。

宇宙的知覺

由此可見生命的目的是要獲取知識，意識的擴展、不斷向上、向外以及向內提升，以求和上帝合而為一。

羅伯特．勃朗寧（Robert Browning）寫道：

地球現在就已經有這樣的人了，
他們默不作聲地混在其他不完整生物之間
這些人是他們要拯救，並合而為一的人[20]。

近兩千年前，在巴勒斯坦一個男人看著他的鄰居說：「人看見了我，就是看見了父[21]。」

20 譯註：〈人的覺醒〉（The Awakening of Man）。
21 譯註：約翰福音 14:9。

耶穌這了不起的人類意識，他的教誨大家一直充耳不聞，遭到篡改和曲解、扭曲和教條化。

「我與我父原為一[22]。」一、一、一！與所有人、所有生命、所有物體、所有物質合一！達到整體的意識。達到上帝的意識。

形體不過是意識的產物，意識不過是意念的產物，而意念不過是流經萬物共通智慧的接觸和借用。

意念創造形體！意念造物！

擴張的靈魂會改變形體

這個生命，不斷想要更了解自己、不斷擴張意識，其中想要阻止死亡的人，就會一直保持嬰兒狀態。因為隨著靈魂擴張自己的意識，它會尋找新的形體來表達自己。你現在佔據的肉體不過是你當下意識的工具，是你對自己了解的表達方式。但因為本性使然，意識必須成長，而隨著它成長，你的靈魂也會逐漸把肉身放下，再次回到萬物共通潛意識心靈，從這裡再次出發，進行新一次表達的探索旅程。

說到這，自然就免不了要提到靈魂轉世的話題。只要你真的領悟了全宇宙一體同命，同心、你就會了解這個生命會不斷轉世降生在自己身上數十億遍，目的只為完整了解自己。一旦你能明白這一點，轉世降生就和了解自己一樣顯而易懂，因為你就會了解到，沒有這個唯一生命的一再轉世降生，這世上不會有生命，它就降生在你身上，你的整個人。就只有一個，永恆且綿綿不絕，這就是你真正的樣子，而許多人害怕的死亡，不過是無謂地為失去不斷累積的錯誤而遺憾，以及意識心靈的幻覺，這種恐懼是全人類最虛無且愚蠢的恐懼。這一點在探討長生不朽的那一章中會再深入。

法則轉化為力量的個體，力量的個體結合成為物質，物質的意識決定其形體，意識尋求自我意識，自我意識尋求整體意識，即上帝意識——這就是所有生命的演化樹。

因為我們在現實中都是一體的，我們彼此看似各自分離，只不過是萬物共通心靈藉由成為單一個體來了解自己計畫中必須維持的幻覺。

內在永恆的靈

要察覺內在有上帝的存在並不容易。我自己靈性經驗的成長階段就沒有這樣的感知。現在回想起來頗為慚愧，想必當年我在史丹佛大學時，頗考驗校牧艾爾頓·杜魯柏博士（Dr. Elton Trueblood）的耐性，因為當時這位溫和又博學的長輩，想盡辦法要讓我不要一直陷在自我懷疑的迷宮中打轉。杜魯柏博士撰有許多出色著作，即使當時那樣，我也是拜讀了多本。就是基於讀過他這些著作，再加上我是他開的哲學課程中的學生，所以我們總是會在下午時在史丹佛大學教堂裡他的書房見面。

外頭的陽光穿過教堂彩繪玻璃形成光柱，我們坐在椅子上，談著我們談過許多次的靈性主題。

22 譯註：約翰福音 10:30。

我總是毫不掩飾地質疑上帝的存在，杜魯柏博士則不斷拋出數百年來知名人物個別的宗教體驗。

「但他們可能都被蒙蔽了啊。」我堅持道。

「誰蒙蔽他們？」

「他們自己。」

「他們為什麼要蒙蔽自己？」

「因為他們覺得自己很渺小，深怕死後會被人遺忘。」

杜魯柏博士笑道。「但有些人其他方面都很勇敢啊。」

「但要是上帝真的存在，那這數千年來一定有人目睹過啊。」

「是有很多人啊。」

「有誰？」

「我。」

「你見過上帝？」

「對。」

「那祂長怎樣？」

「跟一切一樣。」

「這一點也證明不了什麼。」

「那對我意義深重。我看著你時就看到了上帝。我的眼落到何處，上帝就在何處。對我而言，祂跟你一樣真實存在，甚至比你還真實，因為祂是萬變中的不變，住在萬物裡唯一不變又永遠存在的靈。」

在我心中，這些話至今依然迴盪在史丹佛教堂沉靜的空氣中。即使在當時，我就已經能感受到話中的意義，雖然我不能充分了解其含意。隨著年歲增長，我的意識逐漸擴大，終於有一天我也在萬物中看到了上帝。從那天起，我原本很薄弱又充滿懷疑的信心，被鋼鐵般的智慧所強化。

同體一心相對於分離個別

意識分離的人，是永遠無法獲得靈療、創造時勢、以及意念成真的。但能夠達成意識同體一心的人、能夠達到上帝意識的人，則可以改變形體和時勢，並透過意念促進身體健康，因為這時一切都在他身體裡。這就是耶穌的實際情況，而那些選擇不看到拿撒勒來的耶穌所示奇蹟的人，則是錯過有心探索和懷疑人世看到最偉大真相的機會。

因為耶穌的神蹟讓祂可以行走水上、起死回生、治癒病人、光用七塊麵包就餵飽五千人、化水為酒、來去無蹤。人類的未來注定會看到這些事成為日常。人類的未來注定在也不需要形體、與上帝的心靈分隔區別。同體合一，成為自我意識的萬物共通心靈。

目前，要請你不要單獨待在房裡，想用念力移動椅子，或是濫用自己還不能掌握的念力。要明白，讓椅子不靠人力移動的不是你的意志力或是意念；而是那最終無所不包的意識，你和椅子共同存在的智性所形成的一體。過去已經有極少數人在極少次數下成功達成這種意識。而我們有理由相信，這些人和這些次數正在增加。至於一些較低層次的念力展示，像是靠心靈力量治癒疾病，則是已經被認可且精密地記錄了好多次，這方面的證據已經足以消弭任何對萬物共通潛意識心靈最高靈力存在的疑慮。

祕法

當今世上流傳一份不外傳的古人訓示，被人稱為「祕法」，數百年來這個祕法被一小群好學的人保存著，他們修練其中的教法，並靠著口耳相傳傳遞下去，但外界卻還是有人將這些寫成故事流傳在外。這個祕法主張人類的演化總共會變成七種不同種族，我們現在這個世代屬於第五世種族，這是由波斯、埃及和亞洲所開創的世代。這個祕法說第一世是靈性存在的種族，第二世開始有了形體、第三世是巨人族，住在現已沉沒的雷姆利亞大陸（Lemuria）、第四世則居住在亞特蘭提斯，第五世則為躲避洪水逃難到歐洲和亞洲（在聖經中將之公開，並寫成諾亞方舟的故事），這個世代創造了今日的物質年代，從這裡人類要回到之前的靈性合一世代，進入第六和第七世。

有些想證實這一祕法存在的人就主張，雷姆利亞大陸就位於南太平洋，並舉復活節島（Easter Island）上的巨石雕像為證。這些雕像分別高二十七到三十英尺，沒有任何搭建鷹架雕鑿的痕跡，似乎是由與這些雕像相同高度體型的人所雕鑿。聖經舊約就說：「那時候有巨人在地上[23]」，因此信奉祕法的人就主張這些巨人住在雷姆利亞大陸，後來在地球兩極顛倒的動亂時候被大海所吞沒，最後只剩下復活節島以及從馬克薩斯群島（Marguesas）到紐西蘭之間火山岩列嶼殘存浮在海面上。

同一群祕法信奉者又主張，亞特蘭提斯大陸曾是第四世族群的家園，這個大陸過去就在大西洋中，其最東側就是現今的亞速群島（Azores），該大陸當年由此向西延伸數千英里。住在該大陸上的人們應該有十八英尺高，其文明遠勝今日，我們所有的科學進展他們早就已經達成了，同時他們的文化也超過我們許多。祕法同時也稱，亞特蘭提斯大陸後來因為地球再次兩極翻轉而毀於一旦。當時海平面驟升，亞特蘭提斯沉入汪洋之中，其倖存者（聖經中的諾亞夫妻，以及動物）則來到地中海最東側定居。

祕法的教義

這群祕法的傳人並沒有提出解釋，為什麼各世的人類會逐一滅亡，而且這些種族存在的證據也微乎其微難以服眾口，甚至他們也說不上來這個計畫背後的主導人是誰，只說這計畫人類一定得遵守。但有一件事他們說的很斬釘截鐵：只有智慧和法則是真實的，我們正朝著靈性合一演化，我們遲早能與萬物共通意識化為一體、並控制萬物。

祕法所述關於我們的過去和未來進程雖難以讓人信服，但我們也無法加以否定或證實。沒錯，人類正史也鮮少真的符合史實，要是祕法說的不正確，或許至少還有寓言的功能，有其存在的必要。但我們可以有把握地說，人類靈魂的演化，的確曾經以不同於今日的形體存在過，而我們的演化歷程可能已經進行了數百萬年之久。更有可能地球經常翻轉，畢竟天文學家所廣知的歲差

23 譯註：創世紀 6:4。和合本中將 giant 譯為「偉人」。

（procession of the equinoxes）就可以視作地球在沿著地軸旋轉的同時，也慢慢在搖晃的證據。見過陀螺旋轉的人，就知道陀螺開始搖晃會發生什麼事。

祕法同時也主張，宇宙中有更高階的生命，正在觀察並引導人類的演化，這些生命會派他們的使者或教誨師化身為專家宗師來到人間（他們是已經演化到相當程度，足以逐步向人類揭曉永恆真理的人）。據祕法的傳人所言，耶穌就是這樣的宗師，佛陀也是、柏拉圖也是。但他們沒有說這些派出宗師來到地球的高人居住在宇宙的什麼地方，但我們可以確定他們之所以會介入人間事務，是因為這些高階生命居住在我們太陽系的某些行星上，或是其他恆星上。

另一個世界上的生命

如果要說太空中的其他世界沒住著比人類進化更高等的生物，那就太盲目了。而既然本書的前提是，所有的形體都只是一個至高無上心靈的多種不同分化，而且我們也相信萬物皆有生命，意識無處不在，那可以合理推斷，其他世界也有生命。只是這個生命是演化到跟我們同一程度，還是比我們更進化？

我們已經知道，一些恆星和部分行星比我們的星球古老許多。我們也知道有些恆星上的氣候條件可能接近地球。如今隨著人類可以上太空的日子越來越近，解開這些星球上謎團的日子也跟著接近了。

當人類可以將數百萬英里的太空化為舒適的旅程時，人類的世界會獲得多大的擴展，一旦我們能擺脫地心引力的牽絆，超越光速，以至改變時間進程，我們的想法又會有什麼樣的改變？屆時，我們就會看著周遭的物質世界，並明白了自己與那唯一的智慧和法則是一體的。

物質的相對性

一旦抵達新世界，第一個顛覆我們經驗的現象就會是物質的相對性。透過分光鏡，我們現在可以知道在遙遠的星球上，有著每立方英寸重達數百噸重的元素！我們現在對於物質的了解，只限於其相對於我們的密度。對於所有物質，我們衡量的標準就只是其軟硬度——也就是說，其密度；而對那些我們可測得且最稀薄的物質，我們則稱其為氣體。圍繞我們四周的就是這樣的氣體。當我們在氣體中活動時，我們知道它的存在，但卻可以行動自如不受阻礙，其密度相較於我們的身體密度是那麼低。而對於那些身體密度每立方英吋重達數百噸的物種而言，要穿過我們的身體會更甚於我們在地球大氣層中移動的輕易度！他們可能完全不會意識到我們的存在，因為他們的物體查知能力，會在另一種層面上！

可以想見，這樣的物種可能就存在於我們以外的其他世界中。這些物種的密度相對於我們可能相差無幾，因此也可能住在其他世界中。物質對於感官而言，完全是相對性。物質的本質是純粹的智性，而它組成的形體，則是能讓任何想察覺它存在的意識察覺到它。

每立方英寸重達數百噸的元素其組成基本物質，和組成我們大氣層的基本物質是一樣的。智性將它捏塑成形體，智性導致它形成形體，智性就是它的形體。而基本上它正是萬物共通潛意識心靈的一個意念。

時間的相對性

乘太空船旅行給了世人意想不到的未來保證，讓我們知道超速飛行和關於時間新的概念。

在無重力的外太空，沒有任何速度限制，除了星體之間微不足道的吸引力，太空船在這裡可以漂移，順著巨型圓圈繞行最靠近它的主要星體。要是這時從太空船後方發射火箭，藉由其速度製造反作用力，將太空船的速度推進到每小時一千英里，太空船就會持續以這個速度飛行，只要不遇到障礙或是吸引力和摩擦力。要是同樣的另一顆火箭從同一艘太空船尾部發射，就可以讓太空船速度達到每小時兩千英里。要是這時再發射第三顆火箭，太空船的速度就是每小時三千英里。要是發射一千顆這樣的火箭，那太空船速度就可以達到每小時一百萬英里！只要發射足夠數量的火箭，那太空船最終將可達到每秒186,000英里，或每小時669,600,000英里！而因為這就是光速，根據愛因斯坦所說光速是速度的最上限，不能超越；甚至人類可能永遠也不可能達到。愛因斯坦的結論是，隨著物體飛行速度，物體尺寸會增加，雖然這種尺寸變化在低速時可以忽略，但在物質接近光速時，其尺寸增大情形會變得驚人。在光速下，愛因斯坦預測質量會變成無限大。他同時也預測，在漸增速度下飛行的人一分鐘會變得更久；而當到達光速後，時間則會靜止！或許這只是換一種方式在說人類不可能達到光速。又或者更甚，這是一種描述萬物在時空不存在的世界中形成基本共同體的科學說法。可以確定的是，關於時空和距離和物質的新觀念，在我們飛向太空之旅、脫離地球引力拉扯後會變得很重要。

但這個希望是有的。希望就在人類心智擴張的意識之中，只要我們發現萬物就存在我們裡面，人類將會跨越時空，將會真正了解自己是所有造物的中心點！

逐漸理解

對那些想找到生活中特定問題答案的人而言，讀到這邊可能會覺得扯得太遠。但首先要了解心智為何。字彙或是公式若陌生，那就要先加以理解。心鑰本身就像鑽石一樣簡潔，但我們必須先確認，你的意識已經擴張到你知道想法和意念是一切存在的基石。當下你最應該做的就是抱持耐心——耐心和練習冥想——並多多想著你現在要去思考並加以演進的想法。關心時空以及物質與形體的本質，這對你擴張意識非常重要，不亞於你原本要獲致平和與力量的初衷。不要忘了，這條路早就已經規劃好、也排好了路線！

真相對比幻覺

我們身邊有這許多千變萬化的形體是多麼令人讚嘆的現象。高山、樹林、江河、大海、草地、無窮無盡的動物和植物、無數的礦物組合，人類的雙手和智慧創造出令人驚嘆的機械形態——其種類和數量令人驚嘆。然而，我們卻對它們視而不見、認為它們理所當然、再平凡不已，對其存在或本質毫不當一回事。在這個渺小物質世界這些渺小生命的渺小時刻裡，我們是那麼自信滿滿。我們將短暫的安全感寄託於身邊的有形物質形體，無謂地想要在瞬息萬變的物質世界中打造一絲恆常感，卻忘了出生的謎以及死亡的必然，一味地把目標都放在財富和物品的積累上。然而，一切形體都是由與我們自身相同的基本物質所組成：那是純粹而永恆的智慧、萬物共通潛意識心靈；而那顆心靈和它所包含的一切，這些都在我們每個人的心中。

對於每立方英寸重達三百噸的物種而言，你客廳裡的椅子完全就不存在。它們大手一揮不當它一回事。要是它們踩過椅子，椅子垮了它們卻完全不會注意到。如果椅子中的原子彼此的空間比原子內的空間大，又如果原子本身包含的空間又比物質大，又如果我們視物質為純智慧，而又如果特定物質，像是那張椅子對我們而言是這麼堅固的物質，但在密度大於椅子幾百萬倍的物種面前卻宛如無物，那一個形體就有可能儘管存在卻無法被查知。

形體取決於想法

這一點很有趣也很重要。並不是因為一張椅子在一個重達每平方英寸三百噸的物種面前無法查知到，就表示椅子不存在。這樣的物種只會看到密度與其相仿物體所反射的光線振動。他們只聽得到劇烈振動的聲響。要是它們同族的物種告訴它們有椅子的存在，它們會不屑地辯說要是真有椅子在，它們一定看得到、聽得到、感覺得到或聞得到。要是同族物種指出椅子所在位置上，光線的變化有些不同，它們也會堅稱別人也太突發奇想。

但他們至少也承認，這跟腦中想法有關！

這一來他們的本能就讓他們相當接近事實了。這時椅子就算存在著了，但只在想法中！對他們而言，椅子只是一個想法、一個意念，這椅子就只是這樣，在萬物共通潛意識心靈中的想法，以萬物共通潛意識心靈同樣的物質組成。

這裡我們想要指出的是，形體不過是想法，形體不過是意念、形體總是涉及意識，它完全代表了思想。形體的純粹本質，就和思想所構成的材料完全相同！

雙重心靈

從這裡演化出我們生命的二元性，我們同時生活在兩種不同層面上：心靈和思想屬於一個層面；事物和周遭情勢所屬的物質層面則是另一個層面。我們所受的教育和禁忌教導我們，思想是為了解決事情而演化出來的，但真相是事物不過就是具現我們思想、實體化的心像！

這樣的對比是由柏拉圖的洞穴說發展來而成的，他將洞穴比作我們所在的世界。住在洞穴裡的人，由於受限環境，只能看到洞穴的牆壁，只見牆上自己的身影被火光投射上去。他們因此深信這些影子就是他們真正的樣子。但當其中一人轉過身去，發現自己看到的不過是虛影，其他人卻極力主張他是錯的，說他是瘋子，然後就繼續看著牆上火光下閃爍飄搖的影子。

所有的真相其實都在我們心裡，而不是在我們周遭的世界。研究外在世界的人研究到的只是表象。研究自己心靈的人才真正研究到真實自我的成因和本源！

第四空間

就因為長久以來，科學界一直遵循這樣物質論的前提，讓我們始終無法真正理解形體的重要性，我們無法觀察到事物的真相。而這個事物另一面的特質就是科學家口中的第四空間，許多科學研究都在解釋第四空間是往哪個方向延伸。

已知的第一到第三空間既然是互相垂直，科學家堅信第四空間也會和其他三個空間垂直。以當前人類對空間的概念來說，這樣的第四個垂直空間明顯不可能存在；但科學界還是很有耐心地要將第四垂直空間擺進空間中，因為科學家知道其他三個空間無法解答他們在研究的事物成因和存在問題。

俄國作家物鄔斯賓斯基（P. D. Ouspensky）在他深奧又龐大的鉅著《第三思考工具》（Tertium Organum）中，主張生命可能正朝七個空間演化，七個空間中每一空間在不為人知的情況下，各自會以運動的方式表現出來。比方說，他說變形蟲活在一度空間的世界，只要進到它所存在世界中的東西，都只會以點狀方式呈現。再上一層的空間中，對於生活在二重空間的狗而言，在牠眼中則只能辨認出事物的寬窄和高低；而在狗眼中的第三空間則是以運動的方式呈現出來。鄔斯賓斯基接著在結論中指出，對於我們生活在三度空間中的人類，第四、第五、第六、第七空間也都是以運動方式呈現，當我們一路朝更高空間的生物體演化來到最高空間的生物時，整個宇宙將會以靜止不動的方式同時呈現出七個空間。

就這樣，鄔斯賓斯基得以提出在現有一般三度空間之外的另外四個空間，而他也發現這些空間都存在於時間之內，因為運動就是時間的同義詞。

這說法讓人難以加以反駁。而世上最偉大的數學家愛因斯坦基本上也得出了相同的結論，因為他發現物質會隨著速度增加而拉長，一旦到達光速那物質就會隨時隨地無處不在，因為這時時間會靜止；這正就是愛因斯坦理論所稱，當速度到達無限大時，時空和物質將合而為一的意思。

求知的上帝

這兩位傑出的思想家究竟想說什麼？基本上，他們見解一致：萬物看似分離這個假象之下，藏著萬物合一的真相，這個萬物合一的真相之下時空和個體全都結合為一，這個萬物合一的個體即是無限的靈魂，也就是單一智性，即萬物共通潛意識心靈！

行文至此，有人應該會不禁想問，若真如此，為什麼要製造出分離個體的假象？個別生命和個體事物又為何而出現？這個問題唯一合理的答案就是萬物共通潛意識心靈為了認識自己所以要化身為萬物，不然以它無限的原貌，是無法認識自己的。

唯一可能的答案就是，生命演化的目的只有一個，那就是不斷擴大意識！

上帝也是透過化為事物來認識自己！

因此，人類的演化注定要把自我意識擴展到無限！

觀點

宇宙之謎是一個純粹而簡單的謎題。與其他謎題一樣，真正的答案取決於觀點的轉變。要是有人向你提出一道謎題，你會假設自己是牽涉謎題中的每個人去發想；你會儘量了解當中每個人的不同觀點。等你了解所有人的觀點後，再將之消化成一個中心觀點。然後答案就昭然若揭了。

讓我們錯以為生命是各自分離的，就是觀點這東西。意識用觀點讓我們錯以為自己完全不重要。我們感覺自己的意識被囚禁在這個肉身的限制之中，因此以為我們自己的「真我」永遠被限制在身體所在的那幾立方英尺範圍之內。

我們自視位居偌大宇宙中心。放遠望去，四面八方盡是無限形體和大千世界。而我們則是那不願被納入計算數量的沙灘上的沙子。但在我們內心裡卻一直堅持著：「要是我沒有意識、看不到這些，情形就不是這樣。」對於這段言論，我們戰戰競競地加以分析，卻又只能承認就算我們沒在觀察，也有別人在觀察，因此這一切還是存在的。我們卻沒能分析個人、受到限制、困於肉身的「我」。

「我」是誰？

比爾．史密斯、吉姆．瓊斯、瑪麗．史都華……每一個活在世上有意識的生物體和物體，都以同樣的方式稱呼自己「我」。

當我們說出「我」這個字時，我們或許會覺得就是在提自己的名字，或是出生地、過去做過的事、過往的經驗、但我們真正在做的，卻只是在說「這裡」。我們想表達的是：我們那思考的意識，正在某處想著某些想法、感受到某些事物，因此想要透過語言或是動作將之表達出來。「我餓了」——是當下在這裡的這份意識想要吃飯的意思。「我想出去走走」——是在這裡的這份意識想要到別處去的意思。

不只是這樣，每一次的「我」都不是固定不變的個體，而是代表數百或數千、甚或數百萬或數十億的「我」。莎士比亞說過：「世界是座舞台，所有男男女女不過是演員；……而每個人一生裡都扮演著很多角色[24]。」每個人的命運有著數百萬個角色，每個角色都代表著在擴張意識上的另一個「我」。你現在的這個「我」早就不再是十年前那個「我」，你現在的這個「我」也非一周前的那個「我」。等你讀完這一章時你的那個「我」，甚至也與現在不同了。你始終只是在某個特定時刻的那個特定的「我」，當下一個想法流經你腦海後，你就成為連續時刻中另一個不同的「我」。你始終都是自己意念的產物，並且隨時都代表著那個當下你思想的總和。每一個新想法都會加進你的意識、或從你的意識中刪除。你的「我」和世上任何人的不同，因為只有你有那個獨特的前思後想連續思維，讓你成為你。在人類意識擴張到達萬物共通心靈的意識之前，沒有兩個人的意識流以及思想順序是一樣的。

孤立的幻覺

在解釋萬物合一時，遭遇到最大的障礙就是會遇到有人質疑：「要是心靈是共通共有，為什麼我成為我、而不是別人或其他人？」而唯一能夠解釋的回答就是，你即他者、甚至所有其他人。

24 譯註：《皆大歡喜》（*As You Like It*）第二幕第七景。

你所感知到的人我差異，不過是你們之間過去想法的差異，因為人不過就是自己的想法。

你的意識往往只把自己限制在有限的肉身裡，這是沒錯。因為你常會這麼說：「我的意識就在這裡，又不在別處。」因為這樣，你很難想像自己和鄰居怎麼可能是合一的。何況，如果每個影響自己的念頭和有過的念頭都和鄰居一致，不管數量和順序，那天下不就太平多了嗎？這一來你們兩家的意識就可以完全一致了。那你們兩人，除了是同一人以外，還能是別的嗎？這世上沒有兩樣東西是完全一模一樣的：就算是兩粒沙子、兩朵雪花、兩棵樹都不會完全一樣。因為宇宙的主要工作就是要創造出許多從根本就不一樣的東西。因此壓根就不會造出兩個完全一樣的東西來。要是兩個人想法會完全一樣，那就是只有一個想法、也只產生一樣東西！

你的獨特性

你之所以是你，純粹是因為你的意念。因為這個意念與任何在世過的人不同，你是宇宙中獨立而個別的個體。你多數的念頭都是你五感所觸發的感官所引致，而因為這些都是完全只屬於你有限的肉體，你會持續不斷地累積經驗和意念，讓你深鎖在無法與萬物共通潛意識心靈合一的想法中。你會自外於周遭事物，視其為異己。在這階段的演化中的你，對於人我之別、自我孤立非常地有自覺。但別忘了：進化之路是會讓人擴張自我意識，直到涵蓋萬物和一切生命的。

上帝的國度在自己裡面

要明白，所有的形體和物質都只代表我們內在同樣那份智慧。要知道，這份智慧任我們汲取、了解和使用。也要知道，意念產生形體、意念產生萬物、意念塑造了我們。要知道我們的區別不過是演化意識上的影響，基本上所有生命共有一個完整的靈魂個體。要努力不斷擴張意識，以求讓自己與萬物、周遭的所有人合一。一定要在寧靜時刻探詢與萬物共通潛意識心靈的接觸，在那裡所有的訊息和意念都會被深深地刻印下來，藉此可以指引我們在追求成就與知識的路上不至誤入歧途。一定要了解念力的無敵，了解是它塑造了我們、是它創造形體和時勢、也是它推動宇宙的前進。要守護自己不被負面想法所侵擾；要拒絕接受負面環境。要在完整而正向的擴展之餘，在心智大能運作的翱翔知識之餘，教導孩子控制自己的意念、教導鄰人控制自己的意念、教導受苦的人類了解脫離困境之道在於自己的意念，並了解千禧年已經到了，上帝的國度就在我們每個人裡面。

心靈大於一切

當你全面環顧生活周遭的景象，那些你關心的事物、那些牽涉你在內的環境時，要記得擴張你的意識，並將上述這些都算進你生活中流動材質的有生命部分。通過你自己的眼睛看到一個多姿多彩生機勃勃的宇宙，它不斷地化身為無限萬物來表達自己。感受你與這些事物完全合一，知道唯一的真理是智慧，唯一真正的形體是思想。在某個地方，在你的思維習慣所設下的障礙背後，是那整體意識，是那了解一切的智慧，是萬物共通潛意識心靈。對於這顆心靈來說，沒有什麼是不可能的。它的所有指導和力量都可以為你所用。當你完全認識到思想是一切的根源時，你就會知道，只要你不給自己設限，就永遠沒有極限會限制你。

隨著我們越來越常運用智慧和意識，我們將懂得不以自己的身體去衡量大小。只要理解實質形體和大小與擴展的意識沒有關聯，這樣就可以鎮靜地面對浩瀚的太空和永恆的時間，因為我們知道，唯有心靈才是萬物的答案，心靈永遠不受空間和時間的限制。

就算一顆恆星遠在百萬光年之外，並不意味著你微不足道。你的心靈難道不是瞬間即能跨越這巨大的距離嗎？看看你意念的力量和其所能及。這麼快的速度，讓你的肉身相形見絀。既然我們與生俱來就擁有如此強大的力量，那在思想能力設下「不得跨越」的限制，豈不是畫地自限罪大惡極？豈不是只會把我們限制在各方面的貧窮、疾病、有限、以及匱乏中嗎？

沒有什麼是辦不到的。萬事皆有可能。心念所能及，心念就能做到。心靈所想的，心靈就能做到。演化之路只有一條，那就是向上！它的高點沒有上限，要一直走到與上帝合而為一為止。

人類是宇宙的中心

我們的家園地球是環形太空中一群旋轉星球中的一顆旋轉星球。水星、金星、地球、火星、木星、土星、天王星、海王星和冥王星，它們是太陽永恆的俘虜，依循無限法則的不動軌跡移動。在無垠太空中它們不過是幾個小點。如果太陽的直徑是一英里，水星的直徑就是十五英尺、距太陽三十六英里；金星的直徑則會是三十八英尺，距離太陽六十七英里；地球的直徑則是四十英尺，距離太陽則為九十三英里；火星的直徑為二十英尺，距離太陽一百四十英里；木星的直徑為四百英尺，距離太陽四百八十三英里；最後一顆行星冥王星的直徑為二十英尺，距離太陽三千七百英里！而這只是無數太陽系中的一個！

物質論者把生命解釋是多到難以計數物質形體中的一個意外，這樣的解釋等於沒有解釋，因為我們相對於宇宙是如此渺小。這樣渺小的人儘管每天觸摸物質財富，像希臘神話中點石成金的邁達斯國王（Midas）數金子那樣，但當他們的靈魂擱下自己的有形形體並啟程前往他們所未知的地方時，還是不會有隨從、敞篷車或火車前來接送這些物質，而這些物質財富卻是物質主義者所追求的真理。物質和形體不過是思考的工具，是擴張心靈延伸自我的馬前卒、就像西洋棋棋手在找不到棋盤和棋子時，在腦海中想出的棋局一樣。

宇宙以人類為中心！但這話當然指的不是實際上的，而是心靈上的！因為萬物共通潛意識心靈是無時無刻無處不在的，在任何時間任何地點它都在，而現在，它全部就在我們裡面！

強大的工具

形體出自心靈，心靈主宰一切，了解這點，並將之運用在生活中，就能改變你的一生。你不用再與局勢和事物對抗；不用再為和命運交手咒罵連連、也不用為生活中總是逆勢不斷而洩氣。一切皆源於心靈，一切皆源於意念；當覺醒的靈魂喚醒自己的神性時，奇蹟就會在寂靜的房間裡悄然出現。

作為一個人，你知道自己之所以存在是因為思考，而這些意念正是最重要的事情，事實上，它們是你所能做的唯一的事情。這些意念則是創造形體、時勢的本質；它們是你拓展意識唯一的工具。因此，對你來說，最重要的事情莫過於精心選擇你所要思考的意念、你所要採納的信念、你所要採取的態度，因為有了它們，你才會成為將來的你；因為有了它們，你才有了今天的你。如果你想讓自己的人生不斷進步，充滿成就、活力、愛和富足，你就會在每一個負面想法出現之前就將之棄置。除了與善一致的想法，其他一律不許它們出現在腦海中。你只做正面思考！宇宙會給你帶來更多你想像不到的善。

〔本章要點〕

1. 宇宙中最基本、最永恆的就是永恆的行動法則。
2. 振動的宇宙在自身的作用下演化出力的中心，一如原子和太陽系。
3. 這些力的中心尋找其他具有類似振動的力的中心，通過它們的結合形成物質。
4. 由於智慧法則構成了力的中心，原子作為宇宙的基本構成成分，是具有意識的。
5. 我們的物種處於一個有生命的宇宙之中。
6. 沒有無生命的物質，因為所有的形體都是萬物共通大智慧的產物，同時也只是宇宙潛意識心靈的一個想法。
7. 我們稱為生命的物質，僅僅是演化到能被我們的感官辨識到其意識的物質而已。
8. 所有生命歷程，就是萬物共通智慧藉由化身為事物來認識自己的過程。
9. 演化是擴展意識的道路。
10. 像人類所擁有的這種發達的自我意識，是發展萬物共通意識的必要步驟。
11. 我們的命運就是將我們的意識擴展到完全與上帝合而為一的地步。
12. 形體源於智慧，因為形體就是智慧。因此，形體源於意念，而意念則會造物！
13. 所有生命不過是那同一生命的化身，因此會有無數次輪迴，直到與萬物共通潛意識心靈合而為一為止。
14. 數世紀以來祕法一直被密教團體奉為不容侵犯的經典，它相信人類正朝靈魂合而為一演化。

15. 祕法盛典中記載了人類演化的過去和未來，但這說法並未獲得證實。
16. 物質只是相對的，只不過是數個力的中心或會行動的智慧的組合。
17. 時空也一樣是相對的，是萬物共通潛意識心靈想法的體現。
18. 我們同時生活在兩個層面——心靈和思想層面以及事物和時勢的層面——但實際上這兩個層面是同一個。
19. 你的「我」是你思想的產物，從這一刻到下一刻永遠不會相同，差別只是它們都被局限在同一個肉體的範圍內。
20. 真正的「我」是永恆的、不朽的、唯一的，它包含了萬物。
21. 上帝的國度就在我們裡面。
22. 你的意念形成了你，意念會化為事物；因此要妥善選擇自己的意念。

耐心

但行文至此，對於現實生活中的實際問題，我們依然沒有解決。但在開始具體教授如何將心靈法則應用於愛、成功和健康等領域前，還要再讀三章。現代人沒什麼耐心的，看到東西總是迫不及待想知道能做什麼。一等知道能做什麼，就會迫不及待要去做。前一天明明還什麼都不懂，隔天就想成為醫生，前一周還默默無聞，下一周就想名聞天下；即使大家心知肚明只有奇蹟才有這種事，卻總是忘記施奇蹟的人也不是一步登天，也是有見習階段的。如果不先弄清心靈是什麼，就傳授心靈的力量，那是不智之舉。在沒有澈底了解心靈是什麼之前，就傳授心靈的力量是愚蠢的。要先體認到，要不是這些答案不是那麼顯而易見，人類應該早已全面施行這件事，不然貿然投入這龐大又讓人興奮著迷的課題，就是在做荒唐事。所以請有點耐心，在進一步之前先打好基礎。

絕無悖誤之法則

要明白，不能把本書的指導當成登記合法藥物或仙丹妙藥，這也不是什麼分時候、看狀況才管用的療法。本書所講述的這套法則，無時無刻不在發揮作用，地球上沒有任何事物或任何人能阻止它運作。這法則不是我們立的。既不是我們開始的、也無法阻止。本書唯一目的就是要讓各位知悉其存在，並懂得運用該法則。這個法則隨時都管用。從來不會失效。要是運用該法則卻失敗了，那錯不在該法則——而是你！因為唯一一件重要的事你沒辦到，那就是只能以正面想法去想其中的良善。要是出現了負面的結果，那是因為你更相信負面的結果勝於良善，因此該法則就依照要求實現了。

總是酸言酸語看世界的人，最大的敵人就是他自己。要負面批評人什麼能力也不需要、這樣的人能跟正面鼓勵人的人比嗎？這世界是靠正面積極的人打造起來的，只會批評的人，除了批評一無是處。世上到處都是努力經營，準備迎接上帝的國度降臨人間的人，他們在我們的心靈看到我們獲得自由後的那個遠大目標。意念會成真，他們這麼說。事物就是意念所成。要讓自己的主控力覺醒。驅逐自己的敵人：疑慮、病態、恐懼和內疚。你們祈求，就必得著；尋找，就尋見；叩門，就給你開門。沒有一個夢會太大無法實現，也不用怕理想太過遠大。沒有什麼事不可能。

在第四道冥想中，我們了解到所有的形體和時勢都不過是萬物共通心靈的體現，所有人和事都是從萬物共通智慧而來，他們本身也就在這份萬物共通智慧之中。

凡是你想像得到、所接受的都是你的！不要多做懷疑。拒絕憂慮、匆忙或恐懼。知道一切並創造一切的根源，就在你裡面，聆聽著你內心每一份不為人知的渴望。

延伸閱讀

《原子的意識》（*The Consciousness of the Atom*），艾莉絲．貝莉（Alice A. Bailey）

第四道冥想

我知道，所有生命都在我裡面。在我心靈之中，在我靈魂深處，有一個極為平靜的地方，無風無浪，真理顯而易見，外界的喧囂渾然不在。我的身邊充滿全人類的意念，這些意念化為現實。這些意念——實物中善的我都接受；惡的我都會無視；因為我只在乎真理和理解，這是永遠可愛、美好和不斷擴展的。我的心靈輕而易舉就能移動到太空中最遠的角落，無遠弗屆，回到我身邊也是瞬間可達。我是宇宙的中心。上帝，即萬物共通潛意識心靈，通過我顯現了祂自己。我知道，我的人生目標就是不斷向上和向外延伸，不斷擴展知識、愛和萬物一體。我把我的未來交託在神的手中。我把生命中的每一個問題都交給全知全能的偉大心靈，在他手中一切皆有可能。我不會要求上帝如何實現這些事情。我全心信靠，自己所遇到的每個情勢都是完美大局的一部分，目的是要將我相信的心像化為現實。就連當下，宇宙也在想辦法要滿足我的每一個需求。我心裡信了的，必實現在我身上；這就是生命的法則、也是生活的法則。是友是敵都有其不凡之處，因為我們都是兄弟，各自爬山尋找高峰。

上帝手中所造萬物，沒有不足之處，因為祂只造祂自己。我之所以繁榮昌盛，是因為上帝擁有一切。我之所以充滿活力，因為上帝充滿活力。只需我敞開心胸，讓我的意念走在真理的路上，我就會被滿溢的宇宙力量、豐饒和愛所充滿。

第5章 直覺 運用看不見的力量

人類的偉大時代即將來臨
將有多麼奇妙的事情發生
你的心將代替你的耳朵聆聽
你的心將代替你的眼去看

直覺的定義

直覺一詞所涵蓋的不只是預感這種東西。在直覺一詞之下，還包含所有世界中往往被忽略的神祕的、明顯難以解釋的現象：像是超感應靈視、思想轉移、化無為有、化有為無、凌空漂浮、與靈性世界的聯繫，以及以直覺掌握構思創造法則（像是數學和音樂）等。直覺描述了我們對心靈大於物質和萬物共通潛意識心靈包含了萬物以及永恆知識的偉大真理的接納和運用，直覺是創造萬事萬物的物質，並對意念和渴望有所反應。

萊茵博士的研究

萊茵博士（Dr. J. B. Rhine）藉由他在杜克大學（Duke University）的超心理學實驗室的研究，證明了人心可以影響無生命物質。萊茵博士讓機器擲骰子。擲出的機率與一般平均值完全一致。但一旦有受試者坐在附近，並將注意力集中在某個點數上時，則會讓這個他所想的點數出現頻率比偶然出現的頻率高得多。為了測試預知能力，洗牌機洗好牌後，讓受試者寫下他們的預測，依數字順序從最高到最低。同樣的，正確預測的次數多到足以證明，這樣的正確預測絕非偶然。萊茵博士接著在實驗中加入了時間因素，讓受試者在洗牌前一周預測牌序。又一次，正確的「猜測」遠遠大於平均值。為了測試心電感應正確性，則讓受試者之間相隔八分之一英里，然後先讓一個人看著一副撲克牌的五十二張牌中的一張，再讓其他人在腦海中想像他選中的那張牌後將預測說出來。結果在二十五張牌中，有多達十九張數字是對的！就算讓受試者遠隔重洋，其成功機率依然偏高。而使用超感應靈視的話，也就是能預測一疊牌中會翻出什麼牌的能力，則可以連續二十六次預言成功！

萊茵博士以詳盡的科學和統計研究證明：人類心靈能影響無生命物質；人類的心靈可以預見未來；人類的心靈可以接收和傳遞意念、無視距離大小。萊茵博士現在也將研究方向轉向靈異學。他自認已經證明，心靈並不受時空限制，因此，死後的靈魂肯定還是以某種形式存在著。

這些結論都是經過科學研究、都是在世界頂尖大學進行、用最新科學方法和統計分類、在國際知名且備受尊崇的科學家監督下得到的，同樣的方法也使用在研發引擎和原子能上！

萊茵博士的測量和調查證明了數百年前在加利利平原上有位哲人所道出的相同真理：人類的

心靈蘊藏著最偉大的力量！

超感通靈現象

要是我們沒有被蒙蔽，我們早就應該懂了。耶穌之後和之前，都有許多人指出這件事。可惜真相並不總是選擇智者作為它的發聲工具。

一位來自洛林（Lorraine）的農家女解放了法國[25]。貞德潛意識心靈中的那道話聲向她揭示了未來，並讓她扮演了人類歷史上最偉大的女性角色。露德（Lourdes）地方的少女班娜黛特（Bernadette[26]）跪在自己潛意識心靈所見到異象前，至今依然讓跋涉千里前來朝聖的重病殘疾者深獲信心，因此每年有數百人得以治癒。同樣的情形也發生在葡萄牙的法蒂瑪（Fátima），在這邊三名牧童在萬物共通潛意識心靈中看到了耶穌之母瑪利亞示現。

柏拉圖證明了在肉體之外還有一個大世界的存在。萬物共通潛意識心靈完全觸動了達文西的靈感，讓他筆下的一切都是神來之筆。莎士比亞將他所感悟到的永恆真理，套上人間戲劇的外衣蔚為寓言。愛因斯坦和愛迪生運用數學和化學來探尋上帝。聖雄甘地則實現了全人類合而為一的偉大理念。

不只是這樣。我們的世界每天都在向我們展示，讓我們知道，在我們的潛意識裡有著奇蹟的力量。雖然有人不認同，有人嘲笑，有人譏諷，有人想要推倒我們萬物共通靈魂的豐碑，代之以被吞沒在難以想像的時空裡微不足道的人類皮囊。但是，古來的紀錄就寫在那裡，誰也推翻不了的。

聖若瑟古白定（St. Joseph of Cupertino）無翅能飛。此事獲得教皇烏爾班八世（Pope Urban

VIII）親自見證。著名通靈者丹尼爾・鄧格拉斯・何姆（Daniel Dunglas Home）同樣也能凌空漂浮。偉大的物理學家威廉・克魯克斯爵士（Sir William Crookes）、鄧萊文伯爵（Earl of Dunraven）、琳賽勛爵（Lord Lindsay）、懷恩上尉（Captain C. Wynne）以及其他許多人都親眼見證了此事。何姆一生的靈媒現象，前後經過審判法庭最嚴格的條件規範，再由當時最優秀的科學頭腦、以最細微的監視去檢視，卻沒有人能夠解釋何姆的靈媒能力展現，唯一說得通的解釋也只有他獲得某種巨大的力量，讓他得以無視物理定律。

靈媒研究者哈若德・謝爾曼（Harold Sherman）與知名探險家休伯特・威爾金斯爵士（Sir Hubert Wilkins）兩人在後者於一九三七年前往北極營救受困的俄羅斯飛行員時，一直以心電感應維持聯繫；因為休伯特爵士中間一度無法以無線電通信與外界取得聯繫。林肯總統在夢中預見了自己的死狀，夢境與日後死亡方式完全一致，他在死前十天留下了一封信以茲證明。羅伯特・路易士・史蒂文生（Robert Louis Stevenson）在恢復知覺後證實，在他臨死前，有段期間他曾站起身，離開肉身。多年來，珀爾・萊諾爾・柯蘭（Pearl Lenore Curran）在珮瑄絲・渥斯（Patience Worth）的指導下主動創作散文和詩歌。而珮瑄絲・渥斯給外人看到的性格，其實是她自己潛意識心靈所採用的人格分類。但丁・加百利・羅賽第（Dante Gabriel Rossetti），寫作時想起了自己的前世：

25 譯註：指聖女貞德（Joan of Arc）。

26 譯註：Bernadette Soubirous 在一八五八年二月間在洛德地方見到聖母顯現，要她在當地岩洞建一教堂，這次顯現被稱為露德聖母，教宗更在一九三三年將蘇比魯封為聖徒。此處相傳具有治病神蹟。

這裡我以前來過，
但不記得是什麼時候，搭什麼來的
我知道門外的草地
香甜強烈的氣味，
嘆息聲，岸邊的燈光[27]。

這一來不相信心電感應的人再也不能裝作沒這回事了。要是所有心電感應的現象都能被記錄下來的話，肯定會淹沒美國每一座圖書館的。相信現實世界只有機械論和物質論的時代已經是過去式了。我們正朝向一個心靈時代進化，到時候我們就會實現統治宇宙的工作。這時將是心靈統治物質、心靈統治時間，將來會有多次元比例，以人類為中心，同時涵蓋所有次元。

天才

意念轉移、超感應靈視、通過念力影響物質和周遭、與靈魂界接觸和前世回憶都是人類心靈二元性的結果，也證明了萬物共通潛意識心靈會對暗示有反應的現象。所有可能屬於直覺範疇的能力都出自潛意識心靈，但它們只有在意識心靈的控制下才能使用。潛意識心靈不用眼睛卻看得見，不用耳朵卻聽得見、可以靈魂出竅得知天外訊息再返回肉身。可以看到未來、也可以回望過去、打造情勢和形成物質。其存在不受肉體限制、因為它就在萬物之中，涵蓋了無限。它是每個人的靈魂，也是宇宙的靈魂。

潛意識心靈中蘊含著固定的自然法則；而我們首先要討論的，正是體現在我們所謂的「天才」對這些法則的感知。

史上最傑出的數學神童之一是澤拉·科爾本（Zerah Colburn）。他出生於一八〇四年，只在佛蒙特州一個鄉下小學受過初級教育，但才八歲就沒有一道數學問題考得倒他！他可以從二次方一路算到十六次方，同樣也能算到十六次方根，還能當眾做出各種艱難的數字運算，遠非當時的運算機所能及。而且他總是能不假思索就給出答案。而當大家發現八的十六次方是281,474,976,710,656這樣一個光要今天的八歲小孩照著念都念不出來的一組數字時，他的天才更是讓人讚嘆不已。

另一位「瞎子湯姆」威金斯（"Blind Tom" Wiggins）出生於奴隸家庭，卻有著驚人的音樂天賦。儘管他雙目失明，並展現符合現代的自閉症症狀，但他早在孩提時代，就能在鋼琴上彈奏出他聽到的任何樂曲，無論多長或多難。他還能即興創作出許多令人驚嘆的音樂作品。貝多芬也是這樣的人，他還是個孩子時就能創作出完整的交響樂。米爾頓（Milton）則將宇宙的固定法則運用到他的詩歌音節中。

感知宇宙法則

這些運算或音律或詩歌的法則，是我們每個人與生俱來的，因為它們是萬物共通潛意識心靈的組成部分。時間會按照這些規律運行，我們都可以在睡前刻意定好隔天起床時間，並真的在想要

27 譯註：〈突然的光〉（Sudden Light）。

指定的時間從一夜好眠中醒來。這裡頭一定是有一個從不沉睡的什麼東西藏在我們體內，一直注意時間、或者觀察天象，讓我們想在六點時醒來就能準時醒來。因此，大自然肯定在我們體內創造了最可靠的鬧鐘，但我們對機械裝置的依賴卻讓這項能力變得遲鈍，同樣的情形，也讓其他許多能力變得遲鈍。

偉大的藝術家能憑直覺感知色彩組合的規律。偉大的工程師憑直覺感知建築、橋梁或高速公路的規模和範圍。偉大的作家憑直覺能看到其所創作人物角色和故事的內心深處，從而將其從平面的白紙黑字上轉化為有血有肉的生命。偉大的科學家能憑直覺在物理、化學和電子學領域找到新發現的方向。哥倫布不就是無視眾人口中的地平學說，獨自航向世界的邊緣而找到新世界的嗎？除了他憑直覺認為世界是圓的以外，還有什麼支持他的信心呢？

宇宙的運動、組合和發展都依循特定固定法則。這些法則是潛意識心靈的一部分，只要我們能去除佔據意識心靈的疑慮、懷疑和邏輯上不合理處，就能感知到這些法則。完美的花苞和天才的種子蘊藏在每個人心中。它在某個寧靜的時刻低聲吐出真理。有誰沒有預知過即將發生的事件、新的想法、有用的事業、新發明、小說的主題、畫作中缺少的夕陽、朋友的用心、心愛的人的重視？誰不曾在寧靜時光裡仰望星空，感受寧靜之餘，在靈魂深處，忽然感受到宇宙法則的浩大秩序靈光乍現。

內在蘊藏的完美花苞

那麼，我們有辦法成為那些聞名天下的天才那樣的人物嗎？答案不僅是肯定的，而且我們本來就是這樣的人物！偉大的天才就蟄伏在我們每個人的心裡面等著被喚醒。我們只需拆下柵欄，打開大門，邀請這名沉默蟄伏天才走到外面來。禁錮我們內心的天才讓它無法發光發熱的人是我們自己，這些內心的天才其實渴求自由。只要我們告訴自己「我不夠出色」、「我不會」、「這太難我做不到」、「我太窮」、「我生病了」、「我累了」、「我是無名小卒」時，就在打造這些內心天才的牢籠和枷鎖。是我們自己讓這顆強大的心靈變成了矮小的侏儒，逼它蜷縮在牢房裡，把我們所有的負面恐懼和疑慮化為自困愁城的現實，從而把內心這宇宙聖殿降為地球上一顆可憐、跌跌撞撞、充滿恐懼的小不點。

只要我們了解、認識並實踐真理，我們都將成為天才。不是因為命運巧合而成為天才，而是因為我們掌握了自己的命運，之所以是天才，是因為我們與不斷擴張宇宙無可匹敵的力量行動一致。

思想轉移

心電感應或思想轉移也許是潛意識心靈中，當今最廣為人知、討論最多的特性。科學家作為只在乎現象觀察和統計分類的研究者，就指出如果一人專注於一個想法，而另一人則集中注意力去感知對方想法，極有可能後者就能掌握前者的念頭。過去曾有人想要證明，人腦就像一個無線收發站，可以調整頻率跟他人同波段以便接收和傳送想法。

人腦和無線電收發站之間的相似性並不大。什麼樣的無線電頻率廣度能同時接收全球數十億人口的不同頻率？而且也已有人證明其他高等動物也和人類一樣會接收傳送思想，這一來還要包含它們所使用的思考頻率嗎？可是至今沒有任何一種方法足以證明大腦真的會發射電波，可是思想傳遞卻可以跨越任何空間。

所以，並不是這回事，思想轉移是我們的念頭是進入某種事物或者和某種事物同在，而該事物是同一時間無所不在，並被各種生物體所使用。這表示萬物共通潛意識心靈是由意念所驅使，這個被驅使的動作則是所有生物體可以觀察得到的。因此，我們其實不是真的在轉移我們的想法給別人，而是在將自己的想法傳送到世間唯一的心靈，並與之同時思考；而這同時只要對方是懂得使用這顆心靈的人，就可以立刻感知到我們的思考，但對於不懂得使用這顆心靈的人而言，則一點也無法察覺到我們的思考。這顆心靈跟無限一樣巨大。每個人都活在其中。因此一個印入這顆心靈的意念，可以在同一時間到達所有地方。我們其實不是在轉移自己的念頭。我們所有人都是一體的，擁有同一顆靈魂，我們的思想則是集體所共有，但我們必須懂得去運用觀察它。

超感應靈視

超感應靈視是一種對未來事物的理解或預見。但千萬不能以為這表示人生是注定的，或者命運是前世注定的。每個人都是自己思想的產物。個人意念的總和決定了自己在任何情況下的行動或觀點。後一個意念會決定自己在這方面多一分、減一分或改變。自己的命運會如何，只關乎你對它的定見。你的定見是什麼，你的未來就是什麼。就連你所要踏上未來的道路，也由你在遇到每一種可能時所採取的定見來決定。明日的你取決於你今日的意念，所以看得到未來的人其實看到的是自己今天的意念。

但超感應靈視遠遠不只如此。有許多可靠的案例被記錄下來，證明夢境預言事件的發生。各行各業的人都證實，曾在夢中看到自己在陌生地方參與了某些行動，之後夢境果然成真，地點、事件、方式完全一模一樣。專業的超感應靈視者，其工具是水晶球或撲克牌，手掌或占星（但其實多半時候他們只是善於察言觀色的心理學家），他們從潛意識心靈中獲取問卜客戶的思想印象，並將之轉譯到未來的預言。潛意識心靈中並沒有時間順序。過去、現在、未來發生的事情，都在潛意識中同時發生，那些時間永遠為現在。因為潛意識心靈是無限的，包含無限的可能性，在永恆的現在中全都成真。

物質與陰影

化無形為有形、或化有形為無形，在一般人的想法中，總視其為魔法故事，但這同樣也是有可靠記載的真實事件，而且從潛意識心靈的特性來看，肯定是其本身具有的能力。

耶穌在水面上行走，用七個餅餵飽了五千人，把水變成了酒。維士特里斯號（SS Vestris）的副船長在船上遇到一個陌生人，對方告訴他將船轉向西北方航行，這名陌生人隨後在一艘擱淺的船上被人救起。被催眠的人被告知，房中裡椅子都有人坐，她因此就看不到空椅子。關於椅子的意念，從她腦海中消失。她可能會被椅子絆倒，這是椅子在房中的證明，但椅子之所以還在，只是因為它還存在於萬物共通潛意識心靈中，這是看到椅子的人其心靈、或之前所有看過椅子的人的心靈所投射到萬物共通潛意識心靈的。這把椅子一開始時不就是某位自認造了張椅子的人心靈上的一個意念實現成真的嗎？如果創造椅子的想法不曾出現，椅子不也不會存在嗎？椅子不過就是一種意識，被意念化為實體，跟萬物一樣是由永恆物質所形成，而這物質其實不是物質，而純粹只是智性。

上帝向摩西示現；聖母瑪利亞向班娜黛特示現；皮克菲爾（Pickfair[28]）的鬼魂出現在瑪麗・皮克福德（Mary Pickford[29]）眼前；耶穌向聖保羅示現；工程師造橋之前靈感先出現在他的腦海中，世間萬物也是一樣，都是先以意念出現！

人體能凌空漂浮也是一樣的。教皇烏爾班八世既見過聖若瑟凌空漂浮，又怎會在證詞中否認此事？威廉・克魯克斯既見過何姆凌空漂浮，又怎能矢口否認此事？這些奇蹟都是有人親眼見證的。但不願承認這些事的人，唯一能說的就是「這不可能」，但這樣的抗辯已經被人以數百萬充分證據證明其薄弱至極了。

靈界

與靈界溝通同樣也是萬物共通潛意識心靈力量的一種體現。要與已經過世的人溝通，並不用非得靠「靈媒」才行。其實，只要我們記得潛意識心靈有兩大主要特徵就夠了。(1)它對暗示有反應。(2)它擁有實現意念的能力。只要記得這兩點，那降靈會或觀落陰所發生的現象就都解釋得通了。

古今所有偉大的靈媒都聲稱自己擁有另一個分身住在靈界，他們可以和那些亡者的靈魂聯繫，並將他們想說的話轉述給留在人間的親友。當靈媒靈魂出竅時，亡靈就會佔據其肉身，進而將靈媒自己所不知道、不曾遭遇的過去、現在、未來事件和他人的生活一一正確無誤地交代得一清二楚。在他們講出這些事的同時，往往同一房中可以看到沒有身體的手臂、或與亡者相似樣貌的亡靈面孔漂浮於房中，同時房裡的東西也會騰空或者自行移動，似乎有自己的意志，還伴隨莫名其妙的囈語。

其實，靈媒只不過是讓自己進入一種自我催眠的出竅狀態，這時，潛意識心靈會獲得釋放，並對任何暗示做出快速的反應。當被下暗示指令，告知來者是死者的亡靈時，其潛意識心靈就會化為對方，而它所講出來的事情就足以證明它的確已經通靈了。很多研究通靈的人都宣稱這不過是靈媒自己潛意識心靈裡的幻覺，靈媒根本沒有真的和亡靈接觸，靈媒只是想製造那種他從潛意識心靈取得通靈訊息的錯覺。

才不是這樣的。因為，全宇宙只有一顆共有的心靈，而我們全都住在裡面。這顆心靈化身為戴安娜·羅時，講出來的訊息就是戴安娜·羅，就這麼簡單。死後的世界真正是什麼樣，這可能要死而復生的人才有辦法說得完整，但已死的戴安娜·羅再次被吸融來到萬物共通心靈，則依然會存在萬物共通心靈之中。無論戴安娜·羅生前在萬物共通心靈中是什麼樣子，在死後她必然還是會留在萬物共通心靈中，因為那份定見已經在萬物共通心靈中了。因此，當通靈者從潛意識中感悟到並

---

28 譯註：Pickfair 是 Mary Pickford 和演員兼製片丈夫 Douglas Fairbanks 婚後買下的大型豪華莊園，兩人斥資改建為豪華別墅並以兩人姓氏前四個字母為名。但兩人稱在此居住時曾見過鬼魂，日後此宅鬧鬼傳說不斷，二〇二二年時新任屋主也以此為原因拆掉此宅。

29 譯註：Mary Pickford 是好萊塢默片時代的知名女演員，被稱為「美國甜心」。她嫁給知名男星 Douglas Fairbanks。知名製片公司聯藝（United Artists）就是兩人合作創辦。她獲選為好萊塢百年百大影星。曾獲第二屆奧斯卡金像獎最佳女演員。

化身為戴安娜．羅的人格和身分，她是真的在與戴安娜．羅的魂魄溝通，這份魂魄即存在於戴安娜．羅的萬物共通心靈中的意念。因為這兩份意念，其實並不是真的兩個不同的意念，而是同一個意念，而且是萬物共通心靈中的戴安娜．羅回應著靈媒的呼喚。

潛意識的小奇蹟

過去，靈媒靠戲法詐術通靈的現象一再遭人戳破，但還是有一些顛撲不破的證據，足以證實真正的通靈中，的確出現物體騰空漂浮、靈氣匯聚形成手臂和亡靈臉孔、靈體囈語之類的，不容我們懷疑潛意識心靈在靈媒的指令下，會發出這些小奇蹟。

有趣的是，「靈魂」在談論到死後的生活時，總是很含糊其辭。他們只說那裡很平靜、祥和、幸福，但除此之外，他們和靈媒之間的溝通似乎出現了很大的落差。這難免讓我們覺得亡靈所言比不上透過靈媒自己口中說出來的好，又或者說死後世界和我們活人世界實在有太大的不同，以至於無法在潛意識和意識之間用語言或是意念充分地傳達。更有可能的情況是，用通靈術和萬物共通心靈根本錯了，因此那些採用通靈術的靈媒，知識或定見都不夠，不足以讓它們與亡靈完美結合。

對此我們只能說：過去已經有靈媒製造過相當驚人的這類現象，再一次讓我們看到萬物共通潛意識心靈的強大力量。讓我們知道自己其實就在這宇宙整體力量中，是它的一部分。

逐漸覺醒

這些現象究竟是什麼？只是將之貶抑成奇技淫巧或幻覺是難以一探究竟的。過去科學界不外如此，就只是一味貼標籤而不加以深究。但是這方面的證據已經累積數百年的時間，雖然只是被塵封在檔案櫃中，被很不起眼地歸類為「難以解釋、因此可能不是真的」類別。奇怪的是，這探索現實世界的方式明明很粗糙，卻不曾引起路人不滿過。這種將世界整理歸納出秩序的方法，明明有悖誤，但人類卻似乎對這情形感到滿意，也是頗為古怪。我們明明知道，這些不相關證據所留下的紀錄，會為我們蓋棺論定，卻寧可讓其一直錯下去，也不願意在機會來臨時，把握機會好好發現自己的神性和力量。

一直到現在，在物理研究出現了乍聞更像哲學而不像科學的新量子論後，科學界才願意揚棄過去對物理、電子、時、空和物質的既有觀念，人類才得以覺醒過來，發現到我們周遭那個不可見世界中的可能性，再次檢視人類心靈中未知的部分。

偉大的英國物理學家詹姆士·簡斯爵士（Sir James Jeans）就將這項科學研究總結為：「直到近年大家才漸漸清楚，這個自然最終寂滅的過程，既不是發生於時空之中，也不可能出現在時空之中。」哲學家羅素（Bertrand Russell）說：「心靈與物質之間的區分不過是幻想出來的。」因此，不管你接不接受，對於人類本性和我們對環境控制的研究，就必須包含那些過去一直被歸類為超自然的現象。

讓人想不透的是，過去這方面的研究並不普遍。既然自然發生的事件和事物就其本質而言，並無法揭露關於人類命運真相的任何線索，那不是早在從前，就應該將物質世界視為不自然，轉而在超自然中追尋事物的真相嗎？過去的錯誤就不提了，現在我們就該來把重心放在新的轉向研究上。

物即意念

之前說過，意念就是事物，但這一來，我們就不得不接受一個前提，那就是，事物就是意念。換言之，這世上所有物品、情勢和形體都純粹只繫乎精神，全都不過是意念的展現而已。

這麼說，肯定會遭到許多質疑和反對，但這些反對的立論都大同小異。反對者一定會主張，若是你廚房的時鐘不過是一道意念，那照理只是你認為你看到它，也就是說，半夜你熟睡時鐘肯定不會在那裡；但你早上醒來時，卻會發現鐘上指針已經隨著時間移動，這表示那座鐘整晚都在廚房裡。同樣的，反對者也會說照理這朵你說你看到的紅花，只是你覺得你看到了，並不存在，那怎麼沒人在那裡時攝影機可以拍到，照片中紅花就在那裡，也一樣嫣紅，儘管當場無人觀花。

這些反對的言論，的確舉出相當有力的證據支持其論點，我們也沒有爭議。我們並不是說，世上的實物只要沒人在看著就會消失。它們當然還是會繼續存在，因為它們已經不再只是我們的意念了；它們是萬物共通潛意識心靈中的意念。我們要說的是，這些物件只是被萬物共通潛意識心靈賦予形體的意念。只要意念還在萬物共通心靈中，其形體也會持續存在。但一旦萬物共通心靈中的意念發生改變，形體也會隨之改變。當萬物共通心靈中的意念煙消雲散時，其形體也會隨之煙消雲散。

最重要的是，我們的意思是，最初的理念以及所有意念的演變都是由意識心靈安放在潛意識心靈中的！

事物是根植在萬物共通心靈中的定見

一個有意識、會思考的個體，或是一群有意識會思考的個體，他們將一個意念擺放在萬物共通心靈中，萬物共通心靈則依其本性將該意念化為現實。因此物體就是意念。它們的存在不需要周圍的人去感知。它們就根植於萬物共通心靈之中，只要它們背後的意念持續存在，萬物共通心靈就會保持它們的形體不變。但這個意念、這個定見、這個念頭是由一個住在現實世界中會思考、有意識的個體放在萬物共通心靈中的。

意念化為實物。實物則是由偉大的造物者、亦即萬物共通潛意識心靈所實現的形體，但實物只有在意識心靈的作用下才會成為實物。

因此，我們周遭的世界是依我們所打造的。因此，我們生活中被意念化為實物所形成的環境時勢所圍繞。只要改變自己的意念，就可以改變環境時勢，但它肯定不會因為周圍沒有人看著它而改變。

我們全都活在同一個心靈之中。這同一個心靈中，有非常多的定見和意念共同存在，這是由每個比我們早來到世上的生物體和生命力所擺放在那裡的。這些想法和定見一旦深深扎植在那裡、並化為現實，就會透過我們的五感被我們感知，成為我們在現實世界中生活周遭所感知的事物。這個世界本質上就是精神所構成，全都存在於心靈之中。

人類決定好的事，上帝就會知道。上帝一旦知道了，就會造出來。上帝造了出來後，人類就感知到。人類一感知到，就會認為這是在他們身外之物，存在於他們周遭的世界中，但事實上，它就存在人類自身之中，因為它存在萬物共通心靈之中，當我們的意識擴展到包含萬物共通心靈時，萬物共通心靈就在我們心中。

巴斯卡（Blaise Pascal）說過：「我們物種的狹隘極限讓我們看不到無限。」這其實就是在說，我們必須摒棄我們的分離感和孤立感，並將我們的意識擴展到包容萬物，才有辦法理解所有的生命都在我們裡面。

對時間的錯覺

但是，沒有必要將意念會化為實物這個法則視為超自然現象。更不該因此就認為這是在說，只要一個人坐在那裡無所事事，心裡想著「我有一輛新車」，然後嘩啦，一輛新車就這樣憑空出現在他面前。雖然，在將來有一天，這樣的情形，人類的確會演化成這樣，但，其實早在過去，就已經有極少數人，超前時代演化成這樣了，只是，我們之中只有極少數幾個人有辦法在有生之年變成這樣。但如果讓時間拉長，其實我們每個人都能達成這樣的事。

平常，只要看到真實事件的合理發生，我們就會把所有與奇蹟有關的可能性刪除。但如果你靜下心來對自己說：「我會弄到一輛新車。」然後就不斷跟自己保證，長達好幾周、甚至好幾個月，慢慢你就會看到自己不知怎地真的弄到一筆錢來買車，同時還參觀了好幾個車商展示場，最後還真挑中了一台你要的車，最後也真的買下了車把車開了回家。這時你會回到同一張椅子上，確定地說自己真有一輛新車了。一開始你只是想著你會有一輛車，而這輛車現在居然就停在你家車庫中。你得到一輛車的過程，和那位能夠腦子一動念就立刻靠奇蹟得到車的人的差別只在時間長短！但我們之前也講過了，在萬物共通潛意識心靈中時間並不存在。

意念才是真正的行動

環顧四周。看看你的書桌、沙發、床、冰箱、你家、收音機和電視機。這些東西每一樣都是一個意念。是某個人在某處坐下來，想像著它們然後說：「我要造出這個東西。」然後就嘩啦，那東西就出現在你家了，不久前的一個想法，變成了現在這件東西；我們之所以不認為這是奇蹟的唯一原因，只是因為中間經過一段時間，這段期間裡引擎動了、機器也動了，並被引導形成零件、最後組裝成一個整體，再運送到我們家中。要是大家都生活在萬物共通心靈之中，那麼我們不就是每天都在用這顆心靈把我們那些意念和想法化為現實嗎？我們從一種根本不是物質，而只是純粹智慧的物質中創造出每一種物質。我們賦予這智慧我們思想的形體。這個過程不是我們能開始或停止的。我們唯一能開始或停止的只有自己的思想和定見。一旦我們的意念成形並接受了它，就會被萬物共通潛意識心靈推動並開始進行那些會將意念化為實體的行動。

在有了這個想法之後，我們就會被一種比我們更強大的力量推動，讓我們將想法化為現實。我們無須逼自己，也不必擔心，更不必為問題焦慮。這些問題潛意識心靈都會解決，而我們也會被推向我們必須朝著的方向去。我們唯一可以自主的就是我們的思想。我們就是我們思想的產物，我們會照自己的思想行動，我們會變成我們想的樣子，而就這樣一切順其自然。

耶穌早已知道的事

那奇蹟又怎麼說呢？耶穌把水變成酒又是怎麼回事？如果耶穌認為瓶子裡的液體是酒而不是水，那麼肯定在正常情況下，他會想把每個瓶子裡的水倒掉，然後去找釀酒師買酒，然後把酒倒進每個瓶子裡。我們也知道，他並沒有這樣做。他只是在腦中想著瓶子裡裝的是酒，而接下來這一切轉變所需的所有動作就立刻完成了，然後水就變成了酒。耶穌是知道了什麼事，才讓他能將這過程縮得這麼短，又省了中間這麼多步驟呢？

首先，耶穌知道，時間（現在才獲得科學證明）不過是一個象限，他因此能依自己的信念輕而易舉去感知在這個象限裡的每一個事件。其次，耶穌清楚，要將一個意念化為一個物體，這中間所需要的動作，全都是萬物共通潛意識心靈在進行的，也就是他口中所稱的天父上帝的作為，而他也知道這顆心靈要體現任何意念，所需要的工具只有他自己，沒有旁的。第三，他知道這顆心靈原本就是同一時間無處不在，同時也是任何時候都同時在所有地方，所以他知道心靈的一切全在他裡面，因此他的意識得以擴展到包含酒、水和瓶子。每一次感知，伴隨著他自己超卓的信念，他都得以超越時間以及身體在空間中的移動，因此可以在舉手投足之間化水為酒。

對我們而言這是奇蹟。但對他來說，這卻是萬物的真相。他所做的事，我們隨便哪一個人都可以辦到，除了縮短時間、以及避免實際物體在空間中移動的互動以外。

現代科學認為，時間是一項變數。身體在空間中的運動純粹是精神上的，現代科學這麼說。在物理的聖殿中，耶穌取代了牛頓的地位！

這就是我們要演化的方向，走進未知，並使之為人所知。那些固守既有小世界的人枉然緊緊抓住一堆塵埃。我們追尋的是萬物之因、萬物之源。我們追求的是真正的知識。比利時散文家梅特林克（Maurice Maeterlinck）說：「心靈唯一的悲傷是無知的悲傷或無法理解的悲傷，這樣的悲傷包含著無力的悲傷[30]。」無知是一種無力感！人都追求力量；我們都想知道。梅特林克又說：「知曉最高天理的人……就與天理合一，與天理並行[31]。」既然這樣，能了解萬物共通力量的天理、並與萬物共通力量並行，又怎麼不會獲得萬物共通力量呢？

光的性質

暫時先談回我們這個瞬間即逝的物質世界來。這個世界中最有趣的現象就是光。光總是走最省力的路徑。最省力通常也是指兩點之間最短的距離。而當光遇到阻力時，它則會以採取數學上最完美的角度反射出去，以便留住其最大能量。光是宇宙固有的，宇宙不會加以抵抗、加以拒絕和不滿。它以簡單的方式做事。

關於光，還有一些非常有趣的理論，顯示光的反射並不一定是真的。光由以每秒186,000英里的速度移動的光子流組成。當然，這些光子是肉眼所無法看見的，但可以說成是近似銀幣一樣的形

30 譯註：《死亡》：第二十章：〈唯一可以觸動我們心靈的悲傷〉（The Only Sorrow that can Touch Out Mind）。
31 譯註：同上。

狀，只是小上許多。有一種理論認為，這些光子的運動方向垂直於重力。以銀幣為例，銅板始終以相對於地球表面方式保持直立。因此，如果光子從上方或下方的某個角度射向我們，它們看起來就會比實際尺寸小。比如，一個女人站在二十英尺遠、上方三十英尺高的地方，會看起來比實際上小許多。要靠她的外表特徵，再加上觀者在垂直於重力的方向上的本能平衡，才能夠確定她在上方多高的地方。根據該理論，讓這位女士之所以看起來這樣的實際原因是因為流向觀者的光子看來相形較小；女人的尺寸並沒有改變。例如，將一枚銀幣擺在距自己一公尺遠處，幣面朝自己，幣身垂直地面，以垂直角度向上移動銀幣，直到它越過頭頂，但距離還是不變。銀幣現在不僅顯得更小，且變成橢圓形而非圓形。因此從你上方那名女性以相對角度射出的光子，讓她顯得更矮、她身體寬度在腳部是正常的，但越往頭部會逐漸變窄。這就是空間「透視」觀點，而原因就是因為光子總是垂直於重力運動，讓我們看到了事物的這種特性和相對關係。該理論是這樣說的。

我們看到什麼？

接下來，光子以光速運動，但測不到實體。換句話說，不管從上或從下看，光子都是肉眼所無法看到的。在這邊，這個理論出現了一個有趣的轉折。如果遇到引力牽引或外力破壞，這些光子會以側邊站立，變成平行於地表，這時任何發出這些光子的物體都會變成肉眼看不見。多年來，科學家們一直沿著這個方向努力，他們希望能破壞光子的穩定性，從而使我們的作戰武器不被敵人發現。我們想做什麼，就會去做。真的，當有一天只要開關一按，就能讓有形物體隱形時，那就很難再要信賴有形世界的真實性了。

直到現在，人類都還不知道在周圍的世界中所看到的是什麼。我們知道是某種東西，但我們所能確定的就是我們對它知之甚少。我們臆測這些東西是意念所體現，一旦能夠隨心所欲地將它們變為隱形或不隱形時，還有誰敢說這些東西本身真的是東西，且完全獨立、與我們無關？

因此，這個亮晶晶又曇花一現的世界根本不是由實實在在、有形物質所構成的集合體，而是一個陰影中的世界，只能感知其一、二，就如柏拉圖所說在洞穴山壁上搖曳扭曲的影子，看不到真正有力的真相，只看到隱約的暗示。

上帝的傳人

心電感應、超感應靈視、意念化為實體、靈療等等——這所有所謂的超自然現象，是我們每個人都可以辦到的。要做到這些並不必費一分力氣、也不用立志或是大費周章；只要擴展意識，將周圍一切都涵蓋其中。通過自我合一，就能感知宇宙法則的本來面目；運用並伴隨使用這些法則，我們能超越時空，超越物質的限制。

拿撒勒人耶穌具有超感應靈視能力，耶穌能夠執行心電感應，耶穌可以用心靈的力量治病，耶穌也能由意念體現現實。耶穌是人，而且不過是個人，但他對宇宙法則的直觀感知之強，讓他不凡的作為被視為神蹟。但他並沒有運用新的法則。他只是按照那最高法則，有著無限規模和範圍的法則，在這法則之下，我們現實世界的法則不值一提。

一如澤拉·科爾本能以直覺地感知數字和數學的法則，耶穌也同樣能感知到整個宇宙的法則。一如瞎子湯姆能感知音樂的法則，整個天堂也向耶穌吐露其祕密。超越理性的力量就是直覺的力量。直覺驚人洞察力的例子，多不勝數，但以人類總人口數而言，還是相對稀少的。但這並不奇怪。我們被禁錮在肉體的束縛中，是被五感驅使的傀儡，是不斷刺激官能感受的受害者，這些官能感受的刺激讓我們相信肉眼乍看的現實，就是周遭的世界，這樣的情況下，高度發達的直覺還能出現真的是奇蹟。但它們還是出現了。這世上幾乎每隔不用一個禮拜的時間就能看到一起「難以解釋的事件」發生。因為那股力量正在衝出來，要讓世人知道，我們是上帝的傳人，是與耶穌基督一樣的傳人！

萬物存於上帝之中

因此要踏入這美妙的施行奇蹟門檻，最主要需仰賴的就是直覺。只有刻意與萬物共通潛意識心靈接觸才能獲得真理。本書的論點、主張和假設會幫大家打破意識心靈的藩籬，揭露錯誤的定見，擺脫負面思維和絕望的限制，讓你仰望天國，看到上帝真正的樣子。到那時，就不需要本書的理由和主張來說服你了。到時候你自然會懂，不用多說。所有的探索都將來到終點，宇宙的力量也將會歸你所有。

拿撒勒人耶穌是位受過教育的人，被當時最有學問的人祕密傳授心靈法則，他天賦異稟，具有驚人的直覺能力，讓學到的知識成為活生生的工具。但他只通過比喻和示範來傳播他所知道的東西，因為他知道這個世界還沒有準備好。「他們看也看不見，聽也聽不見[32]。」他對眾門徒說：「天國的奧祕只叫你們知道，不叫他們知道[33]。」他所講的每一條法則，他所做的每一件事，無論怎樣用比喻來掩飾，無論怎樣措辭來讓他的群眾理解，其實都只是在演繹宇宙永恆不變的法則——這些法則我們科學研究現在才剛證實，但其實早在兩千年前，拿撒勒人耶穌就已經在加利利平原和山丘上傳道時說過了。耶穌只憑直覺就知道這些法則。不需要試管，也不需要實驗室或迴旋加速器。他看到了法則就在他體內，是他的一部分，是他的基礎和本質，他對它們寄予全部的信任和信心，使自己與它們融為一體。他達到了萬物共通潛意識心靈，使用了遠比自己強大的力量，並告訴對他的作品感到震驚的所有人：「乃是住在我裡面的父做他自己的事[34]。」

耶穌所看到的正是住在上帝裡萬物的合而為一。在本書這些課程中我們所努力傳達的，正是對這合而為一的直覺感知能力。在耶穌之前，釋迦牟尼佛、孔子、老子，以及《奧義書》（Upanishads）的作者們就已經感知到這種合而為一，《奧義書》的作者說：「在自性中見到眾生，在眾生中見到自性的人，永遠不會背棄自性。一旦了解自性已化為萬物，對他這樣已經見過合而為一的人而言，怎麼還會有悲傷、有困難？」

32　譯註：馬太福音 13:13。
33　譯註：馬太福音 13:11。
34　譯註：約翰福音 14:10。

隨心

這個世界，是由心主宰，而不是頭腦。我們的意識心靈關心的都是些存在中雞毛蒜皮的小事，同時它還製造了一個巨大的心鎖來禁錮潛意識心靈的力量。人心知道一切事物的真相。心是直覺的來源，在我們無限力量的壯麗真相之中並將其涵蓋在內，心是我們返鄉的希望。聆聽心靈的聲音，不要去聽意識心靈的悲劇提醒者。心才是知道方向的人。在你的內心深處，心無時無刻不在低吟著真理。它以直覺感知，也以直覺交流。把凡間俗務交給意識心靈去處理，你的心則去做上帝的事。

因此，慢慢地你會發現自己越來越被你的心所引導。因為內心升起一種感覺，會讓你不再需要爭辯或檢視。它會完整地前來，你不會懷疑它是真是假，是實還是虛，是好還是壞。它會是一座無所不在的燈塔，不分海上或陸地導引著你，讓你跟隨，因為它會照進你的靈魂深處。過去你只會稱這是靈感或感應，但以後會更靈驗。過去你可能會說這是「好運猜到」，但以後你會發現更加準確。它會深植在你的心中，和你合而為一，你會堅定且自信地走上人生的道路，看著它在你周遭一一實現。成功就這樣來到，緊接著健康、愛情、平靜、更大的目標和勝利也會隨後來到，因為它會從天而降。

真相與妄想

心靈的二元性和真實世界明顯的二元性是很棘手的事。如果事物只是思想所化，事實上不過是智慧凝聚成形體，鬧鬼房子裡的幽靈又是怎麼回事？通靈時出現的沒有身體的面孔和手又是怎麼回事？還有夜裡出現的鬼影幢幢又是什麼？我們清醒時看到的恐懼幻影和惡夢中扭曲的人形又是什麼？還有精神病院那些幻想自己是拿破崙或瑪麗・安東妮（Marie Antoinette）皇后的患者呢？那些患有思覺失調和神經官能症的人一半住在真實世界、一半住在虛構世界中，人格不斷變換又是怎麼回事？意念化為現實和意念化為妄想，甚至精神疾病，這兩者之間的界限在哪裡？

在精神疾病患者中，有些人認為自己是飛禽，有些人認為自己是古人、是古代偉人，還有人認為自己是走獸。精神疾病患者中，有些人會有各種不實的妄想，有鑑於前文曾說人是自己意念所塑造，可能會讓人質疑，那這個自認是拿破崙的人，怎麼沒有成為拿破崙，卻反而是精神病患了呢？

問得好，答案是這個思覺失調病人的腦中出了錯。他的意識心靈沒有控制潛意識心靈，反倒失去了控制。這人成為不實妄想的受害者，這些不實妄想在他腦海中揮之不去。因為潛意識心靈中有數以億計的印象可供他感知，他就隨便根據其吸引力取用其中一個，並暫時接納了它。他不會變成幻想的事物，因為他的意識心靈飄忽得太快了。他潛意識心靈的每一個動作都會使他在智慧的懷抱中受到衝擊。控制力不再。一旦失去控制，就會出現精神疾病。

很多時候，在家中高齡長輩或病體孱弱的親人身上也會看到同樣的情形。意識心靈受到影響，開始失去控制，這時我們就看到這些親人長輩人格發生了巨大的變化。這樣的人會變得無助，他們的思想飄忽不定、散亂、雜亂無章，時而陷入躁動，時而又變得極其清醒。

性格的基石

別忘了，意識心靈是人格的基石。它讓我們的生活充滿秩序，並控制潛意識心靈，限制其創造力。一旦意識心靈的控制消失，這個人就會潰不成形，精神上生病或身體上生病。所以一定要努力追求平衡，讓意識心靈和潛意識心靈之間取得平衡，這就是天才的真諦所在。若讓意識心靈過於大幅控制潛意識心靈，這樣的人往往受困於種種難以克服的問題，因為在他們眼裡自己生活的世界中，萬物都比它巨大重要。而如果是潛意識心靈控制了意識心靈，這樣的人就會變得不理性，有時甚至是精神上生病，雖然有些情況下他們會展現出非凡能力。

別忘了，萬物共通潛意識心靈只對暗示有反應。暗示者（意識心靈）表達得越井然有序和越具權威，潛意識心靈所體現出來的就越有秩序、越清楚明確。

邁向超級人類

不用急著馬上就要立定目標，想要獲得心電感應、心靈療癒、心想事成這些能力。威廉·詹姆斯（William James）說得很好：「所有意識都像是馬達一樣。」只要你開始投入一個想法或願望，就會被它們推動起來，並自然地將之實現在現實世界中。但目前，卻還沒有必要去貿然嘗試用念力在時空之中造一條捷徑穿越。要做的只是讓自己擺脫思想中的負面束縛，讓自己自由遨遊於實現自己的心願和夢想，讓生活充滿成就感和美好即可。但別忘了，一切都有可能——那實現一切願望的驚人捷徑，是可能的，一旦我們在宇宙中找到自己的適當角落時，捷徑就會出現。

我們正朝向超人類演化。我們正在演化出做夢都想不到的能力。未來的美麗果實現在就蟄伏在我們體內。只要釋放它，它就會為我們的人生工作，化身成為我們創造美好的實際重要成員。

用惠特曼（Walt Whitman）的話說就是：

從此刻起，我命自己擺脫限制和想像的界限，
隨心而往，做自己完全和絕對的主人，
傾聽他人，細思其言，
停頓、尋找、接受、沉思、
輕輕地，但帶著不容質疑的意志，讓自己擺脫束縛
束縛我的東西[35]。

我們的目標

正是我們對宇宙法則的直觀感知，向我們揭示了上帝的本來面目。我們只需拋開一切一廂情

35 譯註：《草葉集》：〈大路之歌〉5。

願的想法，只保留追求真理的渴望。期待和渴望會照亮前路。在寧靜的冥想中，內心的眼睛會看到，內心的耳朵會聽到，真理將向我們展現，真理將使我們獲得自由。

我們將感受到未來就在我們裡面，知道人類的想法和希望，知道我們昨天的生活方式決定了我們的今天，而決定了我們今天的生活方式將決定我們的明天。我們將擁有真正的直覺——擁有地上和海上從未見過的光明！

所有生命的靈魂就是你自己的靈魂。無論你的目光落在哪裡，看到的都只是你自己的倒影。你所處的強大心靈中同時在諸方諸地又可見眾生，它對你也是一樣。你是由上帝的智慧所打造而成。你與上帝的智慧一體。你只需擦掉你眼中的汙點，清除耳中的髒汙，一個永遠擁你入懷的宇宙就會顯現，一個對你的每一種情緒、需要和願望都做出回應的宇宙就會顯現。

我們知道這條路通往何方——它不斷向上，直到與上帝合一。我們知道生命的目的是不斷擴大意識，我們也知道我們有能力擴大我們的意識，直到涵蓋周圍的所有生命。我們知道這是耶穌的祕密，他看到宇宙居住在他的裡面，他直觀地感知到了構成其存在的法則。這就是我們的命運。我們要不協助它要不阻礙它，都乘我們所願而來，不能加以阻止。我們可以用它讓生活充滿美好，也可以用它讓生活充滿錯誤和邪惡；對潛意識心靈來說，兩者沒有差別。這個靈魂落後了，會有另一個靈魂補上。有心尋找就會找到；絕望而放棄尋找的人則迎接他的也是無望的人生。這靠的是勇氣和努力，還有願望。我們要不順應內心的力量而努力，要不反對它而毀滅自己。要怎麼做完全取決於我們每個人。

我們追求智慧和知識。我們的目標心懷慈悲而有力；家財萬貫而樂善好施；身體健全而知所節制；有愛而無肉欲。我們實現這些目標並非迫於道德。這些是真正的目標，因為它們是正道。我們正在開啟人類最偉大的時代——在這個時代裡，首先要從地球上消除疾病、痛苦和貧困——這個所有人同心協力的時代，將會在壯麗和平與和諧中到來。

【本章要點】

以下整理了本章的主要內容：

1. 萊茵博士的研究確實證明超感應感知能力的真實性。
2. 耶穌所教導的所有真理現在都獲得科學研究證實。
3. 萬物共通潛意識心靈具有超物理能力的壓倒性證據，在每個時代都被極其可靠的人記錄了下來。
4. 天才至少能從一個領域感知自然界的不變法則。
5. 耶穌能感知自然界的所有不變法則。
6. 我們每個人的內心都蘊藏著完美的幼苗，天才的幼苗。
7. 今天的意念明天就會成真。
8. 事物就是植入萬物共通心靈中的意念、想法的成真。
9. 我們無法感知周圍事物的真實本質。
10. 我們的世界只是萬物和眾生無限可能的一個縮影。
11. 所謂的自然界其實並不自然。所謂的超自然界才是真理之光。
12. 空間和時間是我們被封鎖觀點所生的幻覺。
13. 事物並非因感知而存在，事物是因為想法被植入萬物共通心靈而存在。
14. 任何形式的創生都是奇蹟的體現。我們覺得它自然，是因為我們看到了它在空間和時間中運動的形成過程。

15. 擴大的意識將時間視為一個相位，將空間視為存在於其中。
16. 直覺會揭示宇宙法則。
17. 直覺不僅僅是一種「預感」，更是一種不可抗拒的光，必須遵循。
18. 耶穌作為擴大意識的典範，能壓縮時間和空間來創造奇蹟。
19. 我們現在已經能透過固定的物理運動順序來引致創造。只要我們拒絕懷疑和恐懼。
20. 跟著心走；它是直覺所在。
21. 潛意識心靈必須時刻受到控制，因為它本身是非理性的，並依賴意念的植入。
22. 缺乏對潛意識心靈有意識控制就成了心理疾病。
23. 否認潛意識心靈會生出恐懼和無謂徒勞。
24. 天才在意識與潛意識之間取得平衡。

神容化

慢慢地，我們走出了遮住我們存在真理的複雜迷宮。慢慢地，我們正在破解那些束縛我們心智和力量的幻覺和偽真理。漸漸地阻礙、混亂都被清開了，我們得以用最簡單的方式感知偉大而讓人醍醐灌頂的真理。時候快到了；黎明已近在眼前。用英國烏托邦哲學家愛德華・卡本特（Edward Carpenter）的話說：「當個人不再受身體和遺傳的支配，得以走出墳墓成為身體力量的主宰和主人，並與世上的不朽大我結合時——這就是神容化。人類的演化就是為這一天做準備。」

這就是我們的方向和目標，也是這項研究的目的。雖然過程漫長而艱辛，但在人類歷史上不過是微不足道的一瞬間。對於那些通過它感知到崇高和力量、並從而得以將自己與不朽大我合為一體的人來說，人類所有努力都導向這一刻。在生命和努力的領域中，沒有比這更偉大的目標或志業了。為了獲致這一目標，一年甚至一生又算什麼？

在此要再次敦促大家刻苦練習冥想。一定要練習到讓冥想能夠為你所用的地步，不然這本書對你就只有哲學功能了。如果你只是為鍛鍊心智而看這本書，那建議你去看高級數學或高等微積分之類的書。這本書是寫給你的靈魂的食糧，是那顆不朽而向外擴張的靈魂的糧食，要是不提供這個靈魂活生生的工具做冥想練習，這個祕密就會與你擦肩而過，你將再次陷入無邊無際的空虛和黑暗之中。只有看到證明才會獲得信念。

我們這次冥想是要專注在對於周遭看不到和聽不到力量的直觀感知。透過對於萬物共通心靈的信賴並且完全浸淫其中，我們將了解到自己人生應有的方向；我們會知道任務的目的以及完成任務的方式；每天在固定的時刻透過冥想，就會找到指引我們前往這些只有我們自己才能完成的目標的指引。

把你的信心和信任寄託在上帝的心靈中，遵從你內心的指令。莎士比亞曾說：「要忠於你自己，就像黑夜之於白晝緊緊相隨，只有這樣才不至欺瞞他人[36]。」

推薦閱讀

《靈媒現象法則》（*Law of Psychic Phenomena*）湯遜・傑・哈德森（Thomson Jay Hudson）

第五道冥想

我傾聽宇宙的話聲，它在我內心深處敘述。那是真理的話聲，指引我不偏不倚地走上人生的正道。在我內心深處，靈魂的完美幼苗，矗立著一座永遠靜止的宇宙，裡頭一切事物和一切法則都昭然若揭。我迎向這個寧靜祥和的地方。我聆聽內心的聲音。我閉上眼睛，感受到一個生機勃勃、氣息吞吐的宇宙棲息在我內裡，我也棲息在其內裡。我與眾人、眾生和萬物融為一體。我按照神聖的法則前進。所有造物的無限力量任我隨意汲取，因為它在我內裡，與我合一，我是它的一部分。

答案其實在問題出現時就在了；踏上路時光就已經點亮；在尋找出路時前路早已明朗；預想行程時目標就已經定下。我知道我是在實踐上帝最愛的想望，因為我把自己信靠在祂手中，然後就在人生道路上勇敢又豪邁地走著每一步，因為是上帝提醒我、是上帝堅定地推動我。我能看到明天，是因為我明白今天，今天是明日之父。周遭發生的萬事萬物就是我意念的種子、我今日的意念就懷著明日的種子。凡是好的我都想望；凡是壞的我都拒絕接受。

成就一人不用犧牲他人。凡這世上所有的一切，都屬於所有人所共用；只要開口，就會被賜予。我把自己信託給四周湧向天堂的善的力量。限制我、阻礙我的過去都已不再。

每一天都是我靈魂的心聲。每一天都是我走向與上帝合一旅程上的向前一步。我不用四處尋找就能知道。我不用極力苦爭就有明燈指引。

36 譯註：《哈姆雷特》第一幕第三場。

第 6 章

信心
推動萬物共通潛意識心靈進行創造

如果你願意擔當主人的角色
像妻子一樣嫁給信心
信心將支撐你，滋養你的靈魂
讓你掌握人生

信心——有利的工具

萬事萬物都源於信心。即使我們之中最不相信的人，也常會發現自己其實很相信。我們很有信心，自己吃下的東西會化為血肉、骨頭組織和纖維，儘管我們不知道原理何在、原因為何，即使是最有知識的人，也只能讚嘆之餘謹守這條化學作用的法則。我們也有信心，所呼吸的空氣自然會和我們血液裡的糖分結合以氧化並形成能源，供給身體裡的細胞。每次呼吸時，我們都不用假以思索、讚嘆、懷疑和分析；就只是簡單地呼吸著、有信心自己不過是進行著獲取活力和健康最自然的行為。我們有信心太陽明早依舊會升起、地球規律地自轉、星星也會在天上謹守自己的崗位。我們有信心可以穿越大街、和人交談、並能了解他們說的話。我們也對於自己的存在有信心！但我們也坦承，這一切事物的成因我們一無所知。我們這是盲目的信心！而我們竟然選擇不屑對於人類存在中較抽象領域的事物抱持信心，真是難以想像！

是信心帶領摩西來到應許之地，也是信心帶領哥倫布來到西印度群島，同樣也是信心讓巴斯德（Pasteur）發現微生物、又讓伽利略（Galileo）發現星空奧祕，讓聖保羅走上傳教之路、還讓德謨克利特（Democritus）發現原子、帶領麥哲倫（Magellan）繞地球一圈。這些先賢大哲都是在自己希望的支撐下、相信看不到的證據踏上尋常人不肯踏上的孤獨路、追隨自己的遠見卻因此讓全世界受益於他們的信心。

信心是人生中最重要的依靠。為了更清楚說明這點，且讓我們再回到先前的心靈雙重特質上。

回到潛意識

我們的研究顯示，潛意識心靈是所有人、事、物所共有，這所有人事物都擁有潛意識心靈的全部。我們還進一步看到，潛意識心靈是創造萬物的物質，它是滲透所有造物的智慧，它的一切和無限的努力就是要成為物質世界中的某種東西。我們已經看到，這顆潛意識心靈所成為的東西只能是由意識心靈所帶給它的意念或定見的結果。潛意識心靈會接收意識心靈帶給它的一切定見，並努力讓這個意念在現實世界中成真。

我們觀察到，潛意識心靈無法進行歸納推理；它無法透過了解某種情況來得出規律。它只能進行演繹推理。無論給出什麼前提，都會成為定律，並將之實踐為現實。潛意識心靈是被動的。不管告訴它什麼，它都必須去創造出來。它沒有辦法在被告知條件後，卻不據以創造。這就是它的法則、特性和最明顯的作用。由這裡我們就知道，宇宙中的每一種環境、事物和形式都是萬物共通潛意識心靈，即上帝心靈的意念結晶。

我們更進一步看到，每個存在都是那顆無限潛意識心靈為了更了解自己，而化為有限事物的結果。作為無限的個體，它無法了解自己，因此只有化為有限的事物，它才能認識自己，它因此不斷在化身為許多事物。在它化身的物體中所建構的智慧，就是所謂的意識心靈，也是潛意識心靈與特定時間和特定地點唯一的連結。舉例說明，潛意識心靈是一個沒有盡頭的巨大智慧，而每個意識心靈就像一道感官器官，讓這個智慧得以得知在特定時間特定地點的即時動靜。凡是意識心靈向潛意識心靈轉達了的看法，潛意識心靈都會把這些看法化為現實，因為它的本質定律就是要化身為它所了解的事物。

因此，我們的思想會成真，這個過程不是我們能喊停或開始的；我們唯一能控制的是自己的想法。

思想加信心就能有所創造

但大家也知道，並不是我們每一個想法都有辦法實現。我們的意識心靈一秒鐘內就閃過數百個想法。要是人類每天每秒所產生的數百億萬個想法都成真，那世界就大亂了。很顯然意識心靈所產生的那些想法，會被潛意識心靈所接收，必須先通過很大的篩選，而且很顯然，負責篩選的不是潛意識心靈，而是意識心靈。

現在再回到之前討論過的催眠術，我們知道潛意識心靈無法篩選自己要接受怎樣的條件輸入。意識心靈陷入催眠狀態時，潛意識心靈會接收所有交付給它的暗示，並立刻將之實現。由此可見，潛意識心靈只會接收暗示或者說是輸入的條件，而我們由此也可以看出，我們的想法之所以無法成真，唯一的原因，就是意識心靈對之不抱持信心，因此沒有將之交付給潛意識心靈。

這一來就可以了解，為什麼在打造和決定自己生活時，信心那麼重要了。信心就是賦予想法那股信念的衝勁，從而讓這個想法得以深印在潛意識心靈上，成為其實現想法的條件和要素。

因此凡是你深具信念的，必然會在生活中成真，因為念頭加上信心就會有所創造！

信心就是肯定

正如前文所提，如果能把我們的人生交給某位有智慧又無所不能的人替我們過，那就不需要信心了。他就會直接把能成就善的意念交付給潛意識心靈，我們的人生就能圓滿幸福，一切很快就能實現。問題在於人生真正的意義就是必須由我們把親身在特定領域接觸的種種看法、條件和知識親手交付給潛意識；只要我們抱持信念，它就會將之實現交給我們。

潛意識如果接收到你會有錢的信念，那你就會有錢。如果它接收到的是你會健康的信念，那你就會健康。要是它接收到的信念是你會獲得愛，那你就會有愛。要是它接收到的信念是你會成功，那你就會成功。要是它接收到的信念是你會聰明，那你就會有智慧。不管交付的條件是什麼，潛意識心靈一定會將之成真。瞧瞧這樣的條件有多簡單：「我有錢」，只消這麼一想，錢就來了。這麼簡單的事，我們怎麼做起來這麼難呢？那是因為我們都缺乏信心！我們把欲想當成希望來表達，而且一天下來我們不斷用相反於信心的各種方式來否定自己的信心！

要記得耶穌對被他治癒的人說的話：「你已經痊癒了。」他沒有多說什麼、也沒有要求什麼、或是附帶任何條件。他只是告訴潛意識心靈一個命令，讓它照著潛意識心靈的本性去做。再看看催眠師怎麼做的？他們同樣也只是簡單說：「你感覺不到你的手了。」對方的手立刻失去知覺。就是這麼簡單篤定的一句話，讓潛意識心靈動起來，而因為我們凡事交付給潛意識心靈的條件必然都帶著某種信念，因此潛意識心靈就會一直依我們相信的去創造我們的經驗。

所有決定都是接受

例如，假設你立志成為一名成功的商人。在創業之初，你肯定會告訴自己：「我會成為成功的生意人。」正是這樣的肯定心態，讓你踏上經商之路。再假設你現在買了一批商品，但當你要出售商品時，卻沒有人來買。這時你心裡浮現的第一個想法就是你哪裡沒做對。之後緊接著你就會開始擔心，恐怕就要損失一大筆錢。然後很快你就會開始浮現自己這門生意走不下去的想法。然後你就開始害怕自己恐怕就要面臨倒閉、怪自己無能、絕望、開始自怨自艾命運殘酷。這時你向自己肯定些什麼？你向自己肯定事業會失敗，沒錯，而且只要你這樣的信念持續籠罩你的思維，那你也不用再到辦公室上班了，因為不管你做什麼，最後都注定失敗，失敗就是你唯一的路。

要想成功，就要在心裡想著要成功。沒有人可以想著失敗而成功的。也沒有想著成功而失敗的。就是這麼簡單。可以用來防止負面結果出現的工具就是信心。

再回到上面商人的例子，他使用信心的點應該出現在當他所買下的那批商品沒有市場時。在那個關口，不能認輸接受這是錯誤，這種認輸就是招致惡的前兆、是即將來臨的失敗的指標。這時要再給自己打氣，告訴自己一定會成為成功的生意人，知道有個比自己大的力量正在導引你朝向正確的道路上走去。要知道，要獲致最後的成果，中間的道路和方法，以及過程中的種種事件變化，不是由你來決定。要了解偉大的潛意識，或者說上帝，會以它自己的方式和時間來實現它。要記得有位睿智又成功的人曾說：「每一次表面上的失敗，都藏著無上良機的種子，只待有心又有信心的人慧眼獨具。」

一旦你拒絕接受失敗，把看似負面的環境看成是達到最終目的中的一步，這時就會發現，販售你商品的市場已經為你打開，只是遠非你原本預想的那樣而已，而原本的災難，則在你的信心上化成大勝利。

勝利心理學

漢普頓．普爾（J. Hampton Pool）是洛杉磯公羊隊（Los Angeles Rams）總教練，該隊是職業美式足球隊中最成功的隊伍。他的個人作風和帶領球隊的作風都是安靜卻堅定有自信、並且全心奉獻給球隊，而這不是憑空得來的，他是透過痛苦的經驗才學到這些特質的。

在史丹佛大學（Stanford University）期間，漢普頓和我曾在同一支美式足球隊踢球，我們那一個賽季成績非常差。明明我們球隊的球員都很優秀、有法蘭基・奧伯特（Frankie Albert）、諾曼・史坦利（Norman Standlee）、修・嘉樂諾（Hugh Gallarneau）、皮特・科梅托維奇（Pete Kemetovic）等好手，但即使對手僅剩一隊，我們卻還是連一場球都沒踢贏過。

每晚踢輸球後漢普頓和我都會坐在他梅菲爾德（Mayfield）家中抱怨。滿嘴怨言，數落球隊沒有攻擊策略、不懂領導、沒有好的教練。又怪校友只會想要開除教練，又怪教練讓校友那麼囂張，又怪身上受的傷，又怪到天氣頭上，怨天怨地就是不怨自己。我們為什麼要怨自己？我們都那麼盡力踢球了。有時踢完一場球體重要掉個十磅、十五磅，滿身瘀青、嘴唇劃傷、要掛彩好幾天當作紀念品。我們很拚好嗎！大家都一樣很拚。兩人就這樣毫無建樹地自我安慰。

最後，我們搭上了開往紐約的火車，前往最後一場球賽，對手是達特茅斯隊（Dartmouth），東部第一強隊。既然我們整個賽季一場球都沒贏過，那就更別想要贏達特茅斯隊了。一片輸球的陰影籠罩著球隊。

在一個爽朗的冬日，火車飛馳在中西部，漢普頓和我坐在餐車車廂裡看著窗外白茫茫的景致。那是一幅田園般的景象，寧靜而詭異地不合時宜。漢普頓轉過身對我說。

「史坦，」他問：「本賽季你有使盡全力踢球嗎？」

我趕緊為自己說話。

「你知道我有，」我說。「你有看到我踢得跟狗一樣累。」

「我不是在問這種力，」他說。「我是問你有沒有盡全力。」

他直視著我的眼睛。沒辦法我只能說實話。

「沒有，」我告訴他，「差很多。你呢？」

他搖了搖頭。

「不管我怎麼努力，」他說，「就是辦不到。」他再次看向窗外。「為什麼？」他問。

「也許我們拚過頭了，」我說。

「更可能是不夠拚，」他沮喪地說。

「當目標不可能實現的時候，」我堅持說，「光是努力本身就已經很辛苦了。」

「你是說我們贏不了？」他問。

「我是說我們自認為贏不了，」我說。

他咬牙。

「也許你是對的。儘管我們這麼努力——打氣、叫陣、立誓要贏——但我不覺得我們真心相信自己會贏。」

「我們反而是相信自己贏不了，」我說，「所以我們才沒辦法贏。」

漢普頓拿拳頭打自己手掌。

「好吧，」他說，「那我們現在就要改變心意，相信下一場比賽一定能贏，而且會贏。你說怎樣？」

我很懷疑。說出來是一回事，相信卻是另一回事。

「有可能。」我語帶保留。

「那有什麼能阻止我們？」他喊道。

「達特茅斯隊那十一個隊員，」我答道。然後我突然笑開了懷。「但，天哪，我相信我們能做到！」

那一刻，餐車車廂裡的陰霾一掃而空，我肩上的擔子也卸了下來。我挺起身子。開始有種好的預感。

漢普頓肯定也感受到什麼了。他笑著伸出了手。

「握手吧，」他說。「我們會全力以赴，必要時比全力以赴更多，因為我們會贏。」

當我握住他的手時，幾個月來我第一次感到輕鬆、寧靜和自信。

結果我們在紐約那幾天很開心，因為我們在訓練過程中一點都感受不到負擔。最重要的是，在與達特茅斯隊的比賽中打的很開心。隊員們都用全新的方式攔截搶球，也接住了過去從未接住過的傳球，擋住了過去從未擋住的短傳球。我們贏球了。

大家都想不通。一支整個賽季都沒贏過半場球的球隊，怎麼會擊敗東部領先的球隊？各種臆測紛紛出籠。甚至我和漢普頓也提出一些猜測。

賽後我們在更衣室裡。

他驚訝地說：「我一點都不覺得累，而且身上也沒有瘀青或擦傷。」

「簡直輕而易舉，」我說。

「也許當你有信心的時候，事情總是很容易。」他想了想說。「也許有信心才是唯一困難的地方。」

孤立帶來恐懼

我們人類是缺乏信心的動物。我們把自己與上帝隔絕，與我們存在的根源隔絕，我們滿心就覺得四面八方都是充滿敵意、弱肉強食的世界，從每天的日常中不斷地找證據強化這個自己一定會遭遇疾病、災難、貧窮、失敗、孤單的信念。然而，命運的韁繩其實掌握在我們自己的手中。一切的事情，無論善惡，都源自於信心，「照你的信心給你成全了[37]。」

人不管怎樣都會對事情好壞抱持特定信念；既然這樣，何不往正面去想，相信事情會有好的結局，是富饒、健康、活力、完整呢？讓我們用「信心」戰勝負面思想。讓我們用「錯覺」代表對負面結局和負面思想的誤信。「你們可以放心，」耶穌說。「我已經勝了世界[38]。」他用信心征服了一切！這是他留給我們的經驗談，也是人類史上最了不起的教誨。讓我們拒絕接受錯覺。讓我們拿起信心像拿起劍一樣，並用信心戰勝一切。

潛意識心靈會將我們的每一個信念實現。如果我們在生活中遭遇到匱乏、限制、疾病和失

37 譯註：馬太福音 8:13。
38 譯註：約翰福音 16:33。

敗，那可以非常肯定，都是我們自己的信念造成的。奇怪的是，大多數人似乎更容易相信負面、而非正面的事會發生在自己身上，但這無非是人類本性。我們將自己與上帝隔絕開來、和無窮大智慧的一致性隔絕開來；卻因此自己像是浩瀚宇宙中一頭無助孤獨的小動物，又自以為人生中所有責任都要靠自己去親力親為才能解決。一旦我們的親力親為遭遇到挫折，我們就視其為更大挫折的象徵，然後就會覺得世界充滿敵意，全世界都想要阻攔我們想成功的每一個念頭。這讓我們感到渺小、又無能為力，覺得未來毫無希望，只有自己最害怕的悲慘命運在等著。這等於是親手訂製了一定違背自己意願的未來。我們深信自己會失敗、生病、貧窮、孤獨和痛苦，明明我們希望的是相反的願望，卻在生活中只遭遇到這些，而自己的願望則如星子般遙不可及。但我們沒有想到的是，其實要實現這些遙不可及的夢想，方法就和要遭遇這些痛苦的遭遇一樣簡單，只要把信心用對方向！

通過結合獲得力量

如果不能明確知道上帝每天每刻都與我們同在，就無法在生活每個層面中都抱持信心去過日子。除非你願意放手，把你的問題交給上帝，否則你會發現自己把問題解決得很糟糕，因為你在每一個轉捩點上都會感到自己的不足，並且很快就會向潛意識心靈中投射出更多的失敗而不是成功。

現在就下定決心，什麼事情都一個人埋頭自己做事沒有用的。因為單是你是不夠強大的，事實就是這樣。世上許許多多超乎你知識範圍之外的事實和環境條件，在你將自己從潛意識心靈隔絕出來，並說：「我一個人能成就這件事。」時，就已經讓你成為地表上的一個微不足道的微生物了。

這時你首先會發現一件事非常明顯，那就是，你知道的還不夠多。其次，你會發現自己所面臨的巨大力量是你無法控制的，你也沒有武器去對抗。這時，不管做什麼都注定要失敗，而唯一的結局就是淪為一個卑躬屈膝、牢騷滿腹、怨天尤人、充滿恐懼的小人物。

但是，只要與潛意識聯手，整個宇宙就會全部合力為你每一個需求快速尋得答案。耶穌稱潛意識心靈為「父在我裡面[39]」不是空穴來風，而是因為那明智而全能的天父早在你說出口以前，就已經知道你所有的需求，而且他會讓你所堅信的想法，立即在你的生活中實現。潛意識心靈擁有所有方式、途徑和時間的相關知識，你可以把問題交付給它，儘管放心一定會得到完美的解答。這時就不用老是在那邊擔心事情會不會成，像是負責燒熱水的小孩，一直去開水壺蓋查看那樣。交託給上帝去完成的事，不用一再去確認。不要自行決定自己的路該走向何方，又為那路不照自己的想法走而感到不安。要知道，你所走的每一步都有人在導引著你，在完美的路途上朝向目的地而去。你所認為的岔路，不見得就是錯路，反而是最好的路。要堅定地相信自己的信念。

完美搭檔

那些充分認識到自己與上帝的合作關係的人，其人生凡事都會順風順水。這時整個井然有序的宇宙都會爭先搶後地要聽後我們的差遣；凡事都按著我們的需要安排。我們會知道那位資深的搭

39 譯注：約翰福音 14:10。

檔會負責做所有的決定，而且還是位從不犯錯的執行者。慢慢地我們就會發現自己像被寵愛的孩子一樣，只要開口都會獲得滿足，心想一定事成。這時我們做的決定都清楚了然，不會自相矛盾，我們也會懷抱充分信心，等著它回應我們的請求、降臨我們的世界。我們會見識到天父從不懈怠的精力，以及無限的善意，但我們也會很尊重地不自相矛盾或搖搖擺擺給祂增添麻煩。我們不會一邊說「我會成功」，然後幾個小時後或是幾天後卻又改口說「我不會成功」這樣的話。我們不會自相矛盾地說：「做、不做、開始、停、放手、抓緊。」我們會對自己的信念有勇氣和信心，也會排斥其他不相關的想法，一直到我們的願望實現為止。

因此我們要做的是建立完美的信心，因為我們將會明瞭，凡事都由大於我們的力量在決定，我們的念頭和信念一定會在生活中實現，因為這就是生命的法則。只要和上帝合一，就不用再一個人孤軍奮鬥，宇宙所有的力量都與我們同在。我們不用再為自己的信心奮戰，信心會像呼吸一樣自然。

時勢與信心

但話說回來，如果我們還沒建立自己與上帝是一體的自覺的話，那麼信心就可能是戰勝意識心靈中負面信念的好工具。悲劇提醒者、那些會吸引邪惡和自我設限、埋藏起來的痛苦記憶可能也會被信心丟到門外。你是否為了缺錢而心情沮喪？那要建立信心相信你會有錢。你生病了嗎？那要先建立信心相信你會好起來。你孤單嗎？要有信心愛和伴侶就在此刻已經來找你了。你覺得自己不能如願以償嗎？那就相信自己正在朝著成就的路上走去。要像是不會失敗一般去行動！要知道，只要有拿撒勒的耶穌在，「在信的人，凡事都能[40]」。

因為我們的意識心靈會不斷堅持周圍的物質世界才是最終的現實，因此我們要用信心來重拾我們的精神價值。我們的意識心靈會吞下生活中的每個負面狀態，不斷催眠我們說，我們是受到這些外在環境所控制，而不是我們在控制環境。就算某個風和日麗的早晨醒來時，充滿信心和活力地起床。這種美好的感覺一路陪伴我們吃完早餐，並踏上上班的路上。但就被路上蛇行的前車害得要猛踩剎車，還口出惡言：「白痴」，雖然只是對自己說，卻已經壞了好心情。美好的一天頓時殺了風景。這下心情也好不起來。緊接著，頂頭上司和前幾天的訓話也都浮現腦海。突然間聯想到，這個上司顯然是上天派來的剋星。於是等到踏進辦公室時，已經想找人吵架了。然後沒多久果然就和人有所爭執。這份工作於是不再吸引人。開始嫌薪水太低。又沒受到賞識。命運好像串通所有人要讓我們失敗。就這樣一路低迷惡性循環。

凡是願意使用信心的人，都可以運用信心來讓自己不受到負面環境影響，千萬不能成為周遭環境的受害者。拒絕去相信事情的成因和物質層面有任何關聯。要有絕對信心相信第一成因都是心理上的，而只要這個第一成因啟動了，就一定會在物質世界成真。但也不要否定負面環境。只要對你相信的有信心，拒絕接受負面環境的左右。這才是正確使用信心的方法。因為信心會克服所有意識心靈的錯誤信念，並建立正向思考的習慣，而這就是走向擁有力量的第一步。

40 譯注：馬可福音9:23。

正向思考

信心其實就是持續不斷努力要將自己想實現的想法灌注到萬物共通潛意識心靈的做法。所謂的信心就是要不斷只冥想同一件事，而不要去想與它相反的事。信心就是拒絕接受任何負面條件或是想法。信心就是要全然信靠並依賴上帝的力量和慈悲，並全心相信只要你發自信念所想的事，都會實現在這個世上！

正向思考的力量是無窮無盡的。凡是將負面思考逐出腦海的人，就會贏來整個宇宙不斷擴張的力量。但這很難達成，因為我們太容易被自己負面思考的習慣所籠罩了，我們也太容易被埋藏在心裡的痛苦記憶，也就是悲劇提醒者所無意識地牽動了。

儘管我們腦中擁有圖書館中所有的知識，但除非擁有正向思考，人生中只會一再遭遇失敗。誰都不想要失敗的，對吧？誰想要生病？貧窮？孤單？不成功？儘管我們承認負面思考會招來負面的環境，但不管再怎麼努力，似乎總是掉入習慣的負面思考中無法自拔。儘管花了好幾個小時、好幾天的時間在對抗憂鬱的情緒、想讓自己擺脫負面想法，但卻往往會在突然間，被一個小事情、一聲嬰兒哭聲、漏水的水龍頭滴水聲、旁人無禮的話語等弄得火冒三丈，然後就掉進負面的情緒，重回到負面的習慣，就像長年的酒鬼一樣，雖然短暫戒酒，卻總是又重拾酒瓶。我們無謂地掙扎，而且還似乎頗為享受這樣的負面情緒。我們彷彿在享受自虐，眼看著世界無情對待我們，無人賞識、沒有出頭機會、命運不斷用小詭計在捉弄我們。我們感受著背痛、一再消化不良、因為緊張而頭痛；我們緊張到難以入睡，變得暴跳如雷、對朋友和同事總是臭著臉、動不動就火冒三丈。老是很忙、忙到不行，卻老是招來自己一直說不想要的壞事。

恐懼與妄想——消極信心

事情如果駕輕就熟，一般人就很願意去做。如果知道只要維持二十四小時一直正向思考，第二天就會有份好工作、很多錢、幸福的家庭，名聲地位和成就，那一般人鐵定都會去做，不是嗎？但要是所需時間更長，那大家就會放棄了，不再相信其實同樣的因素還是不變的，反而開始把信心擺在相反的方向，開始朝向邪惡、限制、匱乏和疾病去相信。

因此會形成一種奇怪的現象，現代人覺得用信心來吸引邪惡很輕鬆，卻覺得用信心來向善很困難。但這說不過去啊。在人類演化的漫長歲月中，這當然只是一個短暫的現象，但對於正面臨這問題的人而言，再怎麼說都是相當重要的一件事。這些負面思考的習慣，就跟那些跟著我們多數人三十年乃至五十年的惡習一樣難擺脫。

但如果我們知道正向思考會招來好的結果，而負面思考會引來壞的結果，那麼我們當然都會同意，首要目標就是要摒棄負面思想。換句話說，要改掉這個壞習慣。這沒有比改掉任何壞習慣更難，而且一旦改掉，就再也不會困擾你了，因為這時你已經知道它的缺點，也就不會受到誘惑了。

壞習慣

常看有些人，因為聽說正向思考可以改變人生，因此願意暫時採納正向思考可以改變人生的說法，但卻又在沒有很認真去執行後，怒斥正向思考不管用，而棄之如敝屣。例如，他們可能會決定今天就改變自己的想法和生活態度。甚至改變外觀和態度，並維持長達一周或一個月。但如果到後來沒見到奇蹟發生，他們就會絕望高舉雙手大叫：「這根本沒用！」然後馬上又回到原來的思考習慣。

維持了一輩子的負面想法怎麼可能在一周內就消失不見！不要掉進邏輯陷阱中，覺得如果沒有立即奏效，那就一定是錯的。這是有信心就不擔心，沒信心就窮擔心的問題，擔心就是錯用了信心。不管你選擇怎麼想，你都會把自己相信的召喚成真。選擇很簡單：好或壞。如果生命中不選擇使用信心去走，那就只剩擔心和邪惡。一個明智的人，一旦了解此點，就不會選到錯的選項。

但如何改掉這種壞習慣呢？這就是問題所在。壞習慣如果不全力去對付是不可能消失的，而負面思考則是人性中最難消除、也最傷害人的壞習慣。要改掉這個壞習慣，就需要像外科醫生的手術刀一樣無菌又快狠準的做法，在此我們就提供給各位唯一的工具。

改掉壞習慣

如果醫生發現你的身體沒有得到適當的營養，他會讓你吃特別的健康飲食。他的做法很簡單。發現你身體的化學成分中缺乏某些元素、維生素和礦物質，他就會讓你吃特定富含這些元素的食物，以恢復其應有的平衡。也就是說，他要求你要刻意地去選擇這些食物吃，選擇該吃的吃、淘汰不該吃的。

而本書中就是要用同樣的方法，只是換成是在心裡頭、在靈魂上去做調適，讓大家接下來三十天採用新的做法。也就是說，要請大家進行三十天的心靈健康飲食。

這三十天，也就是一個月的時間裡，不要接受任何一個負面的想法，也不要讓任何一個負面想法在心裡醞釀。當然，負面的想法或念頭還是會出現。而且可能還比以往出現得更頻繁。但你要拒絕接受這些想法，只要想法一出現，就立刻將之拋在腦後，不管是虛構的、沒有根據、不是事實的、幻想的，這些都不是正常從腦海中長出來的。只要這樣下去，透過刻意的挑選允許進入腦海中的想法，刻意在潛意識心靈的花園中植入正向思考的種子，你不僅會在之後收穫到最豐盛的善果，更重要的是，你會建立起正向思考的好習慣，隨著每一天過去越來越容易維持這個習慣。到最後，你就不用在正向和負面、善與惡、實與虛之間掙扎。你會和宇宙中的善的力量合作，獲致和諧且無負擔的人生，那是過去你想也想像不到的。

心靈的健康食糧

是哪些想法不要去耽溺呢？就是有一點悲觀或是看不起自己、自己家人、自己朋友、自己的社會群體、自己的國家、自己的民族、或是整個人類的想法。這些想法簡單一句話就是負面思考，不管是不是刻意針對你、或是非生命的物體。

不要覺得這些事無所謂，以為：「哦，我從來沒有負面想法。」也別因為害怕而說：「我沒辦法專注三十天都不想別的事。」也別推說沒時間。也別說這不會有用。這樣的態度會讓你連實驗都還沒開始就已經失去目標。

在開始進行三十天心靈健康飲食之前，先花一兩天時間觀察自己的心智是怎麼運作的。隨身帶筆記簿和鉛筆，記錄你兩天內每一個負面想法。兩天下來你會非常驚訝，因為你會因此相信自己絕對需要進行這樣的心靈健康飲食。

要在三十天中的每一天把每個負面念頭都排除在腦海外，這三十天可不輕鬆，但卻是你絕對需要的。除非你能主宰自己的思緒，不然就無法成為自己命運的主宰。如果偏離了自己下決心要走的路，卻耽溺在負面思考中，變得陰鬱、怕這怕那、消極悲觀，這時能做的就是重頭再來。要讓自己澈底經歷三十天都只有正向思考，沒有一絲負面思考侵入腦海。這一點很重要。不要讓任何事形成阻礙。

在這段心靈健康飲食期間，如果你能夠清楚知道自己在做什麼，那會大有助益。要知道，你正在訓練自己的心智，讓它服從你的命令。你在訓練自己在該想的事情上多想、在不該想的事情上少想。也就是說，你要建立一個專注的好習慣，也建立一個正向思考的好習慣。

過多的想法

我們人類在太多的事情上想得太多了。在短短一瞬間，我們的大腦可能會擠進一堆不相關的想法和不成熟的概念，思緒之紛亂比之《大英百科全書》都不遜色。我們會從一個想法跳到另一個想法，完全不聽從指示、也沒有防範、只是平白地聽憑大腦閃過什麼就想到什麼，卻自以為這才是千真萬確的。我們會讓潛意識心靈一下朝東去、突然又停下來、然後又朝西去，再把它叫回來、再讓它出去、召回、每天會這樣好幾百遍。

長久以來我們已經養成了毫無紀律的思考惡習、甚至是在負面思考上反而更有紀律。前一刻還興高采烈、滿腦子快樂幸福的念頭。下一刻卻烏雲罩頂，滿腦子不快樂的念頭。一遇朋友讚美個兩句，就覺得自己好重要、虛榮起來。認識的人數落我們兩句，卻馬上激起我們的敵意和仇恨。我們總是等著外界的刺激，才決定自己要接受哪些想法、排除哪些想法，因此總是隨著外界的風雨起舞，讓自己的人生被無數自己無力掌控的外在狀況所決定。

很少有人會讓自己固定只接受特定想法和信念、總是信心堅定且不動搖，能夠耐心地靜觀世界變動達成自己的目標。這樣的人，就算遇見高山大海、大風大浪，也不會有所動搖，再難的挑戰都會去克服。

我們會思考嗎？

作為人類，我們常聽到錯誤的言論指人類是會思考的動物。也就是說，我們相信想法是由我們自己腦子生出來的。我們會這樣認為真的是太不可思議，因為從來沒有人有辦法指出一個念頭是何時產生、又是從何而生的，但多數論心靈的論述卻都堅稱念頭是我們自己想出來的，是出自我們的腦子。但如果大家仔細加以分析思考的過程，就會發現動念頭的人不是你，而是當念頭飄過你的意識時，你觀察到它才產生的。換另一種說法，那像是真實中的你，立在自我存在的隱蔽處一個固定而有防備的位置，從這邊你觀察到一個純然心靈的世界，裡頭都是思想和念頭。這些思想以不停流動的方式一個接著一個飄過你的意識。這些念頭有些被你撿起來、加到自己身上，有些則被你推掉，讓它們流過去。簡言之，這些想法都不是出自你。不信的話，你讓腦海中的念頭停下來看看！

這時你就會發現，不管你再怎麼努力，都無法讓腦海中的念頭停下來，因為存在的本質就是觀察、沉思和選擇；就算你可以讓這些思想流慢下來很多，好仔細端詳出現的每個念頭，也還是無法阻止它們一直冒出來，這些念頭就是會一直無端出現在你的意識前，要求你做出判斷並且接受其中部分並排除其他。

作家提筆行文並不是靠「想出來」筆下的故事和角色。他只不過是把自己擺在某個準備要寫故事的人的位置上，然後觀察著那些念頭和想法流過自己的意識。這些念頭一個一個出現全都被他推掉，一直到出現一個他覺得滿意的。這個念頭他覺得不錯，詳加端詳後加以採納。這時他不再只是站在寫故事人的位置上，他已經進一步站在一個要提筆寫一則故事的作家位置上，故事內容則是關於一位隻身落腳於荒島上的男性。他開始想這名男性是怎麼到這個荒島的，於是在那想法流中他又採納了下一個念頭，接著他寫的故事的這名男性，就有了被海盜丟棄在荒島上的由來。他的故事就這樣發展出更多的面貌和細節。這絕對不是靠他「想出來」的。他這整個故事，一旦組起來、寫好後，只是證明了過程中他從流過腦海無數念頭中，選中的幾百個念頭所產生的。他完全沒有去想任何東西出來；他只是進行選擇。他寫出來的故事讓你看到的是他所選中接納的；但不會告訴你他所排拒掉的那幾百萬個念頭和想法。

我們選擇思想

就像上面這位作家孕育故事一樣，我們每個人都透過選擇接納和排斥想法在孕育自己的人生。

我們每個人的人生都是一則故事，由住在我們內心深處那位無聲沉思的作家一筆一筆地寫下來，他的工作就只有接納和排拒，他唯一負責的工作就是做選擇。這個住在我們內心深處的自我這麼說：「這樣」、「不是這樣」、「我覺得是這樣」、「我覺得這狀況是好的」、「我覺得這狀況不好」、「我很棒」、「我一無是處」、「沒有希望」、「很絕望」。而這每個選擇都會在現實世界中實現。

我們就是我們從腦海中思想流選擇的念頭所形成的活生生證據。我們基本上就是我們選擇採納的那些念頭的產物。我們就是我們認為的自己，就只是這樣，不多不少。

就是因為這樣，所以我們即將展開的心靈健康飲食就格外重要了。我們已經向內在的自我證明，它可以成為它所接納的想法和有信心的想法，接著我們就要培養它只選擇對它有建設性益處的念頭和思想的習慣。我們要教會自己只接納好的念頭。我們要教會自己排拒一切壞的念頭。我們要刻意逼自己接納所有的愛、所有的善意、所有的希望、所有的喜樂、所有的發展、所有的富饒、所有的健康、所有的活力。我們要刻意逼自己排拒所有的痛苦、所有的悲傷、所有的憂鬱、所有的病態、所有的自卑感、所有的苦和所有的痛。只有偉大的、好的、美的才是真的，也只有這些我們才會加到自己身上。這未來的三十天中我們要時時警覺、好建立起這習慣。在那以後，我們可以稍微鬆懈，但不能放下警覺。因為我們已經知道，我們就是那些流過的思想中中選思考的產物，而且耶穌基督的智慧已經說得很清楚：「照你的信心，給你成全了[41]。」我們現在要做的就是培養它的習慣，讓它只選擇那些能讓它接受並有信心的想法和觀念。

41 譯註：馬太福音 8:13。聖經和合本。

聖奧古斯丁這麼寫道：

主啊，我像迷途的羔羊四處流浪，焦慮地在外頭四處尋找你，但你卻在我裡面。我在城裡的街上和廣場上四處找你，卻找不到你，因為我無謂地在外面找尋著他，他卻在我裡面。

傾聽內心深處那位無聲的住客。要知道，對祂而言，一切皆有可能，只要祂能接受。你是你選擇成為什麼的人，你的選擇就在心中決定。尋求高遠的，放棄卑微的。你只需以堅不可摧的信心選定位置，就能把任何想法加到自己身上。

超越外在環境

這個世界對我們的影響太大，我們也想得太多。在這三十天的心靈健康飲食過程中，要學著讓自己的思想流慢下來，要學著否定周遭物質世界所呈現的為最終現實。這些目標中的第一條，可以靠著一道簡單的吐納和冥想練習達成；後者則要困難得多。

清晨醒來，因為昨晚出現在眼前的一個預兆滿心欣喜，那種感覺非常地棒，能在床上醒來時，依稀記得那平靜安詳燦爛超過一切的印象真是美好。這讓我們精神昂揚，充滿信心和決心。有那麼幾分鐘的時間，我們相信自己找對路了，但這樣的信心高亢卻未能維持多久，真是好蠢。

就只是因為要穿的西裝上有個汙點、或是最好的洋裝被撐開了一個縫。烤麵包機壞了、吐司被烤焦。不小心弄翻了牛奶或咖啡，或者其他人弄翻的。車子發不動、或者錯過了公車。自覺好像在街上被人白眼。因為這樣就覺得這是糟糕的一天。什麼事都不對勁。夜裡看到的好預兆沒了，瞬間覺得自己像隻小螞蟻在浩瀚的宇宙中，被惡意和想殺死我們的各種力量擠壓著，四處是不懷好意和弱肉強食的壞人。頓時好心情化為滿腔的怒火和怨懟。

於是我們開始自怨自艾。開始否定起內在那個超脫不凡的自我。這麼一來我們就提醒著萬物共通潛意識心靈朝向我們最不想要的那個方向前去。就這樣，因為我們接受了周遭物質世界的地位高於那個只存在於我們內心的世界，我們因此成了物質命運棋局中的一個小卒，命運不由自己掌控。

所以重點不在念頭從何而來，無論它是在你臥室的寂靜中進入到你的意識心靈，或是喧囂繁忙的職場中靈光乍現；要是你接受了，它就會成為你的一部分，並會在現實世界成為你的一部分。這樣你會不斷地接收到你所接觸到的周遭環境和其他人還有事件灌輸和強制給你的各種想法和設定，儘管這些想法和設定往往和你真正想要的相違背。所以我們才會說這世界對我們影響太大。所以耶穌才說：「不可按外貌斷定是非[42]。」如果你是費盡千辛萬苦才得以踏上實現目標的道路，那千萬別讓自己被這些日常生活中的外在環境和事件動搖了你的信念和信心。只要是違背你的想法的，就一律將之推卻為實現目標路上不實際、一時的岔路，不要視之為挫折，不是必須走上的道路；因為達成目標的大計，是由萬物共通心靈在操持，雖然有時會覺得事情的發展違背你的意願，也不用感到害怕。

42 譯註：約翰福音 7:24。

周遭的事物和想法中，只接受那些能幫我們增強到達目標的信心和信念的部分。其餘不相干想法和事物都予以排拒，視之為短暫、沒有實際價值的東西。這樣才能在內心深處維持平靜安詳和沉思，始終堅定地了解到自己的信心會在生命中實現。只有這樣才能夠由我們親自掌控自己想法的去向。只有這樣才能夠成為自己命運的主宰。這一來才能站在不會受到奇襲的崗位上；將意念由內而外實現在世界，而不是成為外界環境的犧牲品。

控制意念

跟控制內心和信心一樣重要的，則是讓川流不息流過意識心靈前紊亂的思緒慢下來的能力。是我們跳躍又紛亂的意識心靈，總是不能統合目的，不斷催促著潛意識心靈同時朝好幾十個不同方向去，才造成我們周遭環境那麼亂七八糟。我們要學會收攝駕馭意識心靈，控制它、引導它走上我們要走的路。

每天進行冥想之前，要先練習讓思緒流動慢下來。找一個安靜、無人的地方。坐在舒適安穩的座位上。放鬆每一根肌肉。然後從頭到腳全身都放鬆下來。連眼睛四周和額頭、腮幫子和嘴唇、下巴、脖子上的肌肉等。就任由頭垂下來。讓它慢慢地在放鬆的脖子上繞圈。放鬆肩膀、手臂和手腕上的肌肉。讓手鬆垮垮地垂下來。放鬆肚子和腸胃的肌肉；小心地放鬆背上、大腿、小腿上的所有肌肉。感受到腿上的重量。就這樣休息幾分鐘，並確定自己完全放鬆。然後在專注在呼吸上。

逐漸讓呼吸慢下來。每次吸氣時都吸得更深一些。再舒適平穩地吐氣，每次吸氣和吐氣後都停頓一下，但不要停頓太久反而讓自己要喘大氣。慢慢地你的呼吸會減慢次數到你幾乎沒注意到自己在呼吸。這時你會感覺到一種安詳和慵懶、平安和舒服。心裡頭就像是在波紋平靜的湖上滑行的一艘船，然後你會感受到一絲滿足。非常地平靜，平靜到可以聽到靈魂的話語。

這時開始慢慢思考。要刻意去端詳劃過意識心靈上的念頭。每個念頭都好好地審視一番後就讓它溜過。既不要接受也不要排拒。只要留意每個念頭之間交替的過程，觀察它們的思緒流動。然後就自問：「是誰在觀察這些？」它朝你流過來，卻不是你去想出來的；你是觀察的人、決定的人，就只是這樣。

「我」這人是誰？

問問自己，這個被你稱為「我」的觀察者是誰。它不是思想。它不是身體。它僅僅存在著，存在，觀察著。在冥想中，你感受到它，它既不是過去，也不是現在，更不是未來，它只是存在著。我是。我觀察。我決定。

這就是你真正的自己。這就是你的真我，不受約束、自由自在、永恆的旁觀者。能夠找出這層自我意識，了解到你眼中的萬事萬物和思緒情感都只是觀察所得，這樣你就找到靈魂的重心，了解自己真正的自由和喜樂所在。這個「我」，這個觀察者，是住在我內心裡的上帝，是真正的自我，是寄寓於萬物和生命之中的個人意識。能夠隨時隨地真正地認識它，就是擁有了基督耶穌的意識。

因此，在每天的思考控制練習中，當你在放鬆和控制呼吸之後，放慢思緒流，並總是轉向你內心深處的自我。找到萬事萬物不過是觀察的這層自我意識。然後就自問：「這名觀察者是誰？」耶穌在提到這層自我意識時就說：「你們要先求他的國和他的義，這些東西都要加給你們了[43]。」能夠來到這層的自我意識，就是達到了「所賜平安保守你們的心懷意念[44]。」而從這一點開始，萬事萬物都有可能，輕而易舉、不用多花心思、而只要靠冥想和做選擇。

就是這些練習要在三十天的心靈健康飲食中進行。首先要排拒所有負面思想和意念和外在環境，拒絕將它們加到自己身上。我們將只接受良善、富足、喜樂、愛、仁慈和成功等等的正向意念。每天都要抽空進行意念控制一段時間，在呼吸練習的幫助下，每次都要讓意識到達一定層次，萬事萬念都只是被觀察的對象，如過眼雲煙。然後才開始進行每天的冥想。

日後你會發現，這是你一生中收穫最多的一段時間，不只是因為在現實世界上會收穫許多，也會因為隨著了解到屬於自己的那份不凡後，從中所感受到的平靜與力量。你會感受到一切都協調一致，並了解到凡事無法單靠人自己就成，而是要靠萬物共通潛意識心靈，也就是上帝的心靈才能達成。你還會進一步了解到那顆心靈就在你裡面，未來也會在，你會了解到，你什麼都不用多做，只要決定生活中的每件事，並將信心和信賴交託給那顆全知心靈的智慧和全能。

交託給上帝

人類的文明有一種「什麼都要我親自出馬」的情結。我們覺得自己就該扛起所有的責任。作為唯物主義者，我們只能從物質的觀點去分析事物，我們大部分的心思都只局限在找工作、找更好的工作、賺更多的錢上。在著手實現夢想的過程中，我們感受到自己的不足，也因此變得更瞎忙、像無頭蒼蠅一樣，窮擔心。雖然美國硬幣上有著：「我們信靠上帝」（In God we trust）這樣的字樣，許多人在賺這些硬幣的時候，卻拒絕相信這句話。

梭羅（Henry David Thoreau）寫道：

> 我們交付給上帝的，上帝會去完成；並會祝福我們；
> 我們選擇的工作應該由我們自己來完成，上帝會放手[45]。

這裡面最難學會的一件事可能就是如何「放手並交付給上帝去做」這件事。只要我們學不會放手，老是朝裡頭鑽牛角尖，不斷讓自己臆想或揑造出來的負面特質成真，那就只會是在扯自己後腿。萬物共通潛意識心靈的強大力量，一旦接收到我們決心靠自己做事的命令，就會被我們自行在內心築起的大壩攔阻，從而化為一條只剩涓滴的細流，不再能通行無阻前往目標。但如果這時我們把自己的問題交託給萬物共通心靈，告訴它「來，由你來處理」，這時大壩就會被移開，原本的涓滴細流會化為滾滾江河、奇蹟就會在你眼前發生，那是會讓人讚嘆自己真是幸運、或是驚覺如此天

---

43 譯註：馬太福音 6:33。
44 譯註：腓立比書 4:7。
45 譯註：〈Inspiration〉。

時地利人和竟會降臨在自己身上的奇蹟。

不要鑽牛角尖

遇到問題不要擺在心裡鑽牛角尖。仔細分析問題，找出可以處理和解決的方法。要是做不了主，那就把問題交託給潛意識心靈，相信它會找到答案後回答你。每天可以回到問題上，從不同層面角度去思考。而答案可能就會在這期間出現，但也可能在其他時候不期而遇。只要出現這種情形，不要有一絲懷疑，要相信這就是正確答案。那會像靈光乍現一樣，這時你會怪自己之前怎麼沒更留心去注意；因為你會突然間覺得怎麼答案這麼簡單。

一旦做了決定，就把問題忘得一乾二淨，並且相信這件事已經交由宇宙中最有能力的人去處理了。靠著冥想來讓自己的信心獲得保證，但絕對不要去預測潛意識心靈會怎樣來實現。要是你過程中曾經妄自預想過事情會如何完成，卻發現到了某個地步事情不照預期的發展，甚至有所違背或衝突，別因此慌亂、失去信心。要有信心，你已經把問題交給天下最有智慧的人去處理了，你的工作不在告訴他怎麼做，或是指指點點好讓他到達你要去的地方。如果你覺得你比較懂，那唯一的辦法就是把責任交到你手上。但要是跟我們多數人一樣，你先前已經這樣東撞西撞好幾年全無所獲，只是一再受傷跌倒，那你就會明智地將責任交給懂的人，而不是自作聰明地頤指氣使。應該由他來掌控全局，不要變成由你來發號施令，這只會換來你滿腹不滿和負面思想。

信心就是信任

人們總是喜歡預測事情的發展，而一旦事情沒有按照我們預測的發展時，我們就以為目標會落空；我們就這樣被自己打敗。一位女士決定寫一本書。假設她的設想和信心都很明確，也真的靜下心來完成了這本書。她把書稿寄給出版商，過了一會兒手稿和一張退稿單寄到。這時她可以把這理解成是這本書不夠好，就此擱下這個計畫，承認失敗。或者她也可以好好把出版商的看法當一回事，並仔細再讀一次書稿，看看是否該重寫。要是不用重寫（這種情形其實很少），那她應重拾信心，再將書稿寄給另一位出版商，就這樣一直寄到有人願意出版為止，要是她信心無誤，那這本書終究會獲得出版。但更多時候是，每次遭到退稿後，她都會加以修改，因為她一開始向潛意識心靈保證的是，她要寫一本好到可以出版的好書，這時她會把那些出版商的退稿意見都當成是幫助她讓這本書越來越好的助力。

信心有時往往到頭來就只是一個堅持，滴水能穿石，只要水滴能不斷打在同一塊石頭上。不斷地努力，不會有人擋著你。就算赤腳也能讓碎石地被磨平。晨露雖柔和，經年累月卻能腐蝕鋼鐵。心頭踏實且堅定，就能安抵港口，無畏難以預料的大風大浪來襲。

但不管去哪裡、做什麼，要永遠記得潛意識心靈是我們有力但無形的搭檔。潛意識心靈是我們的執行副總，也是我們的船員、員工、顧問和聽我們告解的人。我們什麼都不用做，只要往後靠，坐定身子，觀察後下決定，然後宇宙最大的力量就會聽從我們的指示。但我們要全權將責任交託給這位夥伴。他負責決定道路和方法，但他的行事風格不喜歡張揚。我們不能懷疑他或是對於他的作為喊停和撤銷。

他需要我們完全的信任和信心，一旦他開始執行我們交給他的任務，就把一切都交代給他。中間任何干擾都會被他解讀為一個新的目標，他會立即著手實現這個新目標。我們要學著不去打擾他，只要他接手了我們的問題，就立即放手。一旦學會這樣，就會發現他的習慣以很快的速度和讓人意想不到的方式完成工作。只要我們一把問題交到他手上，看過他處理事情的方式，對他的能力就不會再有懷疑或不信任。

信心相對於希望

我們犯的錯誤就是把希望當成信心。希望和信心根本無關，但很多時候比絕望受人歡迎，可是光憑希望是無法讓潛意識心靈有所作用的。希望是以悲觀的心態在樂觀地看待事情。希望不過就是以為靠嘴說就能改善狀況。希望嘴上說惡比善更真實，但又語帶保留地暗自希望不會因此惹出是非。就因如此，多數只憑著希望就想讓生活好轉的人，往往都沒能見到任何進展。

多數人對於人生大計，往往都是懷抱著希望去進行，而非懷抱信心，這可以理解。但希望其實是一絲微光，時而在暗夜中閃爍、時而又在暗處幾乎難見。希望就只是個念頭。但信心，卻是璀璨的光芒，讓一切都沐浴在光芒中。信心是了然於胸、踏實且有把握。但因為我們往往把物質擺在最重要的位置，這讓我們無法領悟生命中真正的意義和目的，因為這會讓我們拒絕把自己的問題交付出來，卻只是一味地受責任感的重擔驅使而辛苦，讓我們因此難以真正去踏實地知道，也因此非常難以獲得信心。

只要知道一件事情是真的，我們肯定就對它極為相信，極有信心，不管自己是不是了解它如何運作、原理如何。比如把房間裡的電燈開關扭開時，就有把握，知道房間會亮起來，但不見得我們能理解電是如何被從發電機轉載入電線，傳輸配送到你家、然後才神奇地讓一個被封在透明真空玻璃球中的小鎢絲發熱而產生光。你只知道只要扭開開關光就會持續亮著，因為你以前就這樣做，始終都管用！所以你有絕對的信心。

同理，在人類生命中有一個抽象、非實質的領域，那是不用我們去了解原理、探明真相的領域；我們只要會去運用那個靈性的法則、知道這樣管用，從而建立絕對信心就好了。

但要與宇宙中的靈性和心靈力量打交道，是與和物質世界中憑著五感可以處理、接觸的事物截然不同的。對於看得到、摸得到、聽得到、聞得到、嚐得到的事物，我們非常確定。對於它們的存在我們有絕對的信心。但對於心靈是否存在，以及靈性世界的力量有多大，我們則沒那麼有把握。我們轉而靠希望去處理。只會戰戰兢兢地去實驗。但因為這些事不遵循物質世界的法則在運作，因此我們往往試一次失敗後就放棄了。

信心是心靈法則

事實就是，我們被物質世界訓練成把信心用在錯誤的方面了。我們被訓練成要親眼看到展示、示範才能產生信心，但靈性或是心靈的事物，卻必須先有信心才能獲得成果展現在眼前。因為我們太常用真實的事物去比擬心靈的事物，導致我們以為心靈法則也和物理法則一樣，卻因此讓我們沒能注意到這兩者有極大的差別。物理法則不需要我們抱持信心就可以運作。心靈法則卻要有絕對的信心才能運作，事實上，心靈法則就只有一條，那就是信心——因此難就難在如何看到我們的心靈和靈性世界。

對那些被問題和悲傷所苦的人說，只要你有信心就一定能克服萬難，有時會顯得好像說的人很幼稚。之所以如此，是因為這些人本身儘管萬分了解真實世界的狀況，卻否定心靈和靈性領域的存在。因為太了解物質世界了，讓它們否定了自己真實本性、也喪失了信心。

因此，對他們來說，要在這種狀況下使用信心，就顯得太過樂觀，畢竟信心是要了然於胸，但對在那個當下的他們而言，卻做不到這樣。只有透過與內在的自我交流，也就是他們內心裡那個無聲、安全的地方，它們才能確實得到充分的了然於胸、也才能獲得信心。因為這樣，我們無法去告訴別人要他們有信心，就連我們自己因為懷疑和害怕而內心苦惱時，也同樣無法告訴自己要有信心。信心只有出自全然的了然於胸，而透過本書所提到的那些方法、再加上每日冥想練習、以及和內在自我的交流，就能讓你了然於胸，從而全力達成你的夢想，讓人生成為一場華麗的冒險。

〔本章要點〕

以下是本章的一些要點：

1. 一切皆源自信心，信心是我們生存最重要的工具。
2. 潛意識心靈會將每個意識心靈中的信念實現。
3. 潛意識心靈只有透過意識心靈傳遞來的定見，才能知道特定時間和地點環境。
4. 潛意識心靈知道了什麼，它就一定會創造出來。
5. 思想加上信心就等於創造。
6. 對負面事物的信心是一種錯覺，但卻會驅使潛意識心靈從而在現實中創造出它們。
7. 對負面事物的信心或錯覺是由於人們將自己與萬物共通潛意識心靈隔離開來而造成的，這讓他們從孤立感中開始害怕和厭惡其他的同類。
8. 信心是通過對萬物共通心靈力量的完全信任和信賴而獲得的。
9. 萬物與人合一共同存在於宇宙不朽的自我中，這是信心的本質。
10. 信心是靈性價值，因此必須以靈性方式來維持；因此也不會受你周遭的環境左右。
11. 那些信心隨著生活中事件變化而搖擺不定的人，就是放任自己成為這些生活瑣事的犧牲品，永遠也成不了自己的主宰，而是被外界事件所主宰。
12. 信心是持續地努力。
13. 信心就是堅持不懈。

14. 信心是了然於胸，而希望不過就是嘴上說說。
15. 不要掉進什麼都仰賴希望的陷阱，它對你沒有好處。
16. 正向思考是信心的基石。
17. 拒絕給自己增加負面想法和環境。只要留下善的、偉大和美好。其他的則都是錯覺。
18. 透過一個名為「三十天心靈健康飲食」的訓練期，訓練大腦養成正向思考的習慣。
19. 內心的自我不會產生思想，它只會觀察和選擇。你的今天就是你選擇接受的思想的產物。
20. 把你的問題交託給萬物共通潛意識心靈；你會找到答案，並被引導到正確的道路上。
21. 在任何情況下都不要去指使潛意識心靈怎麼做事。放手讓上帝去做這份工作。
22. 當負面環境出現時，要知道它只是暫時的，只要你信心還在，你遲早還是會找到一條通往目標的道路。
23. 每天都要尋求內心旁觀者的意識，這裡是平靜無擾的地方，提供認識和理解萬物。
24. 尋求了然於胸。將一切都置於信心之下，因為要先有信心一切才會示現。

前方的道路

現在已經來到了理解的十字路口。之後還有很長的道路。首先是為期三十天的心靈特別食糧，這三十天裡你必須心無旁騖、認真地完成它，而且無論做的多不理想，都要將之完成。其次是呼吸練習和與內在自我交流的過程，這中間要與內在的自我接觸，那是你真正的自我。同時，在呼吸練習和內心自我溝通之後還要進行的冥想練習。

這邊要再次提醒大家，如果不能完成這項練習，將失去從這項學習中獲得的最大價值——在你生活中實現美好事物。只有通過這樣的實現，才能完整學會自我控制。沒有這份能力的話，這整個練習就只是心智練習。空有知識沒有信心就像是在沙丘上的船；美雖美矣，卻無啥用處。一定要確實實行！進行冥想！並保持信心！

延伸閱讀

《從建設性思考獲得力量》（*Power through Constructive Thinking*），艾米特・福克斯（Emmet Fox）

第六道冥想

在獨處中，在這寧靜時刻、冥想的時刻，我退回到內心深處安詳的所在，找到極度的平靜。外界的世界慢慢地往外退去，一直到只剩我一人。我與外界的喧囂和爭吵阻絕，四下除我以外別無他人。我不是一具肉身；我不是思想；我不是經驗；我不是過去也不是現在也不是未來。我只是在這裡。我的意識中浮現一道持續的思緒流，我觀察著它們。這些思緒不是我想出來的。我知道他們來自於萬物共通潛意識心靈，我看著它們一一出現在我面前。我放慢思緒流動的速度。一一端詳它們，再放走，既不留下也不排拒。

一道又一道的思緒出現，我自問：「是誰在觀察這流動？」然後我聽到有人回答：「那個存在著的你，過去一直在、未來也永遠在——你正觀察著。」我了解了。超脫肉身、思想和經驗，我依然能夠一如以往般存在著。而這才是我的真我，不用依賴其他事物、只靠著靈魂和冥想的「我」存在著，而這個我則只是在觀察和選擇流經意識的思緒。不管我選什麼思緒，都是我的思緒。不管我排拒什麼思緒，都不會影響到我。我只要觀察和接受，所有事物都會加到我身上，那是一份肯定我的信心和決定的力量所加的。

我感受到一股溫暖和安全感，好像布滿了全世界。我感受到自己和偉大的萬物共通潛意識心靈，也就是上帝的心靈，合而為一。我感受祂眼中沒有憤怒、只要祂的子民要求祂都會辦到的天父的存在。

我感受到自己與天父合為一體，我們的結合無法撼動且無法消除。我與所有真理、美好、正義和愛合一。

第 7 章

吸引力法則

發現意識中心

宇宙要大家同類相近
你選擇接受什麼，就會看到什麼
越過重重汪洋，劈開深邃的天空
不顧一切一定要與你相遇

不斷祈禱者

人類是生命力的中心，會因為自己的定見和信心去吸引到某些東西，也會排拒掉其他東西。萬物共通心靈中會劃分幾個不同的生命力中心，也就是原子，這些生命力中心會和其他以相同頻率振動的原子聚集在一起。而由萬物共通心靈所打造的任何物質，本性就是會吸引回應其所散發的心靈頻率的思想事物。

前面本書已經提及世上萬物都是由萬物共通潛意識心靈中的一個定見將純粹的智慧打造成

型。智慧會回應智慧、思考則會製造振動，並無可避免地會吸引心像中所想的事物。所有人同住其中的這同一顆心靈中，包含著無限的可能，這些可能只要在萬物共通潛意識心靈中植入定見，就會在時空中體現成真。因此，凡是被你選擇並接受的，就會發展成為你的經驗，因為這是被無可抗拒的法則為你吸引來的，這條法則可不是偶爾辦事、挑時間辦事或是大半時間在辦事，它是時時刻刻每分每秒都在辦事。

用這樣比喻或許不見得每個人都接受，不過事實上就是這樣，我們所做的事，就像是時時刻刻都在祈禱，而且我們每個祈禱都會獲得回應。這個思想和信念獲得回應的循環之輪，是誰都無法避開的。這就是生命的法則。發生在我們生活經驗中的任何事，全不是幸運或是巧合或是命運帶來的，而是我們的思想和信念在真實世界中的體現。而不論它帶來的是什麼，善或是惡，都只是對我們祈禱的具體回應。

詩人愛默生（Ralph Waldo Emerson）就寫道：

儘管你雙膝未彎，
你其實時時刻刻向天祈禱。
而無論所祈善惡好壞，
全都清清楚楚、全都獲得回應[46]。

你想什麼，你就是什麼；你想什麼，你就會吸引什麼。你的生命是你思想和信念的產物，世上沒有任何事物可以改變這一法則。想改變你的人生，唯一可行的方法就是改變你的思維！

原始力量

打從數千年前在小亞細亞的一群牧羊人發現，他們木杖上的鐵鉤會被某些堅硬的黑色石頭（天然磁石）所吸引，科學界就越來越了解宇宙中所有形式和物質的背後，有一道看不到卻強烈的吸引力。這種吸引力展現的正是高層次的設計和智慧，科學界則稱之為「自然法則」，至於宗教則稱之為上帝。本文中，則重新定義為「萬物共通潛意識心靈」。

研究磁力線後，科學家發現磁力線永不相交。磁力線只有兩種選擇，要不互相排斥、要不互相吸引。一個磁鐵不論被拿得離原本磁力線互相作用的地方多遠，它永遠會回到平衡點。同樣的，設定好特定思考模式的心靈也一樣。只要是違背其思想的，都會被它自動排拒掉。所有與這思想一致的，則都自動會被其所吸引。這時，不管這顆心靈離這些它所尋覓的事物有多遠，它終究還是會回到它們身邊。

比如說，有這麼一個人養成了以貧窮或匱乏為目標的思維習慣，他必然就會創造出這樣的物質環境，這時不管他被擺放在多麼繁榮富裕的環境中，也不會有所改變。如果一個有這種心靈的人，有天突然發現自己有了十萬美元，他們必然很快就會花光這些錢，讓自己回到赤貧匱乏的狀態，因為他們的思考習慣和他們所吸引的事物會導引他們走上這條路。成功從來不是錢創造的；成功是人的思考打造的。

46 譯註：〈祈禱〉（Prayer）。

生於富足的人腦中通常會根深蒂固地形成富裕思維習慣。這種對金錢的正向思考習慣，與生來貧窮的人對金錢有著負面思考是一樣的。也就因為如此，生於富裕的人，更容易輕而易舉就吸引到財富。但他們之所以能如此，卻不是靠錢財；而是思考模式。正因如此，生於貧苦的人，若想要財富對他們微笑，那就要付出最大的努力和堅忍，因為他們得要一步步調整自己的心態，對金錢抱持正面態度，最後金錢才能出現在他們面前。這之前，每一步小小的成功，都會幫他們建立信心的思考模式，最後才讓他們能靠著正確的思考獲致成功和富裕。

這裡頭不容易看到卻顛撲不破的事實是：只要有意識的生物抱持信心，萬物共通潛意識心靈都會為他實現。

吸引力無處不在

質子在純粹的智慧中振動時，就會吸引相同頻率和必要數量的電子前來，共同形成具有特定原子量的原子：氫原子、氧原子、鐵原子、金、鈾等等。地球本身也發散出磁場，正是這樣的磁場讓海上的羅盤指針得以穩定指北，也是這磁場巧妙地抵銷了地球繞行太陽的離心作用力。宇宙中像這樣的動態平衡無處不在。隨你怎麼稱呼——磁性、兩極性、電力、思想力、移動智性——這些都是無處不在的吸引力。同類相吸、如心中成像即化為實物、預想的遠見造就時勢，凡祈求的就會被應許——就是這條唯一的法則造就了一切，小到原子、大到太陽系。

磁鐵吸引鐵，卻對鋁沒有作用、你或可吸引疾病，卻排斥健康、但用物質世界的定律比喻心靈世界的定律只能到此為止。因為磁鐵本身無法改變其所吸引和排斥物質的特性，但你，只要改變思維和信念，就能改變自己的磁場和所吸引的事物，把過去被你排斥的吸引過來。只要按這樣拒絕接受不健康、堅守靈性完美的信念，就能將疾病從生活中趕出去。

通往星空的踏腳石

耶穌在談到吸引力法則和意識心靈的習慣模式時說：「因為凡有的，還要加給他，叫他有餘；沒有的，連他所有的也要奪過來[47]。」他知道意識心靈的心像和信心都會由天父加以實現。他知道那些已經富足的人，能夠這樣讓自己更加富足；他也知道那些原已匱乏的人，也會因同樣的作為而讓自己更為匱乏。「你回去吧！照你的信心給你成全了[48]。」就憑這麼簡單的一句話，他比所有人以更簡要又正確的方式道出了吸引力法則的真髓。

你心中所想的每個念頭和所接受的每個想法，都成為你的一部分，也必然會將你心中的影像實現到現實世界。所有的選擇都是在心中作成的，所有的接受都是由靈魂所決定，而這世間不是有著千千萬萬顆心靈，而是只有一顆，而這顆心靈就在我們所有人的心裡。

抱怨自己的命運生來匱乏、受限、多病，而別人卻生來富足健康，不為邪惡所侵擾，講這些

47　譯註：馬太福音 25:29。
48　譯註：馬太福音 8:13。

話都只是徒然。如果你能了解天地間只存在一顆心靈，這顆心靈在同時間就在所有事物裡，你就會知道所謂你和地球上其他人有所不同這種觀點，純粹就是錯覺。你口中的「本我」或許只見識過匱乏和限制，但如果你能拋開這些負面想法，接收富足和健康的想法，你的「本我」就會改變，這時你就不再是原來那個人了。沒錯，雖然你還佔據同一副肉身，但隨著你的環境快速改變，你的肉身也會跟著變得充滿活力和無畏，挺拔又看得到方向目標，被宇宙最大的力量所充滿而活力旺盛。你可以化身為任何你想要的樣子，做任何你想做的事。這時出身高低都無關緊要。就算置身世上最邪惡之中，你也可以用它作為通往星子的踏腳石，因為這時上帝的王國已經在你心裡，所有強大的萬物共通潛意識心靈的力量，都等著你的選擇和信念。這時就算是乞丐也能得著與國王一樣的待遇。我們生而平等，因為我們本來就是一體的，凡是對此不認同的，都是懷抱妄自尊大的錯覺，而這樣的錯覺比殺死大哲蘇格拉底的毒堇殺傷力更大。

妄自尊大——殺手

妄自尊大這個孤立的自我，永遠都是一個人最大的致命傷。老是掛著「我必須做這件事」、「我必須做那件事」、「我、我、我」，但事實上，這個「我」除了能做選擇和接受之外，什麼都做不了，所有的事都是由萬物共通潛意識心靈完成的。大家所不知道的是，真正讓人失敗、生病、貧窮的，往往都是這妄自尊大之心，因為妄自尊大就是那種自以為凡事都是自己責任的錯覺，這在成功和健康的人身上是不會看到的，這種過於強調自我的錯覺，讓你被孤立、隔絕在萬物共通潛意識心靈之外，不得其門而入。

那些被疾病纏身的人認為，自己必須時時提防無形的微生物侵擾。他們以為自己之所以不為疾患所侵，全因自己在正確的時候做了各種實際面的正確預防，它們以為靠著那些藥罐和藥粉、藥水和仙丹妙藥罐，就能召來健康之神。沒錯，很多時候，這些藥物的確能奏效，但原因卻是因為這些服藥的人相信這樣。要是這些人一開始就能對那實現他們肉身的完美的靈魂有信心，他們就不再會相信凡事都出自個人之力這回事，而會改召潛意識心靈的力量來賜予自己肉身活力，也得以不再受疾病所苦。

孤立之害

失敗也是一樣。凡是以為一切都掌握在自己手上、而一心想取得任何成就的人，最終都會被無數的問題和做不完的決定所苦。沒有人偉大到可以隻手完成一件事的。我們來到世上，直至離世，都不能單靠自己。所有科學的發明單靠一個人的話，就連根草都發明不了。只要我們一直懷抱著凡事都必須自己動手，一切努力都只會功敗垂成。但一旦我們放開自己這種妄自尊大的假設，看到自己是與所有的生命和事物結合成一體，不再視自己為獨立奮鬥，這時我們就開門邀來偉大的力量，凡事就會順理成章、如我們所願，心想事成。

妄自尊大是一種強烈的分離感。虛榮心讓我們把眼前的一切人事物都視為阻礙我們前往目標的障礙。妄自尊大會讓我們相信所有人事物都是在物質世界安排的，而非在無限心靈的層面創造出來的。妄自尊大把我們拉進隔絕的空間中。並把我們關在裡面。它讓我們把邪惡和負面環境都化為現實。它孕生了怨懟、咄咄逼人、好鬥成性、甚至暴力。讓自己這樣有多無知、多愚昧，但人性卻很難擺脫這妄自尊大之心。

人怎麼來就怎麼去。我們赤裸地降生世上，也赤裸地離去。但我們多數人卻總是好像此生最要緊的事就是不被鄰居比下去——要穿得比人家好、開比人家好的車、有比人家好的工作。我們一再用隔絕的自我去讓自己難受，把精力都花在無窮無盡的愛比較心態上。我們把世界當成想盡辦法想瓦解我們的敵人，結果世界就真的變成我們想像的樣子，下場當然也就只有這樣。我們眼中看到越多的敵人，就變得越瘋魔、無止境地沉迷在自己的假想敵和仇人世界中。

在《聖經》〈傳道書〉中，有這樣一句了不起的話：「虛空的虛空，虛空的虛空，凡事都是虛空。[49]」寫下這句充滿洞見、形而上學觀察的作者太了解人類，知道我們所犯最大的錯，就是將自己與上帝、也就是萬物共通潛意識心靈隔絕開來，這個萬物存在於其中，所有力量也都在其中的地方。可惜的是，不論在高位或底層的人都有這樣的妄自尊大，因為妄自尊大乃是災難的前奏，「驕傲在敗壞以先[50]」。

承認高階搭檔的存在

成功而充滿活力的人不會妄自尊大；要是他們妄自尊大了，那不久就會失敗和過勞。人們有時每每想攀登高峰，卻又屢嘗敗績，重重摔落。每次這些人因為「運氣好」而登高峰，到峰頂時，他們就又顯得得意洋洋：「我全靠自己，瞧瞧我多厲害。」結果他們就又下來了。這時他們重拾謙卑之心，潛意識心靈也再度回來，然後再次攀升高峰，同樣以為是「幸運上門」。有些人就這樣高低起伏八、九次，卻始終沒有長智慧；妄自尊大之心是一種非常容易就出現的人性之罪。

但你絕對可以相信這件事：世上最偉大和傑出的人們，卻是始終知道自己的成功是有夥伴相助的，那個夥伴是上帝，也就是潛意識心靈，看你愛怎麼稱呼就怎麼稱呼；他所有事都會徵詢這名人生夥伴的意見，他也知道這名夥伴才是成事的關鍵。這些人都跟耶穌基督一樣，會把自己調整和創造的力量一致，並知道：「不是憑著自己做的，乃是住在我裡面的父作他自己的事[51]。」

放手且交給上帝

克服妄自尊大之心，並在信心和信任的心態下放鬆，這在「放手且交給上帝」這句帶著哲學意涵的諺語中表達得很清楚。但如果觀察許多引用這句話的人的作為，卻會發現，他們其實並沒有真正融會貫通這句話。他們一邊說「我相信上帝」，但一邊他們卻表現出一副上帝不值得信賴的樣子。他們著手朝某個目標前進，在心靈層次準備好要朝那目標前進，心裡也打造出這樣的印象。但當他們一發現自己走上的這條路，與他們想像中的不同時，他們就動搖了，認為是上帝犯了錯，或

---

49 譯註：傳道書 1:2。傳道書將 vanity 一字譯作「虛空」。
50 譯註：聖經箴言 16:18。
51 譯註：約翰福音 14:10。

要拒絕接受邪惡。當你想了一個目標，並在心理層面創造了實現它的方法後，就不再有東西可以阻止你實現這個目標，除了你心中所創造的失敗。過程中可能會遇見阻礙、遇見阻止你到達目標的狀況，但這些都不成阻礙；這些只是幫助你前進的助力。它們其實是唯一能讓你成功到達目標的步驟。既然你不比潛意識心靈更了解，你也無法預測會帶你前往目標的道路。

在你對世上的事物、環境和動機有限的了解中，你可以擅自決定，為達目的，應該要在特定時間、特定地點、採取特定步驟，卻沒意識到，事實上這樣的步驟會導致災難。等到你為自己這麼做感到懊悔，你也開始覺得挫敗，於是就覺得自己遭逢厄運。這讓你喪失了對上帝、萬物共通潛意識心靈以及宇宙不變法則的信任。一旦你開始朝挫敗和厄運去發想，那結果就會是挫敗和厄運了。

要讓這宇宙不變法則助你成事絕對只有一種方法，那就是完全相信它、不要去預測它。

每一個障礙都藏著轉機

一旦你開始預測前往目標該採行的道路，你的信心就會在每個岔路、轉彎和障礙時有所動搖。但只要你學會完全信賴這個宇宙不變法則，你就會開始在每個阻礙、每個拖延中看到轉機，從中你得以茁壯並獲得充分準備，好迎接最後的終點。

例如，一名年輕女性想成為工程師。要是她的做法是，以自己隔天會不會拿到承包橋梁建築的工程來決定自己在這個行業的去留，那她肯定會大失所望。但如果她不受影響，持續堅定信心，懷抱初衷，那潛意識心靈就會為她創造承包橋梁建造的工程。但，這中間可能她會經歷過五、六年的建築工程教育，甚至可能換過許多工作，才終於能夠完整掌握這門學科。大家看，她拿到承包案的日子，她的技能也嫻熟到足以達成任務的程度，這走來的一路上，全都是全能而全知的潛意識心靈在扶持著她。

除非你接受自己已經失敗，不然你沒有失敗。除非你接受自己被打敗，不然你沒有被打敗。除非你接受邪惡的存在，否則沒有邪惡。

放下個人責任感，把一切交託到萬物共通潛意識心靈手中。對於這顆心靈要怎麼達成任務，不要有所預期。只要以全副信心接受你被指派的任務、接受你所在的狀況，它們就會為如何達成目標提供完美的路徑。只要你拒絕接受，邪惡和失敗和挫折和疾病動不了你。只有你接受的，才會出現在你身上；其他的則都只是前往你目標途中的短暫插曲。吸引力法則就是這樣，一條永遠不會失效的法則。

再提醒一件事。不要不斷去檢視自己的目標，看自己是否有達到。「不斷掀蓋的水煮不開」，就是這個簡單的道理，如果水還沒煮開就一再掀蓋子，那水永遠煮不沸，同樣的，這會成為你投射給潛意識心靈的意念。要安心，船到橋頭自然直，在抵達目標的一路上，好好享受每一個經驗並學到當中的智慧。要是人生在意的就是那勝利的時刻，那就太短暫了，要懂得享受旅途。

戰勝時勢

美國中西部城市的一位中年男子辭去了一份安穩的工作，將畢生積蓄投資於一家小型製造是無形的，看不到，但其實我們的眼睛每天都留意到數千條思想流經眼前。每個人的思想就寫在他們臉上、眉毛上、眼睛的表情上、嘴唇上、頭部的姿勢、身體的姿態、舉止態度、風度、說話時的口氣、氣質、成功、失敗、他們的人生。請一個人走進房裡來，這時馬上就會留意到環繞他的思想氣氛。而第一個反應就是喜歡或不喜歡他。所以，讓你發自內心直覺對他的看法，並非是他這個人——而是他的思想！他的心理氛圍會擴張出來，立刻接觸到你。要是你們的氛圍相近，你會被他吸引。要是互斥，你就不喜歡他。只有一方調整過思想，或兩人都調整過思想後，才能改變這個狀態，因為在萬物共通潛意識心靈和大自然中都一樣，是物以類聚。

人人都希望好事來到。就算滿腦子負面思想和絕望和挫折，仍然希望好事發生。但卻是我們自己讓壞事成真，是我們的愚昧無知負面思考，讓我們事與願違。負面思考的模式似乎是我們唯一面對世界的方法，因為我們覺得世界總是與我們為敵，不讓我們如願以償。這些負面思想都是我們的悲劇提醒者，是我們走過人生所背負的十字架。印度宗教中稱這叫做因果業報。想這種事就是愚蠢至極。

萬物共通潛意識心靈不會拒絕我們。大自然也不會拒絕我們。心想一定事成。在我們的心中，我們不會給自己創造匱乏、限制、失敗、絕望。所以要從心中創造富饒和成功和健康，並讓其實現在現實世界中，也沒什麼難的，甚至還要更簡單。

沒有限制

上帝沒有限制。在萬物共通潛意識心靈中沒有匱乏。你只要敢說出口，一定會獲得；你只要說出口，並懷抱信心。

你沒有自己的那一份嗎？有翼的雙足、
你看！它匆匆趕來迎接你；
大自然創造了屬於你的一切、
漂浮在空中或被關在石頭裡，
將劈開山丘，暢遊大海、
像你的影子一樣，追隨著你[53]。
——愛默生

我們要學習的重要一課，就是只從正面去思考好事。因為如果想要獲得好事，心中卻想著壞事，那就是用吸引力法則和夢想成真法則的利刃毀掉我們的人生。每個負面的想法都會因為我們的接受而生根，並讓我們事與願違。挫折、疾病、失敗、無望、絕望——全都是我們嚮往美好卻負面思考的結果，因為只要一直用念頭創造壞事，就沒有一點機會得到好事。

因此，我們要展開為時三十天的心靈特殊食糧。也因此在此要以耶穌基督在很久以前給人們的建議，向大家建議：「你們要先求他的國和他的義，這些東西都要加給你們了[54]。」

53 譯註：〈Compensation〉詩作。
54 譯註：馬太福音 6:33。

意識的中心

天國是意識的中心。天國是你靈魂深處無比平靜和安寧的那個地方，在這裡，你的「我」會與萬物不朽的「大我」融為一體。在這裡，你不再需要「動手去做」，而只要與觀察者、亦即偉大的沉思者融為一體，在那裡除了選擇和接受之外，你什麼都不用多做，在這裡，只要被選擇並被接受的，就會在你身邊的物質世界成真。

與你的意識中心交流，練習冥想和三十天的心靈特別糧食，讓你獲得可以永遠驅走負面思考的工具。這些工具讓你得以建立正面思考的習慣，成為抵擋前進路上負面環境的碉堡。因為負面環境一定不會少的。一路上一定會一再遇到的。它們都會讓你覺得是來扯後腿，也會讓你因此偏離原本想好的路徑，但其實它們是來幫你健全、完美你的下一步，好讓你能夠在朝向萬物共通潛意識心靈無限智慧路上，走得更勇健踏實。只要你遇到時不把它們當成是壞事，它們就不會是壞事；只要不這樣想，一下就過去沒事了。

正面思考的習慣一旦可以養成，無論風浪有多大，氣候有多惡劣，暴風雨有多猛烈，都會支撐著你挺過去。「住了吧！靜了吧[55]！」就是你對海上風浪的命令，只要這麼一說，這些風浪將會在你的信心面前化為風平浪靜。

卑微地懷抱信心，恐懼盡失，
安然前行；

不虛此行的港口近在眼前，
每一朵浪花都被施了法術而平息。
——愛默生[56]

了解自己的意識中心。在冥想時就躲進這裡面，直到你明白了為止！這裡是執行今生來世所有事情的地方，只要來到這裡，就不再感到恐懼、害怕或不安。要記得，意識的中心、即是天國，這裡是你成為觀察者的所在，在這邊連思想都可以被當成物品一樣觀察。這裡是全然平靜和安寧的地方，一個充滿絕對安全的地方，是與萬物共通潛意識心靈交流的地方。

第一成因

前面已經說了很多，第一成因都是來自心裡，一切都是先從心靈的層面被創造出來的。前面也說過，除了思考和信心以外，我們不用負責任何事。現代那些不信復活、天使、靈魂、以及墨守成規、偽善的人們，就算他們說：「人類就是靠雙手打造一切、完成一切的，說人類只要靠思想就能成就一切，根本就是錯的。」又或者你對朋友說過，你在冥想中藉由特定目標來調整自己，朋友則說：「真是蠢！要是你想要變成心目中的人，那就別再講那些鬼話，發呆出神了，到外頭去爭取

55 譯註：馬可福音 4:39。這段話是耶穌帶領門徒乘船，風浪大起時，耶穌以此平息風浪讓眾人安然渡海所說。
56 譯註：出自〈終點〉（Terminus）。

啊。」這樣的錯誤建議，就讓許多人因此走上錯的道路。

「到外頭去爭取」是不可能有所成就的。這個說法的假設就是，自己想要的東西，都是在別人手中，得要從別人手中「搶過來」。但如果能夠在心靈層面建立信念，相信我們所想要的，原本就是歸我們所有，那我們要踏上的就會是一條正道，只要用對方法，就能夠到達目標。光是行動是成不了事的。行動有分有用的和沒有用，沒用的行動連個老鼠洞都消滅不了，但有用的行動卻連山都可以剷平。有用的行動就和有用的思考一樣，因為行動會跟隨思考。要是你的思考正確，你的行動就能獲得潛意識心靈無瑕的指引。

如何使用你的願望

前文中曾提醒大家小心不要隨便希望事情發生，這是因為願望通常被用來克服物質世界的事物和狀態，但這其實是萬物共通心靈要導引你前往目標的完美計畫中的一部分。用願望去獲取特定事物的危險在於，你會因此和這個被你召喚出來的向善力量隔絕開來。這是因為，從一方面看，你是用了信心和信念去召喚出這股力量；但因為動用了願望，你也因此否定了它，讓它朝另一方向運作。不論如何，應該將所有的力氣用在與萬物共通心靈調和一體上，用在你有絕對信心和信賴，萬物共通智慧的無窮力量會為你實現你有信心的心像這個點上。後續任何想用願望去面對外在阻礙的做法，都是在增加萬物共通智慧大計的負擔。你沒有比上帝更了不起。用願望去干擾上帝為實現你的願望所進行的大計，只會立刻抵銷那個計畫，並讓那份實現的力量改道。

不要把願望用在物質世界。這對你毫無益處，到頭來還會打敗你。

然而，有一個非常重要的地方可以讓你運用願望，那就是在選擇念頭時。當你退回到自己的意識中心時，在那個你成為觀察者的地方，你就可以運用願望去支使流經你意識的念頭。這就是吸引力法則的基礎。你用願望去促成那個念頭，然後你就會想出這個念頭。這時被你選中的念頭，都會自動地被你所吸引。

因此，把願望用在那方面才是吸引力法則的基礎，而把願望用在篩選正確的念頭上，而不是用念力或是實際的行動想去改變物質世界的事物和阻礙。

用心守護你的想法。用心想那些你真正想的心像的念頭。拒絕接受其他的念頭。這樣正確在心理層面運用願望後，外在世界就會心想事成。

《法句經》〈達摩經〉就這麼說：「心為法本，心尊心使[57]。……智者防護心，心護得安樂[58]。」

心靈選擇後才具有吸引力

要有發想正念才會吸引正確的念頭。這些念頭經過你的意識中心，並交付給你，並且為你所接受。從這一點出發，創造的法則就被引動，凡是你接受的，都會為你在物質世界中創造出來。

---

57 譯註：法增比丘譯本。出自「雙要品」，二十有二章。

58 譯註：心品三六。

吸引力法則正如吸引念頭的法則一樣；是由一連串選擇的過程所決定。凡是你起心動念所選擇的念頭，就會從萬物共通智慧無遠弗屆的世界送到你面前。而這些念頭一旦為你所接受，就會在物質世界中實現出來。

起心動念的正念是一切成就、一切活力、一切成功、一切健康、一切幸福的基礎。就是從這裡，選擇的第一步開始，宇宙的一切有了起點。這就是第一成因——意識進行選擇。是所有創造的大哉問。你想選什麼？一旦做出了決定，你的人生就只是你思想投射的實現；你在決定自己要起心動念的那個念頭時，就做成了第一個選擇，這之後的所有狀況和事物，都是你選的。

帕斯卡（Pascal）說：「思想成就偉大。」叔本華（Arthur Schopenhauer）說：「世界是我所思。」古印度的吠檀多（Vedanta）哲學認為，在心靈的冥想之外，不存在物質。心靈才是強大的推動者！

你會怎麼想？選擇在你手上，也只有你能做選擇，這是人生中唯一真正重大的選擇。被選中的念頭，就會成真，不論善惡、全都只依你所擇。因為擁有巨大力量的萬物共通潛意識心靈會依你所想的意象在物質世界中實現。超過這個範圍的它則無法達成。一念天堂全都在你一念之間的選擇。萬物共通潛意識心靈不知道天國和地獄；它只負責回應你的想法。

通往光明的道路

帕斯卡說：「尊嚴就在思想。通過思想的提升我們才能提升，而不是靠空間和時間，後兩者我們無法充實。」他又說：「有兩種人可以稱之為理智：全心服侍上帝的人，因為他們了解祂，另一種則是全心尋找上帝的人，因為他們不了解祂。」

第一種人既合理又幸福。第二種人雖合理卻不幸福。但既不了解上帝、又不去尋找祂的人，那就是既蠢又不幸福了。

因此，人生中最大的冒險就是了解萬物共通潛意識的無窮力量，並學會如何運用這股力量來讓我們的生活中充滿善與豐饒。在這條道路盡頭，有著讓人讚嘆的靈性覺醒，一種蛻變，是一把生命奧祕的鑰匙，是對「萬物存於上帝之內，上帝也存於萬物之內」之意義的理解。

這把鑰匙只有三個詞，這三個詞本身並沒有魔力，但卻蘊含著驚人的意義，只有做好充分準備的人才能理解。大家不妨猜猜這三個詞是什麼。找找上面引述的幾句名言，在冥想退入自己的意識中心時細細斟酌一下，在最後一章前你可能就會有所頓悟，最後更必然被你參透。

心靈與行動

生命是動態的。你就是大自然化為現實物體永恆過程的多面證據。沒有什麼是一成不變的。無論看往何方眼中都會見到運動、流動和變化。生與死是大自然不斷向上演化、尋找的節奏。去了解！去學習！去建造！這些從每棵幼苗、每一粒蛋、每一朵花、每一叢灌木、每一棵樹不斷發出的共同指令，都是演化中生命的齊聲高歌。

在我們這個繁忙的宇宙中，聽到有人主張獲得力量和成就的途徑在於讓你的身體安靜下來，只用你的頭腦，或許會覺得古怪。或許，你跟許多人一樣，覺得應該跟大家擠成一團，打一場混戰，據理力爭，為自己的理想奮鬥。當耶穌基督說：「凡動刀的，必死在刀下[59]。」他並非只是在講戰場上的士兵，凡是想在人生中靠動武或鬥智取勝的人，終究會發現自己也會遭到同樣的報應。因為生命比他們廣大恢闊，誰會最後勝出，不言即明。

不用在意行動。行動是自然形成的。生命就是運動的同義詞。要在意的是如何引導行動。要知道所有行動皆發自意念，當你抱持正念時，行動也就是正行了。受到外間世界刺激所主宰的行動，並非是正行，只會帶來挫折。每次把障礙或環境當成純粹物質來攻擊時，就是在浪費自己的力氣。單憑自己的力量是不足以完成所有事的。就算窮一身氣力，也不可能牽動大海一絲波浪，或是改變小草的一絲顏色，或是阻擋樹木的蔓延。那些人明明不是自己造出來的、也不了解自己，和一群他們不了解的鬼魂同處一地，怎麼會愚蠢到認為可以用蠻力改造世界呢？他們放眼所及，都是由比他們更大的力量所打造的。這個力量不是他們能夠對抗的。他們只能和這個力量結合，與之合作。

所以我們要在意的是正行，而非單單只是行動。正行來自正念，正念則來自我們閉關與萬物共通潛意識心靈一同冥想。凡與上帝同行，就是與力量同行，這時我們的行動就有價值。世上的偉人往往一個小時就能完成普通人一年才能完成的事。但他們靠的不是比別人更有行動力。而是他們靠著導引行動，因此強大且肯定，因為他們是在萬物共通潛意識心靈無窮的資源和力量引導下前往他們的目標的。

像這樣的人，匱乏和限制和失敗和疾病，他們都很難理解。從他們的心頭生不出這樣的東西。

行動派傳奇

這世界並不是就該歸行動派說了算。過去不該、未來也不該。這些狂熱追逐權力、名聲、地位的人都逃不過一個下場——惡劣的身體健康。他們跟一個永遠不能戰勝的世界作戰；潰瘍在他們的胃裡蝕出洞來、讓他們的心肌梗塞、神經衰弱。宇宙是不可能被擊倒的，但這些行動派卻妄想這麼做。他們不可能成功的，因為他們都太妄自尊大。不懂謙虛，他們不懂凡事都是由全能的上帝完成，那個同時住在所有時空中的不知名智者所為。不能了解這點的行動派就像是那些粒子，在自己給自己設下的框架限制之中，瘋狂地振動和跳躍。他們的人生沒有大計，因為他們看不到這份藍圖。

蔑視行動派庸庸碌碌的人生。與上帝同行，帶著尊嚴和篤定。不要考慮行動，因為意念會產生行動，就像光從太陽出來一樣自然。萬物皆由心定，所有決定都由無敵的萬物共通心靈來執行。

世上只有一個生命、一個心靈、一個「我」、一個自我具現在無盡的事物和生命。你根據你的意識朝這個自我的力量靠近。要知道，第一成因就發自內心，第一個決定是由選擇所想的念頭開始。你的所思，就具現在生活中。要只做正向思考，拒絕接受負面狀態成為最終的現實，永遠都讓自己的意念堅定向善，用信心為心像加油，這樣就會發現一個有著無盡配給和無盡回報、持續的奇遇和永不休止的愛的宇宙。

要知道每個意念都會在物質層面成形，且就像第一成因一模一樣。不要在思想上畫地自限。

59 譯註：馬太福音 26:52。

凡事都有可能。一旦你覺得可能了，就會成真。

空間本身只是用來容納運動。物質本身只是用來闡述運動。空間和物質和運動則不過是智慧在和自己、透過自己並作用在自己上的效果。一切都是由這個智慧所生。這個智慧化為一切；它什麼都可以化身而成。

真正的你

不要把真正的自己和外在的你搞混。在真正的你眼中，也就是住在你內心的自我，在這個在你靈魂深處的觀察者眼中，沒有什麼事是不可能的。留意這個觀察者。要給它尊重和敬意並謙卑以對。你的身體就是祂的聖殿。難道你還會在它周圍圍繞邪惡和疾病和匱乏和失敗嗎？拒絕接受這些限制；這些都是幻覺。宇宙充滿了活力和健康和富足。你選擇接受的意念，就會實現在你眼前。外在的你不過是真實的你的一小部分。

拒絕把自己看成是一個名分、一份職銜、一個某日住在某國某城的居民、一個有過去的人。那只是你外在的樣子。在一個安靜房間的孤寂中，在陰暗的深淵中、在山邊、在草原上、或是眺望大海的峭壁上，把你的思想轉向內在真實的自己。放慢呼吸直到感覺到完全的平靜和放鬆。退回到靈魂最深處，直到思想可以被觀察到。這時你要自問：「這個觀察者是誰？」真正的你是巨大的真相，是人類偉大時代的號角聲。

讓性靈元素主宰你的生活。把你所有的問題都交給萬物共通潛意識心靈去處理，只要聆聽它的答案。當答案出現，就用完全的信心和把握接受它。不要讓否定像小偷一樣在夜裡潛入你的心中，因為它們會奪走你最寶貴的財富。對邪惡、匱乏、限制、疾病關閉你的心靈。進入你意識後會產生最重要的東西——你的意念。它們不只是一晃而過；它們會在那裡生根並在你的生活中成為實際的物質。所以要對一切負面的事物關上大門。並用大寫黑體的字大大地畫上符咒：「這裡只有正向和善好可以進入。」然後你的人生也會跟著這樣。

互惠互利就是定律

要把生命的運動和流動看作是眾生之間的重要互惠。一切都會有回報，互惠就是定律。有得乃因有施。售出是為了購入。沒有人是真正獨立超然的，這麼想全然是愚昧妄想。所有人都和別人互相依存，因為我們就是一個整體下的各個組成部分。沒有鄰居你無法獨活，他們沒有你也不能獨活。投我以桃、抱之以李。這裡的桃李可能是金錢，也可能是別的。但不論這價值是以美金論、或是以披索、法郎、蒲式耳（英制）、夸特（quart 英制）都是一樣的。而滴水之恩，必報湧泉，有付出必有回報。這世上沒有誰佔得了誰的便宜。這種互惠是相當的，即使當下看似吃虧，將來也是要討回。

每天與萬物共通潛意識心靈交流。在冥想的靜謐中找到自己的意識中心。只有這樣才能了解真正的自己，並消除與外觀上的自己的混淆。了解真正的自己就在你的意識中心，那個「我」，那個觀察者、那個自我，才是讓一切都成為可能的關鍵。

拋掉凝重的心情

進行這些心靈練習時，可不能板著一張臉，一副愁苦的樣子。生活就是一場歡笑、興奮和愉快的過程。生活是歌唱和舞蹈同行作伙。苦著一張臉、一本正經的樣子怎可能換得什麼寶貴的智慧。反倒會因為板著臉而把我們心中的上帝給趕跑。尼采說：「我們不靠怒氣、而是笑聲去殺戮。來啊，讓我們殺掉凝重的心情[60]！」笑咪咪的人充滿希望，鐵青著臉的人，則對絕望投降，打敗了自己，學再多都無助於事。

這是一場壯遊、偉大的刺激，讓天堂壯麗生色。耶穌基督說：「我給你們帶來的好消息是天國就在你們心裡。」

當我們得知宇宙的全部力量就在我們每個人心中時，我們會感到懊惱或悲傷嗎？在得知我們可以利用這股力量讓生命中充滿良善與富饒時，我們會感到悲傷嗎？這是好消息、大消息、是值得慶賀、高歌、起舞、欣喜的消息啊。知道我們永遠在宇宙的懷抱中，我們是永恆、不朽、長生的，我們真正的本質在地上如在天上一樣，都會為我們工作。

按這方式禱告

讓我們暫時重新調整「主禱文[61]」（Lord's Prayer）的文字來作為這份練習之用，以便充分了解耶穌基督在說：「禱告要這樣說[62]」時他知道了些什麼。

我知道萬物共通潛意識心靈就住在我裡面，無所不能。
願這力量的真相能展現在我面前，願我能與它
協調合作，因為它完美無瑕。
它賜予無盡的富足，宇宙將提供我一切所需。
我放下妄自尊大，不再因看到邪惡而思想邪惡。
我知道真正的真理和真正的力量就在我的裡面——唯一、永恆、常在。

萬物皆由萬物共通智慧所創造。萬物皆存於萬物共通智慧之中。一切形式皆源於意念，而意念則是萬物孕生的第一成因。我們能夠選擇的就只有自己要產生什麼念頭，而一旦做了選擇，這個決定就在物質世界化為有形而無人能阻止。因此吸引力法則就是選擇意念的法則。我們所選的念頭，就會化為意念；我們所想的念頭，就會在生活中化為有形。所以要選擇你真正你想要的念頭；拒絕耽溺在你所害怕的念頭上，這樣你就會發現自己被一個比你更巨大的力量不偏不倚地引導到目標。

60 譯註：《查拉圖斯特拉如是說》，七、讀與寫。
61 譯註：主禱文出自馬太福音 6:9-13。
62 譯註：馬太福音 6:9。

【本章要點】

1. 每個生命力中心都會吸引那些會回應它心靈振動的意念——事物。
2. 因為我們有意念、有想望，所以生活中時時刻刻都在祈禱許願。
3. 要改變生活，就要改變你的想法。
4. 宇宙中每種形式和物質都隱隱散發著吸引力，其強大程度與意識成正比。
5. 我們接受什麼，上帝就創造什麼。
6. 妄自尊大是獨立的自我意識，它將我們與萬物共通潛意識心靈隔離開來。
7. 妄自尊大造成覺得事事都該自己扛下來的錯覺，這種錯覺則否認了萬物共通心靈的力量。
8. 我們唯一要負責的，就是選擇自己的意念，除此無他。
9. 相信凡事要由自己扛下來的人，把全宇宙都當成自己的敵人。
10. 相信協調合作的人，則知道全宇宙會對他一呼百諾。
11. 在心中做下決定，並信靠萬物共通心靈會替你實現。拒絕將一些看似延誤和偏離正軌的事看成是走錯路，要接受它們是完美路徑的一個過程。
12. 不要對萬物共通心靈帶你前往目標的方法有任何預測。它的智慧貫穿所有時間、包容所有事物，因此自然就知道怎麼走才是完美的。我們只對特定時空所知有限，因此單靠我們自己無法參透什麼才是最好的路徑。
13. 遇到狀況不如己意，不要失去理智，而要「放手交給上帝」。

14. 只靠自己一個人的話就宛如宇宙中的一隻微生物。要與內在的自我協調合作才能形成一個宇宙。

15. 錯誤是用來學習的，而不是用來成為負擔累贅的。拒絕接受罪惡感。上帝就在你裡面，上帝是無罪的。

16. 目標尚未實現時，不要不斷地檢視目標。不斷朝萬物共通潛意識心靈投射這種未達目標的匱乏感，肯定不會有任何所得。

17. 當你在心靈層面創造了某樣東西時，要清楚事情到此已經完成。從這一步起，再沒有任何事可以阻止它在物質世界成形。所以要將信心和信念集中，不要管乍看之下的障礙。要在每個障礙中尋找轉機。

18. 天國是意識的中心。認識它，萬物都會加給你。

19. 行動本身不會產生任何結果。只有正行才能創造，正行則出自正念。

20. 可以行使願望的唯一地方就是意識中心，我們可以用願望讓希望成為意念。

21. 多關照自己的念頭，少關注周遭世界，因為你的意念會形成你周遭的世界。

22. 在冥想中要冥想「萬物住在神裡面，神住在萬物裡面」這句話的意義。

23. 不要慌，不要急。沒有要爭什麼、也沒要和人打鬥。只有需要學習的東西和要獲得的自覺。上帝會穩定地推動所有事物。

24. 不要把你的外在與真實的你混淆。你絕不是你外在的那樣，你永遠都會是真實的那個你，而那個你是在你裡面，在你意識中心。

25. 讓靈性因素主導你生活中的每一個決定。
26. 拒絕憂鬱或悲傷。宇宙充滿歌聲和舞蹈。
27. 選擇意念。一旦你接受這個意念，它的心像所形成的事物就會是你的。

靈性療法

確定已經成功完成三十天的心靈特別食糧練習。這一來才能夠完全展現正向思考的力量。切記每天冥想前都要先找到自己的意識中心。這個程序是幫助你度過每日生活的重要工具。請好好善用。

本書中的每個冥想都是靈性療法，目的在讓你的生活與善和諧共處、與萬物共通潛意識心靈的力量和諧共處。這些心靈藥方可以用來送給你的朋友和心愛的人，或者任何你希望幫助的人。只要將文中的「我」字換成「他」或「她」或那個人的名字，當作靈性療程，就可以很快示範給他們看。當把這些療程用在他人身上時，我們自己內心的提醒者會被催眠，而且往往在能對自己展示成果前，就能為他們展示成果。所以不用遲疑，可以立刻去幫你的朋友和心愛的人解決這些問題，但不要讓他們知道你是在施行治療。「智者行善不為人知。」

延伸閱讀

《念力》（*Thought Power*），安妮・貝桑特（Annie Besant）

第七道冥想

我不會把我外在的樣子和真實的我混淆。我從來不是我外在的樣子，而會一直是真實的我——讓上帝住在我裡面。我將身體靜下來，調慢呼吸、滑入內在的深龕，來到意識的中心。在這個永遠平靜的地方，我與世界不朽的大我合而為一，然後開始觀察。我的各種想法以不停的思緒流經我的意識。我不負責創生這些想法。它們是萬物共通心靈無限延伸的產物，被引導到我的意識中，因為是我吸引它們的。我可以照自己意思選擇這些想法。我要做的事就只要下決定，決定之後我所選出的心像和想法就會導向我。

當我接受了它們後，它們就會在我的世界中實現。我要怎麼想，只有我能決定；由此我決定自己的人生。我擋住讓心靈通往負面思考和邪惡念頭的大門。這扇門只對正向、良善、美好、激勵人心的念頭開放。我對萬物共通潛意識心靈的智慧和力量有著充分的信心。我不預期念頭成真的方式；我相信上帝的每個舉動都有它的理由。除非自己接受了，否則沒有匱乏這件事；宇宙有著無盡的供給。活力和健康、富饒和成功都會屬於我，因為我只選擇這樣的意念去思考。

在我與不朽大我、也就是萬物共通潛意識心靈、也就是上帝合為一體的宇宙中，愛滿滿都是。我的每一個決定都獲得完美、無窮的力量來源的回應。

第8章

愛
實現絕對的愛作為推動生命的動力

當道路被引路之星的光芒照亮
就沒有過不去的坎、到不了的路
愛是至高無上的法則

愛主宰一切

關於愛，人們已經寫了很多，也說了很多。詩人讚美它，音樂家歌頌它，歌謠、戲劇和故事都在揭開愛的神祕面紗。他們說：「這就是愛情的真相。」並介紹了浪漫的愛情，但這只說出一半事實，卻騙了幾乎所有的人。那種在每個人的胸中悸動的、洶湧澎湃、探索內心的豐富情感，永遠不可能被簡化為僅是兩性之間的情投意合。我們的文學和教育讓我們誤以為愛情的終極目標單單只是為了找尋配偶、但那許多打離婚官司、看心理師的不幸福和幻滅的人們，卻發現根本不是這回事。我們把自己最強烈的情感衝動導往我們最強烈的物質衝動上，雖然按理沒有它們不能攜手合作的原因，但我們知道，它們的確很少能沒有衝突的。家庭和婚姻為我們的性衝動和社會繁殖需求提供了同樣的出口，但這兩個非常出色的社會制度，卻絕非最好學習愛的場合。因為，若不能愛全人類，就不可能愛你身邊的人！

愛就是一切。上帝就是愛。是因為我們基本上就是一體的特性，那個依稀記得性靈上合一的回憶，讓我們一直在尋找與他人的結合。從萬物共通心靈中，我們被異化而分離出來，被孤立在一具肉身的囚籠中、在我們轉生為人的一生中，我們於是不斷向外去接收、去給予、去交流——就是為了想回到那完整的一體中。美貌、勇氣、忠誠、堅毅、還有創造力，全都來自成功給予和接收到的愛。扭曲、恐懼、不平等、仇恨、怨懟、暴力以及失敗則都出自受挫的愛。因此，愛統領一切的愛。

——是生命終極的法則。

耶穌說：「你要盡心、盡性、盡意愛主——你的神。這是誡命中的第一，且是最大的。其次也相仿，就是要愛人如己[63]。」

永不停歇地尋找

我們是從純粹而永恆的靈魂演化而來，那是一個時空和數字都不存在的地方。從無限中我們被丟入有限，從而感知得到時、空、數字和分離，以及其他萬事萬物。也就難怪人類會越來越強烈

63 譯註：馬太福音 22:37-39。

地從內心渴望擁有、擁抱、佔有、也被佔有，給予並獲得、分享，在人間追求只有在絕對合一狀態下才能擁有的完整歸屬感的實現。我們看愛看得比其他事物都重要，是因為我們見識過絕對的愛，後來卻失去了它；而又因為我們向外追求愛卻被拒，而接收到那些痛苦；而所有潛意識心靈中的悲劇提醒者，都是由我們那被拒絕的愛深埋於記憶中的痛苦回憶所栽植。

使徒保羅寫道：

我若能說人間的方言，甚至天使的語言，卻沒有愛，我就成為鳴的鑼、響的鈸一般。我若有先知講道的能力，也明白各樣的奧祕，各樣的知識；而且有齊備的信心，使我能夠移山，卻沒有愛，我就算不了什麼。我若將所有的財產救濟窮人，又犧牲自己的身體讓人誇讚，卻沒有愛，仍然對我無益。

愛是恆久忍耐、又有恩慈；愛是不嫉妒；愛是不自誇、不張狂，不做害羞的事，不求自己的益處，不輕易發怒，不計算人的惡；不喜歡不義，只喜歡真理；凡事包容，凡事相信，凡事盼望，凡事忍耐。

愛是永不止息：先知講道之能，終必歸於無有；說方言之能，終必停止；知識也終必歸於無有。我們現在所知道的有限，先知所講的也有限。等那完全的來到，這有限的必消逝。

我作孩子的時候，說話像孩子，心思像孩子，意念像孩子；既長大成人，就把孩子的事丟棄了。我們現在是對着鏡子觀看，模糊不清；到那時，就要面對面了；我如今所認識的有限；到那時就全認識，如同主認識我一樣。如今常存的有信，有望，有愛這三樣；其中最大的是愛[64]。

今生，我們與萬物共通潛意識心靈隔絕。因為這樣的分離，我們就像透過鏡子觀看一樣，只能看個模糊。因為這樣的分離，我們渴望潛意識最深處的那種合一，這成了我們的推動力，也就是愛。依我們可以給予和接收的狀態，生命中萬物會賜予我們。當面對面的時刻來到時，我們就會認識到我們真正的樣子，因為萬物共通潛意識心靈是完整的一體，愛因此也是一體的，這時我們就會回到其中。

靈性合一

愛的反面是恐懼，而恐懼則滋生仇恨，恐懼和仇恨各自或多或少會生出邪惡的種子。既然是這樣，那愛能征服一切就不足為奇了，因為有了愛就沒有恐懼、有了愛就沒有仇恨、有了愛就沒有對立。

因此，真愛就是承認所有生命的靈性合一。一旦你完全了解自己和他人是一體，那就不可能對人做出害羞的事；因為如果你做了，那不就像是對自己所做。你也無法恨你的仇敵，因為你的仇敵也與你合一，就像你和你自己一樣。眾生和萬物都不過是一個不朽大我、亦即萬物共通潛意識心靈的諸多體現而已。這顆心靈的本性是不會責怪自己、不會和自己打鬥、不會毀滅自己。凡是視生命為戰鬥的，只想打倒別人或摧毀別人的，無異於是在打擊自己、摧毀自己。一體！一體！一體！

64 譯註：哥林多前書 13:1-13。

宇宙這麼高歌著。我們全是從唯一智慧中湧生的。也都會回到那唯一的智慧去。眾生只共有一個永恆不朽的大我。我們在自己的肉身與它分離，所以渴望著再次了解它那完整的一體，而這份想要回歸合一的情感衝動就被我們稱為愛。

襁褓中的孩子渴望一切，要求一切，完全相信只要他們有所求一切必將來到他們面前，這是因為他們才剛從那一體中降生，在那裡從來沒有拒絕。所以嬰兒要慢慢才懂得，這世上還有別人的存在，必須考慮他人的感受。日復一日，孩子們懂了原來這個不能要、缺了那個也要忍著、很多地方要守規矩。這時要是孩子能夠把這些拒絕視為出於愛，如果他們能在其中感受到關懷和陪伴和溫柔和關心，他們很快就會習慣於對他們的體諒和互惠。要是孩子從每個拒絕中只注意到惡意和憤怒，那排拒和恐懼就會在他們心中茁壯。一旦對現實產生了恐懼，仇恨就會從中而生；因為人都會懼怕會傷害他們的事物，而一旦受傷，他們就會恨傷害他們的人。

因此，恐懼和仇恨都是愛受挫後的反應。恐懼是針對我們預計會拒絕我們的愛的事物而來，而仇恨則是針對已經拒絕了我們的愛的事物。但我們真正的動機都是為了滿足我們潛意識中不斷湧出實現合一的渴望。

恨與愛

所以，恨與愛是相似的，也以完全相同的力量在運作。恨是對愛的否定，就像貧窮是對富足的否定一樣。在愛與恨中都一樣只有一種力量在運作；在愛中是正向運作，在恨中它則負面運作，恐懼中則完全無法運作，但只是抱怨著無法實現，遲遲無法決定，時進時退地試探著。

很少有人會質疑愛的力量，但我們絕大多數人卻很難將愛帶入生活的所有層面。數以百計痛苦記憶，或者說悲劇提醒者，在我們的潛意識中建立起了應對機制，讓我們在遇到特定狀況或人事物時，分別採取好鬥、侵略、殘忍、害怕、怯懦、或其他上千種不同的負面反應，在我們的日常生活中和我們的目標唱反調。但這些悲劇提醒者其實可以靠著在意識中心冥想去化解，靠著找到天國去解除。在這神奇的意識中心，知道一切、明瞭一切，絕對的愛會驅走恐懼和仇恨。

那這兩大阻擋成功的絆腳石是什麼呢？最大的絆腳石是恐懼，因為它像幽靈一樣躲在我們陰暗的想法中，無影無形，因此難以提防。它躲在夢中和清醒的意識中。它的許多惡魔潛伏在生活的每個角落。使我們癱瘓、卑躬屈膝、無法動彈、像是條巨大的寄生蟲，吸走我們生活動力。是恐懼在我們還未出發之前，就已經摧毀了我們的目標。是恐懼讓生命的明鏡模糊不清。是恐懼掐住我們的血管，限制血液流通、讓我們倦怠、讓白晝黯淡，讓生活處處蒙上了一層擔憂的陰影。因為恐懼不過是對信心錯誤的運用。恐懼是把信心用到錯的事和錯的情況上。恐懼是因為相信自己處於充滿仇視的宇宙和充滿仇視的人事物之間，覺得這些人事物全都一心一意要合力對付我們、摧毀我們。但這些想法全都是愚昧無知。

愛能消融悲劇提醒者

我們每個人有多少埋藏在心底的痛苦記憶——成打？上百？上千？精神病學告訴我們，這些痛苦的記憶多到足以形成一條幾乎永不停歇的思緒流，在潛意識的回憶中，沿著時間的軌跡流去，這些記憶從當下一直回溯到出生前精卵才剛在子宮中結合的時候。這方面精神治療有很多進展，但對於揭露這無數痛點以求讓患者獲得心理健康，卻是巨大無比且錯綜複雜的過程。就像農夫年復一年收割稻穀，卻總是遇上病蟲害一樣。這時他從那堆積如山的麥穗中，一根又一根耐心地檢視麥稈上的病蟲害，丟掉受蟲害的、再把完整的收進穀倉中。這花掉的時間，遠比下田耕種的時間長，但這樣的辛苦，換來的卻是這樣讓人心酸的收成。要是他能充分的噴灑殺蟲劑和農藥、灌溉和施肥，提前防範病蟲害，對他的作物收成會更有效率得多，也才能事半功倍。

潛意識中的悲劇提醒者也是如此。必須要先發制人、斬草除根、必須由意識中心做選擇，將所有負面思考和恐懼和仇恨都驅逐出去。

我們對所愛感到嫉妒。我們害怕失去所愛，所愛是我們生活的寄託。他們牽動著我們的幸福與否，乃至對他們的愛有時會物極必反，在短短幾十分鐘、幾個鐘頭、幾天的時間就由愛生恨。我們變得又怕又擔心，怕自己會失去所愛，或者他們會反噬、讓我們因此橫生怨懟，盲目攻擊。

王爾德（Oscar Wilde）寫道：

> 因為人人殺他心愛的人，
> 但並不都為此喪生[65]。

因此，絞刑架和牢房永遠乘載著由愛生恨的失落男女，因為愛與恨若沒有與萬物共通潛意識心靈結為一體做穩固、堅實的基礎時，其實是如此相似的。

愛上帝並懂得上帝就是愛的人，也會愛萬物。他們的愛不是建築在浮世流沙之上，也不會隨著風吹時冷時熱；但他們知道自己和天父完全合一，而天父的本質就是愛。他們不用追尋愛，因為他們已經有了。他們的眼睛所望之處，都是自己的倒影。萬物都回報著愛，他們的禱告能撼動天地的根基。

愛護萬物無論大小者，祈禱方得天惘[66]。
——柯立芝（Samuel Taylor Coleridge）

絕對的愛藏於內心

愛是至高無上的法則，因為透過愛，我們擺脫了分離的束縛，感知到我們所在的偉大靈性一體。因為有愛，我們獲得意識的重生，與萬物共通心靈合為一體，就像耶穌基督所說：「我實實在在地告訴你：人若不重生，就不能見神的國[67]。」

我們不需要為愛費盡氣力。愛就在我們心中，完整而絕對。它在我們的內心深處渴望能夠獲得宣洩，是我們將愛禁錮在內。我們自以為聰明又成熟，應該築起一道籬笆將愛團團包圍，然後將

65 譯註：出自〈雷丁監獄之歌〉（The Ballad of Reading Gaol）（黃杲炘譯）。
66 譯註：出自柯立芝〈古舟子詠〉（The Rime of the Ancient Mariner）第七部。
67 譯註：約翰福音 3:3。

自己交給寂寞和驕傲和妄自尊大。這些妄自尊大的錯誤有多離譜、又多自以為是啊！只是徒然自傷。剝奪自己表達愛的機會的人，等於剝奪了自己的一切。這傷害的只有他們自己沒有別人，因為愛在天地間到處移動，在每朵蓓蕾、每叢灌木、每朵花、每滴雨之間表達出來，不需要誰來讓它完整圓滿。愛推動著世界前進。也會推動你前進。只要你願意！

創造源於愛

生命就是創造，所有的創造都出自衷心真愛。除非先有想要貢獻給人類的欲望，否則空有萬物共通潛意識心靈的廣大創造性，也無法創造出什麼來。創造力的本質是對生命的愛，因為這種愛會引導我們做一些比以往更好、更大或更有啟發性的事情。這樣的愛能讓我們感受到大我偉大的一體和目標，我們本能地感知生命前進的方向，與生命的努力融為一體，貢獻所有並有所創造。

生命尋求知識，而創造則是對所學知識的衡量；因此，創造是生命的目的，創造源於愛。我們每個人都有一項才能，有時是多項才能，是上帝特別賜予我們的。因為上帝通過我們成為天地中獨一無二的事物。愛會發展我們的才能，讓我們自由地發揮我們的專長才能。無論我們在生活中還能做什麼，除非我們的才能得到開發，否則我們永遠不會完全幸福，除非我們的命運得到實現，除非我們擴大了全人類都在為之奮鬥的上帝的視野和知識。藉由讓愛在我們的生活中成為一種向善的力量，我們得以自由發展自己的特殊天賦、與不斷擴展和探索的宇宙保持一致，我們就能自由地貢獻所長。當這種貢獻個人化並以我們每個人獨有的方式表達出來，就能推動全人類沿著知識之路前進，從而與生命的本質協調一致。

我們這個時代最可憐的一點，就是許多人不知道失敗和不幸其實是自己造成的。這些人在人生的道路上哭天喊地、充滿怨懟，其實都是沒學到人生最重要的一堂課。他們悲慘的狀況，並非是命運、也不是不幸、更不是上帝的怒火所致——而是出自他們自己的手！我們每個人心裡都藏有成功和幸福的種子，而每個人也都有一個管道，可以讓這些成功和幸福充分地表達出來。這個管道每個人都不同，但都只有愛才能打開，也只有缺乏愛才會讓它關上。

不愛就只有死

愛是生命的動力。不論轉向哪邊，都可以看到宇宙嚴峻地命令著：「不愛就只有死！」透過愛我們服務，透過服務我們讓富饒、善良、知識、美好、安適不斷增加；但缺少愛，我們滋長自私、刻薄和抱怨，並散播仇恨和毀滅的種子，也讓自己枯萎和死亡，並減損了生命。和愛合作，我們就能將萬物增添到自己身上，也將萬物增添到人類中。

耶穌說：「神就是愛[68]。祂在我裡面，我也在祂裡面。祂做祂的工作[69]。」從這裡我們看到他所留給我們的偉大教誨就是，所有人都住在愛裡，而愛也住在所有人裡，萬物皆善，無論大小全都

68 譯註：約翰一書 4:16。
69 譯註：約翰福音 14:10。

是由愛所打造。

如果沒有愛，光是知道思想可以成真這件事也無濟於事。沒有愛，就算用盡努力正面思考，只接受良善，到頭來只要遭遇到人生的災難，還是會陷入自私和尖刻和怨恨的念頭中。要是沒能充分認識到愛，就只會把四周的世界看成都是仇恨，把別人都當成仇恨的生物，覺得所有人都一心只想打垮我們，或是摧毀我們，或是掠奪我們。只要這種想法在我們的潛意識中佔據核心位置，我們所創造出的環境，就一定會與我們希望擁有的環境完全相反。保羅說：「愛是永不止息[70]。」但信心和知識和預言則會隨著時間流逝和消失。

敞開心扉

我們似乎很難敞開心扉去愛。我們總是太在意自己所受到的一些微不足道的傷害和拒絕，對身旁的意見和環境太敏感，又太過沉浸在自我為中心裡，一心在自己的小問題、成功和失敗中。我們把自己與合而一體的大宇宙隔離開來；像隱士一樣，我們退隱山洞；像受傷的動物一樣躺在孤獨的修養處，舔著自己幻想出來的傷口；我們總是築起高牆——保護我們不再受更多傷害的高牆。但這些牆非但不能保護我們，反倒給我們造成最大的傷害，因為我們會因為這些牆而慢慢地殺死自己，不僅是肉體上的自殺，還有心理上和靈魂上的自殺。

敞開心扉。讓愛進入。當傷害不過是邁向圓滿的一步時，於你何損？日子是用來過的，痛苦和悲傷的遭遇有助於我們區分快樂和喜悅。

讚美詩作者沃爾特·史密斯（Walter Chalmers Smith）寫道：

沒有失去，襯托不出獲得，
沒有死亡，襯托不出活著，
沒有信心，遠見只是遠見。

愛能治癒身體，安慰孤獨時刻，照亮最黑暗的道路，救贖罪愆和邪惡，帶來繁榮，戰勝恐懼，塑造品格，揭示生命的意義。

愛或受苦

在這場被我們稱為人生的追尋上帝的路上，作為一個人，我們只有兩大選擇：愛或受苦！

每一天每一刻，我們都投入在創造的靈性力量中。我們會發願、計畫、構思、欲想、行動、說話、害怕、運用意志力、愛、恨、喜悅、尖酸刻薄——無時無刻不在創造。全宇宙只有一種力量；它依我們的設想、接受和允許創造萬物。善用這個力量就能帶來美好；誤用則帶來傷害、甚至災難。這份力量遍布宇宙，在萬物之中，也是萬物。它依我們的感官為我們服務或主宰我們，但選擇永遠握在我們的手上。

---

70 譯註：哥林多前書 13:8。

所有人都能獲得這份力量，而且是全部的力量。如果用在仇恨、怨懟和刻薄、冷漠，那它就會為邪惡所用。但只有用愛才能讓它為良善效力。愛了解萬物都是上帝許多體現所完成。愛了解萬物為所有創造背後的一體。愛知道，他人即你自己，敵人即你自己、所有時空和形式背後只有一個力量。愛了解所有人都在追尋上帝，每個人都以自己的方式朝自己的願景努力，每個人透過發現而支持另一人。愛知道每個人都在推動每個人。愛知道唯一值得我們作為上帝繼承者的活動就是創造。愛將芸芸眾生合為一體，芸芸眾生也共同投入一個偉大的共同目標：分享、貢獻和推動這條迎向上帝的共同道路。上帝是愛；愛是生命；我們是愛。凡拒絕愛的人，拒絕自己、也毀了自己在人類劇場中所擔任的一角。

所有潛意識心靈中的邪惡悲劇提醒者，都埋在受拒絕的愛、和受挫折的愛的回憶中。它們共同形成了一道大壩，阻止愛自由地流過我們的意識；它們催生了刻薄、恐懼和仇恨，成為潛意識中的敵意，它們將邪惡帶進我們的世界，為我們渴望的扯後腿。

若不愛就受苦；若不愛就受死；缺愛吸引邪惡，但有愛吸引良善。

愛的挫折

人類從搖籃到墳墓都在為愛而奮鬥。每一天每一刻，我們所做的每一件事，我們所說的每一句話、我們的每一個觀點，我們擺出的每一個姿勢，都是為了獲得被愛的感覺，或者處理不被愛的感覺。每一種官能症和精神病的根源都出自愛的挫敗感。每一種疾病、病痛、事故、革命、戰爭和災難，其根源都出自愛的挫折。全人類都在盲目地尋找愛的對象。敏感地，我們從每一次拒絕中退縮。默默地，我們將愛收回到遺忘的碉堡中，並在大門口派駐敵意、絕望、無情和殘酷的哨兵，以便愛既進不來也出不去。就這樣，我們扼殺了自己的希望和生命。

對我們大多數人來說，愛情是多麼遙不可及，我們的靈性本質和情感驅動力是多麼複雜。然而，答案卻驚人地簡單。降低門檻！愛就是上帝，就是萬物共通潛意識心靈，上帝就住在我們每個人的心裡，不斷在尋求表達和宣洩。愛的完美種子就在我們心中。耶穌說：「所以你們要完全，像你們的天父完全一樣[71]。」約翰說：「愛就在這裡面，不在我們對他的愛中，而是他對我們的愛中——愛他的心在我們裡面得以完全了。」完全的愛在我們每個人心中，不斷地尋找出口。我們唯一要做的就是讓它宣洩出來！

拋棄虛假的驕傲和妄自尊大。你沒有比誰了不起，也沒有比誰差。人都是相互依存。人類的進步不是靠爭鬥、憎恨和競逐，而是靠著共同努力像一家人一般，為了一個共同的目標而前進。愛就像隊伍前方飄揚的旗幟—有了它，我們才能生存和進步；沒有它，我們都無以為繼！

我們必須愛、接受愛。如果做不到這兩點，就被自己所擊敗。如果人類在這兩方面都失敗了，那麼生命的目的也就失敗了。愛是一種向善的力量，在整個宇宙中洶湧澎湃向上發展。它永遠想透過你把最多的良善表達出來。

把一切都交給住在你內心那個完美自我的善良和偉大。釋放所有仇恨、痛苦、不快樂和抑鬱

71 譯註：馬太福音 5:48。

的情緒。將你的意志和指引的工作交付到上帝、愛、萬物共通潛意識心靈的手上，對它們完全信任，獲致完美寧靜。用愛的眼光去看、用愛的耳朵去聽、用愛的舌頭去說、用愛的頭腦去思考、用愛的心去感受。在人生的道路上，你與上帝攜手同行。

愛與性

人類最重要的愛的表達方式就是性。伴侶間愛情關係中，在性行為中，透過身體、心理和靈性上雙方對彼此的渴求去充分表露。人類其他活動或表達方式，都無法如性行為這樣，為愛提供這麼全面的表達出口。但這一點卻很少人明白，也常遭到濫用！

肉體之愛是大部分文學、藝術、音樂和戲劇之根源，更催生了汗牛充棟關於性在生活的重要性以及浮誇或壓抑的各種論點。人類用錯誤的態度去看待性，每個人更都暗自對自己和其他人在性上的不同感到羞恥。

性行為的目的並不是生育——性行為是愛的表達！當世界將那些虛假、欺騙、惡意和自責丟到窗外，就會終於明白，懷孕和生育下一代，不過都只是伴侶間愛的副產品，而不是其原因。人類怎麼會讓自己戴上這麼痛苦的枷鎖，相信性行為只有為了繁殖目的才符合道德。動物才這樣好嗎？每個人在情感上的尋尋覓覓，付出和獲得，佔有和被佔有，這些只有當伴侶間有著自由無羈的愛的交流時才能充分透過性行為實現。是性愛給了我們以神性的愛來表達人類的情感的方式。根據我們醉心於愛的程度，我們的性生活會分別有昂揚、冷漠、下流、或痛苦等等不同。對有些人而言，它是愛的表達，但對有些人而言卻不然。而而如果性行為不能作為愛的表達，那將會與生活不同調，而我們在性上的欲求不滿，則不過是一種外在的表徵。

對結合的渴望

愛是承認我們的真實自我，也是對於我們所來自的完整一體的朦朧回憶。愛是對於想要重新體驗這種一體的強烈動機。愛是渴望結合。我們渴望這種結合，因為它能給我們帶來快樂。因此，所有的愛都有一個肉欲的基礎，無論是透過藝術、美、他人，甚至是無生命的物體。所有的愛本質上都是性，因為愛就是想給予歡愉也得到歡愉的欲望。沒有藝術作品、沒有散文或詩集、沒有任何令人著迷的演講者，沒有任何橋梁或建築，沒有任何科學發現或醫學進步，能帶給人那樣的快樂，而那份快樂卻是千百萬人每天透過簡單的性行為就能獲得的。因此，這同樣是大自然所提供讓人了解愛情的最佳機制，但我們卻一如往常，在懂得與大自然合作前，就試圖要瓦解大自然。但事實是，活躍而經常的性生活，不受到禁忌和民俗說法阻擋的性生活，才能充分表達在每個人心中的愛。

當兩人有愛時，就沒有所謂的放蕩、淫猥和縱欲。縱欲過度不過是沒有愛的結果。淫亂的性接觸一向是從愛中迷失、不停地透過各種性體驗尋求滿足的症狀。這樣的人注定要在向外尋找時失望，要等到他們發現令人滿意的性體驗其實是愛的結果，而非原因時才會改變。

偉大的實現

人類之所以是一夫一妻制的動物，是因為他們需要一個愛的對象——一個不僅能接受他們的愛，還能回報他們愛的對象。由於人體的性本能，我們將自己的感情寄託在另一個人身上。人生的一大滿足就是找到伴侶，並通過性結合來表達愛。如果沒有這種最基本的愛的滿足，我們就只是徒然終日在無數虛幻影子之間尋找那可望不可及的結合。我們可以把我們的愛投入藝術、商業、科學以及各種各樣的活動，但到頭來它們都讓我們感到厭倦，我們變得悲傷、悲觀和挫敗，因為我們否定了自己的人性，而人性是肉體實質的，因此，我們的愛從未完整過。

詩人雪萊（Percy Bysshe Shelley）寫道：

> 我們稱之為愛的那種深刻而複雜的情感是普遍對交流的渴求，不僅僅是感官的交流，還是我們整個天性、智力、想像力和敏感性的交流……性衝動只是其中之一，而且往往是其中的一小部分，其明顯且外顯的特質，是其餘的某種表達類型，一個共同的基礎，一個公認、可見的聯繫[72]。

沒有人會否認，性交可以帶來歡愉。但不知是什麼可怕的自虐傾向，讓我們竟然認為，性愛的歡愉是有罪且錯誤的。我們的身體不是我們所造，就算我們想要也造不出來。所以難道要怪偉大的造物者犯了錯，讓發生性關係竟然伴隨著歡愉快感嗎？這不就像是說眼睛看得到東西是有罪的，應成立機構來消滅人的眼睛一樣荒謬嗎？

哦，邪惡、羞恥、恐懼和仇恨的先知們在我們的思想中編織了一種可怕的想法，認為只要痛苦都是好的，一切歡愉的事都是邪惡的，這讓我們長久以來以殉道自苦。

性是生命在表達愛

當人們學會了愛，當他們知道愛是神聖的，愛充滿整個宇宙和他們時，當他們知道當愛被拒絕，生命就無法實現時，這時世上才不再會有失敗婚姻。因為當愛能夠自由透過我們的心進入我們的世界時，它就會瀰漫在所有我們摸過的事物上。它會讓我們和伴侶在性生活中找到完美的愛的表達，因為我們本性相同，也尋找相同的實現，而在愛中就能找到這一切，因為愛從不讓人失望。

性是愛的出口，留給愛的將是美好、偉大和快樂。用心理學家哈威洛克・艾理斯（Havelock Ellis）的話說：

> 我們需要的是激情，更多的激情和更充實的激情。禁止激情的衛道人士不屬於我們的時代；這許多年來他屬於死人的年代。因為我們知道，當那些禁止激情的人取得勝利時，這個世界會發生什麼。當愛被壓抑，仇恨就會取而代之。最不受約束的愛的狂歡就在恨的狂歡旁變得天真無邪……如果我們要消除憎恨，如果我們要為生活、為人類成就、為我們的狂喜願望增添歡樂和光彩，我們就需要激情，而且需要越來越多的激情。

72 譯註：出自雪萊翻譯柏拉圖《會引篇》（*Symposium*）前言 A Defence of Poetry. Essay on the Literature, Arts, and Manners of the Athenians. Preface to the Banquet of Plato. the Banquet Volume 1（Essay on the Literature, the Arts and the Manners of the Athenians）。

宇宙在舞蹈，在歌唱，在萌芽，在綻放，在建設。所有的生命都相互依存，在一個偉大的共同目標中相互服務。愛無處不在，愛在一切的背後，愛是偉大的目標。上帝是愛，上帝沒有任何罪惡或可恥之處。宇宙萬物都在愛的運作中、都在結合的運作中、在性的運作中。

性是生命表達愛！

因此，你的性生活、你與伴侶的關係，會將你對愛的理解表達出來。但光是靠我們與配偶的關係是不可能達成對愛的全面理解的。對真愛的理解只能來自於我們與自己的靈魂、與萬物共通潛意識心靈、與上帝的關係。除非我們首先了解上帝之愛，否則我們永遠無法真正地愛他人。愛的國度就是天國，它在每個人的內心。愛上帝的人愛生命，愛他們自己，他們的愛的本質永遠都會回到他們身上；他們的婚姻將是他們對愛的理解的完美結合，世間萬物都會將他們沐浴在善裡。用愛默生的話說：「愛……不求什麼，但接受一切。」

仇恨的真相

我們的世界充滿衝突，因為我們仍然無知。在我們四面八方，我們看到了善與惡的爭鬥。許多人希望我們相信，邪惡與善良一樣真實；他們讓我們相信，宇宙中有兩種對立的力量——上帝和魔鬼。他們這種想法，是人類在最黑暗時代所形成的，當時一切都以表象來判斷。但只要稍加思考就會明白，上帝和魔鬼不可能同時存在。造物主只能有一個。上帝不可能創造魔鬼，魔鬼也不可能創造上帝；宇宙背後只有一個真理。如果你接受魔鬼就是這個真理，你就不得不被迫相信，真理就是仇恨、暴力、搶劫、謀殺、戰爭、醜惡、貧窮、疾病和混亂，所有的善都是虛假的。如果你接受上帝就是這個真理，你就會看到愛、和平、工作、建設性、睦鄰友好、美麗、健康、和秩序才是真實的，邪惡都是虛假的。該怎麼選擇顯而易見。一切邪惡都是虛假的，都是幻覺。

那麼，關於仇恨的真相是什麼呢？仇恨的真相就是愛。恨只是愛走錯了方向。恨只是愛自相矛盾。在古老的《法句經》中，我們可以讀到：「從非怨止怨，唯以忍止怨[73]。」因此耶穌建議人們要以愛止怨。愛總是戰勝仇恨，因為愛就是仇恨的真相。

一個心中有恨的人，必然相信自己被人憎恨。一個心懷怨懟的人，必然相信別人對自己心懷怨懟。一個對別人刻薄的人，必然也覺得別人對他很刻薄。對人生不抱希望的人，必然覺得別人都不關心他。否定愛的人通常都相信生命不愛他們。因此所有邪惡都是出自抗拒愛。因此我們要先知道，我們是被上帝所愛的，也是被生命所愛的，然後才能讓愛透過我們去運行作用。

愛會創造、生產、治療、安慰、引導、照亮。與愛合一的人，就與上帝合一，而上帝也會通過他們來運行。

相信愛

我們生活的世界，每個人都努力想認識自己和了解自己。我們每個人都是這世上奇蹟的展

73 譯註：〈雙品〉（了參法師譯本）3:6。

現。這世上有個偉大而不為人知的靈魂在世上每個人體內運作，也透過世上每個人運作。這個靈魂尋找了解。我們活著、愛著、學著、抬起眼睛看著星星、問問題、尋找答案，以此為全能上帝的目的服務。生命是最超卓的壯遊。我們裡面那個不朽的、不眠的靈魂帶領我們不斷向上去尋找更高的善。只要我們讓心充滿愛和信心就不會失敗。

相信愛，因為當你相信愛你就相信上帝。我們都是坐在慈愛天父膝前的孩子，我們終有一天會明白祂的目的。這一切進行中的都是偉大而美好的事情，而我們就身處其中一部分；我們將永遠是其中一部分；我們終將與它合而為一。我們不需要每天每時每刻都幸福美滿，因為充分了解一切，才能獲得完美的幸福。但只要相信生命中偉大而美好的目標，並知道這扇神祕的大門，必須靠愛的鉸鏈才能開關，這樣我們就永遠不會失去對自己神性的信心，也永遠不會對自己有能力在人間建造天堂喪失信心。

要知道，真理永遠是偉大、美好、美麗和令人嚮往的。除此之外的，就閉上眼睛、耳朵、頭腦和心靈不予理會；那都是幻覺。薄伽梵歌（Bhagavad-Gita）有載：「不真實之物不會持久；真實之物永不凋謝[74]。」

人生的壯遊

有一種欲望瀰漫全宇宙——那就是對愛的渴望。因為這個欲望而創造了萬物：歌曲、故事、繪畫、引擎和機器、城市和學校以及教堂和商店。人類渴望的就是了解偉大的造物者的愛。在世界各地，人們都在祈求上帝，希望祂能助自己一臂之力。交戰兩國分別都在祈求上帝幫助自己。但我們現在知道了，上帝不會靠向誰那邊——是人要靠向上帝那邊。上帝就是依據法則推動愛。所以我們必須移樽就教走到上帝身邊去，而不是要求祂到我們身邊來。上帝的那邊就是愛的那一邊。當我們向愛移樽就教，我們就是向上帝移樽就教，向所有人、和平、幸福和知識等人間基礎移樽就教。

我們的壯遊，也就是我們這一生，讓我們遭逢了所有創造的奇蹟。我們用意念和欲望創造。我們內心的思想之室是多麼珍貴。無論我們想什麼都會在世上實現。學會使用萬物共通心靈來思考、來愛、來創造，是我們一生的主要任務。根據我們學習這些法則的方式，所思所想都會降臨到我們身上。

我們的每一個想法，每一個欲望，每一個心情，每一個情緒都投射在萬物共通潛意識心靈的偉大創造力之中，等著要在我們周圍的世界實現。多了不起的一個奇蹟！但同時也是一種責任。我們招致惡與善的能力是同樣容易的，因為只要我們思想和懷抱的念頭是什麼，就會招致什麼。每天每刻我們都在使用宇宙的大能來行善或作惡，只有蠢人或狂人會刻意使用這份大能來作惡。

上帝的旨意就是愛，而奉行愛為生命的指導原則就等於奉行上帝的旨意，也從而擁有了無窮的力量。每一個被愛牽引、被信心接受的念頭，都會在你的世界裡創造美善。

74 譯註：薄伽梵歌 2:16。（Shri Paramhans Swami Adgadanand 譯版）（黃寶生版譯為：沒有不存在的存在，也沒有存在的不存在。）（季羨林版譯為：無中不能生有，有中不能生無。）（徐梵澄、鍾文秀版譯為：無有者非有是兮，已是者非無有；）考量括弧內版本皆偏中文修辭學上的修辭手段，未能譯出語意故未加採用。唯《瑜伽雜誌》譯為：「非存在的東西並無恆性，永恆的東西則無斷滅。」較為接近。

強大醫學

社會是由群體共同表達的愛。人們在一起生活、工作、建設、互助、追尋共同目標、獲得知識——這一切都是通過愛實現的。我們的生命依賴於彼此，因為我們實際上是一個整體，沒有彼此就什麼都不是。世上的城市、學校和機構都是發自愛建立起來的，一個人為另一個人，一個鄰居為另一個鄰居，配偶為配偶、父母為子女。我們邁向屬於我們神性的每一步都是在上帝對人類之愛的照耀指引下進行的，上帝之愛通過我們邁出的每一步在人類身上得以圓滿。宇宙中奇蹟運作著，不需要望向無盡的蒼穹就能夠領悟到其偉大意義。尼采寫道：「我的兄弟，在你的思想和情感背後，有一位強大的主宰，一位不為人知的聖哲——它被稱為自我；它居住在你的身體裡[75]。」當我們再次返回家園時，等待我們的將是多麼輝煌的景象，多麼強大的命運，並看到我們的真我。

宇宙中的愛是無限的，所有的愛都可以任你取用。在你的生活中善用這劑良藥，你會看到治癒、繁盛與和平，讓你目不暇給。

在你的冥想中，在你意識中心的靜默時刻，記住用愛來思考一切，消極的想法就會從你的腦海中消失。愛能將心靈之窗關上以阻擋惡和負面，也能打開通往善和正面的大門，萬物皆由心生。然而，心主宰一切，過去如此，將來也是如此。在心靈中深植的必先被心所吸引，被其中的愛或恨所吸引。因此讓愛進入你的心，你就會把美好帶入你的思想和生活。讓愛進入你的心，你就能驅逐仇恨；仇恨無法與愛共存。相信愛，將一切託付給愛，用愛去思考一切，用愛去做一切。這樣，你就會與上帝同行，與宇宙的無窮力量合而為一。

〔本章要點〕

1. 愛是宇宙的基本整體。
2. 愛是至高無上的性靈法則。愛就是上帝。
3. 人類對愛的追求高於一切。
4. 真正的愛是了解所有生命的性靈合一。
5. 受挫的愛滋生恐懼和仇恨；它滋生邪惡。
6. 缺愛即生恐懼。被愛拒絕即生仇恨。
7. 愛能驅逐潛意識心靈中的悲劇提醒者，且一定不會失手。
8. 知道並相信上帝之愛的人，會愛一切大小事物。
9. 我們每個人內心都有完全和絕對的愛。
10. 所有的創造都是愛的表達。
11. 在我們的四面八方，我們看到宇宙的命令：去愛，不然就受苦。去愛，不然就受死。
12. 沒有愛，信心和知識都是徒然。
13. 因為我們誇大的傷害，因為我們過於敏感的自我，我們孤立了自己，產生了恐懼和仇恨，並在生活中製造了邪惡。

---

75 譯註：《查拉圖斯特拉如是說》（*Thus Spake Zarathustra*）：查拉圖斯特拉的演講：四、肉體蔑視者（Despiser of the Body）。

14. 所有的不快樂、所有的官能症、所有的精神疾病、所有的疾病、意外和災難，以及所有的邪惡，都源於被拒絕的愛。
15. 愛對所有獻出其心的人起作用；愛只有在奉獻時才起作用。
16. 性靈永遠是完美的，愛永遠是完美的。世上的不完美都是我們對愛的認識不完全所致。我們成長就是為了完整我們對愛的認識。
17. 性是人類對愛最完整的表達。
18. 美滿的性生活是愛的結果，而不是原因。
19. 在整個宇宙中，性都是生命在表達愛的方式。
20. 一個人對另一個人的愛是愛對全人類的愛的體現。
21. 愛能創造、產生、治癒、安慰、引導和啟示。
22. 我們透過思想和欲望投射到萬物共通潛意識心靈。我們懷抱著愛的想法和欲望創造美好。缺愛的想法和欲望則創造惡。
23. 與愛化為一體，我們就與萬物共通潛意識心靈的力量融為一體。

征服致勝的想法

這裡有些工具可以用：我們思考；我們愛；我們相信。透過思考，我們獲得知識。透過愛，我們與萬物共通心靈一致。透過信心，我們讓思想成真。理解並善用這三種工具，就能帶來力量。

慢慢地，世界被真理喚醒。漸漸地人類的靈性光輝和命運之光正在滲透我們的學校和社會機構，進入我們的企業，進入我們的政府。一個共同的天父用一個巨大且不會消失的聯繫將我們所有人緊密地連結在一起。只有透過愛，我們才能到達目的地，使我們在地球上的生活變得偉大、美好和豐富。這就是耶穌帶來的訊息。它將為人類贏得宇宙！

用史懷哲（Albert Schweitzer）的話說：「這裡提出的想法遲早會征服世界，因為它以不可抗拒的邏輯性，征服人心，也征服頭腦。」

延伸閱讀

《用愛改變生活》（*Change your Life through Love*），史黛拉·泰瑞爾·曼恩（Stella Terrill Mann）

第八道冥想

生命的真相是上帝對萬物無限的愛。每個人都是我的兄弟姐妹，與我有著不朽和永恆的連結。我愛所有人；他們住在我的天父裡面，我的天父也住在他們裡面。我將我的心交託給人類，人類則投我以愛。我將我的心交託給上帝，上帝的愛則在我裡面變得完全。我與宇宙的所有力量、活力和知識融為一體。我放下恐懼和困惑；它們是幻覺，無法與真理共存，真理就是愛，它現在在我裡面完整而充實。

萬物共通潛意識心靈的偉大現實永遠存在於我內心的最中心位置。我從中汲取完美的智慧、完美的健康、完美的和平、完美的幸福、完美的愛。我放棄所有被世上幻覺所烙印在我身上的禁忌。除了真理，我拒絕接受任何東西，因為真理永遠是美好的、正向的。我與神聖的智慧同行。我接受上帝的意志和愛，並以歡笑、喜悅、歡愉和服務來表達。只有美好、偉大、重要的和建設性的事物，我才加到自己身上。其他都不許進到我靈魂創造的深處。每個人洶湧澎湃的欲望都是要了解愛的實現。實現這一欲望的途徑是透過接觸意識的中心，透過與內心的寂靜定居者交流。

我放下懷疑、困惑和恐懼。博愛在我心中完整。我與上帝合一，與上帝同行。我寧靜而篤定，喜悅而成就，對終極的輝煌充滿信心。

第 9 章

成功
用潛意識來獲得豐饒與成就

追隨照亮你靈魂的光芒
不畏步履蹣跚
當一個人把工作交給上帝時，他就會獲得他最珍視的目標

金錢——一種交易媒介

成功是現代人心中永恆的憧憬。我們認為能擁有大房子、名車、遊艇、僕人、出國旅行，還有許多的優閒時間就是富裕的最高峰。我們問：「怎樣才能擁有這些東西？」我們的答案也很直接快速：「錢。」於是，我們就高喊著：「生很多錢！」開始動手。卻因為有這個荒謬的錯誤前提，讓我們幾乎入不敷出。

真正能生產很多錢的人是那些在政府印鈔廠上班的人，我們其他的人其實是在賺錢。我們靠著給其他人提供有用和必須的服務或產品來賺錢。其他人也做著跟我們一樣的事，我們是以貨物和服務交易。但因為不可能帶著船舵，到底特律與人以物易物交易汽車，所以就發明了金錢來代替這

些貨物。我們每天用服務交換其他人的服務，金錢的交易不過就只是代表著服務的交易罷了。

賺錢不會獲得成功，成功才會賺到錢，而成功是個人在生產上能夠促進人類福祉此一成就所換來的。現代人是本末倒置了。他們把賺錢擺在第一位，但其實他們該做的是服務人群。要創造！要建造！要服務！這是大自然的旨意。聽從這些旨意，宇宙的富饒和豐沛對你就沒有極限。

以賺錢為出發點的人，一心只想著累積金錢。但獲取金錢這件事並沒有對人類有明顯服務，這些以賺錢為出發點的人從一開始就打敗了自己。這並不表示他們不會有一段時間獲得一定數量的金錢；但這些人卻絕對不會永遠享有富饒，因為他們的前提不是付出而是獲得，因此互相交易的法則遲早會逮到他們，並討回它們所獲得的那一丁點。

金錢因此極具爭議。擁有金錢或缺少金錢成了發起革命和國與國戰爭的原因。在這個對於人類存在奇蹟不再讚嘆，卻只是崇拜物質佔有的年代，我們用絕望和仇恨和混淆取代了心中的希望、愛與和平，將對上帝的崇拜換成了金錢崇拜。賺錢從手段成了目的，凡是能累積金錢的手段，再怎樣都說得過去。等到攀升到財富巔峰，見識過金錢徒然，乃迷失真正目的。這時再多的金錢也買不到內心的平靜、換不回青春、或者阻止死亡到來；最終只換到與自己靈魂的拔河，那還要那些年對於靈魂的漠視沒造成他們靈魂枯萎才行。

物質主義的迷思

豐饒和富足是真正的靈性條件，想要擁有這些都沒有錯，但只是為了有錢而一味追求財富，卻是空洞而耗損靈魂，因為它忽略了人類的命運。我們的現代社會結構讓我們大幅度要相互依賴，因為我們非常仰賴每日金錢供應，藉此才能獲得食物、居所和舒適的生活，這些東西大多數人若不使用金錢就無從獲取。金錢因此成了我們的生活支柱，我們的安全感繫於它，也讓我們忽略了安全感其實來自內在這個永恆的真理。

在美國，我們常把想要就去爭取和百萬富翁傳奇這樣的錯誤觀念教導給下一代，這是害了下一代。想要就去爭取的迷思，植基於「狗咬狗」和「適者生存」這樣的觀念，而百萬富翁則往往是巧取豪奪社會的產物。想要就去爭是相信世上的供給有限，不夠所有人平分的物質主義所導致，因為這個迷思所以大家就必須靠把別人的搶過來自己才有。百萬富翁的推崇也是出自同樣想要靠擁有製造安全感的物質主義。這些現代現象是自取滅亡。認為成功的前提是基於「巧取豪奪」的人，勢必招來同樣的對待。把安全感建立在擁有物質的人，也注定要看到安全感逐漸消失，逼得他們滿心困惑。

耶穌有言：

不要為自己積攢財寶在地上，地上有蟲子咬，能鏽壞，也有賊挖窟窿來偷。只要積攢財寶在天上，天上沒有蟲子咬，不能鏽壞，也沒有賊挖窟窿來偷。因為你的財寶在哪裡，你的心也在那裡[76]。

76 譯註：馬太福音 6:19-21。

成功的標準

讓金錢來衡量你的服務。永遠要思考要怎樣能給其他人提供更多的服務，這樣，他們的感激就會以金錢的形式回饋給你；或許不是受你服務的人，但終究會回來，因為這就是定律。從服務中獲得滿足感，不斷擴大並改善你的服務；不要去考慮金錢，要把金錢當成是服務的結果；這樣你就會看到自己享有難以撼動的富足，因為這是發自靈魂的根源。

繁榮就建立在相互交易的定律之上；貧窮也是如此。耶穌說：「無論何事，你們願意人怎樣待你們，你們也要怎樣待人[77]。」因為他看到眾生的最大互惠交流，而他知道那讓人貧窮的，自己也將貧窮，而讓人繁榮的，自己也將繁榮。因此你所付出的也將得到回報，你所販售的，也將買回，你所想的將會在眼前實現，萬物都會回到本源之處。

如果我們想要錢，那是因為我們想要換取他人的服務。如果我們想要他人的服務，我們就必須提供等量的服務回報。我們的成功永遠依我們所提供服務的質和量而定，金錢則是衡量服務的一種很不足的標準，但仍然是一項標準。

這或許讓你想起那些透過詐騙、透過暴力、透過誇大不實致富的例子。但別去以為那真的有用。路遙知馬力，日久見人心，腐爛的必不能長久。靠虛假做起來的繁榮就是假的繁榮，日積月累之下就會枯萎憔悴。只有提供等值服務致富的財富才會持久。這樣的金錢不是從任何人身上巧取豪奪得來的；這樣的財富僅代表著在天地間被創造出來的一部分。讓自己擁有永恆繁榮的人，其實也讓世界因此富足起來。因為無限的萬物共通潛意識心靈所創造的富足也無極限，這樣的富足是每個人都能擁有的。不可能只富足自己而不使他人富足，因為生命的定律就是我們不會只有自己單獨前進，而是成雙成對、結伴同行。提供巨大服務的人必然獲得巨大回饋，而沒有提供服務的人，也同樣必然獲致貧窮。

力量就是創造力

因此，金錢從來不是目的，也從來不是手段。它永遠只代表服務，因為它永遠只是一種交易媒介，如果我們提供了服務，金錢就會來到，同樣的，如果我們不提供服務，金錢也不會來到。

最重要的是，不要有「佔人家便宜」的想法。每個人都像是電線網路的一根電線桿。一根電桿能接收的電流無法多過它能轉載的電量，我們能得到的財富也只會和能給出的一樣多。在人生某個階段、某個時間點、甚至有時長達好幾個月的時期，會覺得我們好像付出的比得到的多，或者得到的比我們付出的多，但到頭來這出入之間終究會平衡的。我們佔不了誰的便宜，也沒人佔得了我們的便宜。人生沒有便宜可以賺，誰也矇騙不了誰，能騙的只有自己。

人擺脫不了互利互惠的，這是生命的本質。了解這一點的人，就知道要花時間在增進自己服務他人的能力，並且建設、創造和付出。耶穌說：「有人強逼你走一里路，你就同他走二里[78]。」

77 譯註：馬太福音 7:12。
78 譯註：馬太福音 5:42。

凡是你付出的服務，不會不獲得回報的。而你所對人的傷害，也不會沒有懲罰。互利互惠的法則就是道德、罪與罰、正義與回報的法則。

我們怎樣才能提供最好的服務？答案是創造，而不是競爭。我們既不能靠競爭別人的工作、別的生產者的市場、別人的生意來為自己服務，也不能為人類服務。我們通過創造新工作、新市場、新手段、新方法來服務。使我們每個人成為我們的神奇力量來自取之不盡、用之不竭的來源。我們是創造性的生物，與上帝的創造力緊密相連。像是奇蹟一般，我們無時無刻不在創造思想。在我們的意識之下，蘊藏著無窮無盡的知識，只要是我們有勇氣進行的計畫，都可以從這些知識中擷取以供使用。有句俗話說：「上帝賜結網的以絲線」，凡大膽一試而志向遠大者祂都贈以微笑。這個創造性力量所有人都能取得。這是基礎、根柢，我們每個人的本質。和它攜手合作，我們能前往無比高度；與它作對則人生只剩原地打轉，徒勞無功。

每個聰明人很快懂得這個訣竅，那就是除了自己智慧和知識能量之外，還擁有一種不一樣的新能量（就像身上住了兩個聰明人），方法是讓自己全然投身於事物的本質；而這份新能量，除了能供他個人使用外，還有一個巨大的能力能供大眾使用，只要他敢釋放這份能量，跳脫凡人的枷鎖，承受著凡俗的潮流向他湧來捲去；他就會被納入宇宙的生命中，他的話語將成為雷鳴、他的思緒將成為律法、而他的文字則會如行星與動物般舉世皆通。

——愛默生[79]

神奇的銀行

我經常從事石油地產的買賣，偶爾有人會問：「當人們從你這裡購買石油地產，卻沒有獲得投資回報時，你又怎麼能稱自己提供的是創造性服務呢？」

我通常會回答：「每個人都會以某種方式獲益。」

每個人都能從石油工業的發展中獲益——比如供暖、運輸、塑膠等等——石油土地的交易是創造巨大石油儲藏的不可或缺的一部分，這對我們的現代生活不可或缺。誠然，有些人比其他人獲利更多，但這就是人生的定律，無法改變。沒有人失敗，只是有人會走得比較前面。沒有失去，沒有浪費。當我們參與為人類創造新財富、新方法和新收穫的行動時，所有人都在實現上帝最美好的願望。

在我多年的廣告生涯中，曾經有一位客戶想在競爭激烈的市場中開發新消費者。他的做法是削價競爭到自危的地步，並雇用大量推銷員，用盡一切話術推銷。但儘管他使出了渾身解數，銷售額還是持續下滑。

他說：「你看，我和我的競爭對手一樣聰明。我比他們任何人都努力。但人們買的是他們的產品，而不是我的。原因何在？」

有人問他：「你喜歡廉價的仿製品嗎？」

「當然不，」他回答道。

79 譯註：出自散文〈詩人〉（The Poet）。

「那憑什麼你覺得你的顧客會喜歡？」

「我從沒說過他們會喜歡，」他不滿道。

「但你的做法就是這樣。你的產品就只是要跟別人比，只是差人家一截，好讓你賣便宜點。你不想要更具規模，因為你沒有企圖心。你需要的是有新意——有你的風格、把自己放進去，有創意的產品。」

「你說的倒是很簡單，」他回答，「但那是什麼？」

「答案在你手上。有一股巨大的創意能量會透過你運作。敞開心胸探索你內心的自我。」

「這要怎麼做？」他問。

「透過祈禱。」

這人一定是找到了和上帝直通的線路。日後每當國內各地五金行推出新產品時，十之八九都是他的產品。看來他已經成為這方面的佼佼者。近來有人問及他成功的祕訣。

他回答說：「我有一家很棒的銀行。所有的存款都是創意。每當我想要一個創意時，只要去這家銀行提領即可。」

揭露小我的真面目

人生就是追求成就。透過在自己的生活中尋求成就，我們就與宇宙的目的融為一體，並捲入無限力量的滾滾浪潮之中。我們總是靠創造來達成成就。我們總是靠把自己關進萬物共通潛意識心靈中，尋找意識中心、與上帝融為一體，讓自己不成為絆腳石。我們認為的自己從來就不是自己，那個我只是我們穿上的一件紙糊的袍子，並自以為是地稱之為「我」。但這其實是小我，難搞、爭強好勝的小我，是意識覺醒後的產物，它總想孤立我們，讓我們與真正的自我分開。

我們戴著妄自尊大的假面具，我們這個「我」，在我們真正學會創造之前，一定要先把這個假面具剝除，小我必須剷除，妄自尊大必須除掉。我們要褪去所有的裝模作樣，惺惺作態和偽裝，摒棄一切個人責任、自負和驕傲。我們必須把自己貶到一無是處，這樣我們才能張開眼睛，看到我們真我的崇高巨大，這個真我完全不會妄自尊大，只看到真相，這裡就是意識的中心、天國。一定要讓自我這顆絆腳石不再擋路，好讓力量流經我們。

因此，成功取決於服務，服務取決於成就，成就取決於創造，而所有的創造都源自萬物共通潛意識心靈，當我們使用它時，它就會對我們做出反應。那麼，我們該如何發揮創造力呢？

當然，我們每個人都已經與太陽底下最偉大的創造力連結在一起。我們在生活中的每一刻都在使用這種創造力。事實上，除了創造，我們幾乎不做其他事情。然而我們卻往往使用這種力量為生活帶來邪惡和災難，更多的時候，我們沉迷於恐懼和挫折，以至於我們的存在淪為笑柄。問題不在於我們如何才能具有創造力，而在於我們如何才能學會只創造美好。

想像力與創造力

萬物共通潛意識心靈透過所謂的想像力的形式，在每顆意識心靈中凸顯出來。心像的作用，我們可以把它召喚進我們的意識心靈中，而且除了我們自己施加的限制之外，它完全沒有任何限制。所有創造衝動都源自想像力。

哥倫布的想像力讓他這麼問道：「如果世界是圓的呢？」接下來則由萬物共通潛意識心靈完成剩下的工作，就這樣有一天，哥倫布發現自己在一個人人都說是平的海面上向西航行。

萊特（Orville Wright）問道：「如果人能飛呢？」而有一天他在吉提霍克（Kitty Hawk）村時，萬物共通心靈給了他答案。

是那些沒人夢想過、沒人完成過、不可能的事，就像這些事自己一樣一直想盡辦法要成功。只有不受束縛的心靈，讓想像力無拘無束地發揮，才能大膽地挑戰不可能。如果我能做得更便宜？如果我能做得更好？想像力提出想法，萬物共通潛意識心靈加以實現。我們戰勝疾病，建造高塔和橋梁、用汽油和柴油引擎提供運輸，用看不到的電力照亮城市，在空中傳輸圖像和聲音，靠著在空中翱翔的機器從一片大陸飛到另一片大陸；而這一切，都出於大膽的想像力敢於設想這些事的可能。所有這些人類所取得的每一項重大進展，初構想時都引起無數人的訕笑和譏諷，這些人只甘於平凡和無知和自大，而不願夢想偉大並保持謙卑和遠見。

不論你做什麼工作，無論是挖壕溝還是一國元首，同樣的想像力都為你和所有人所有，而且即使是地球上最尊貴的人，也只使用其中的一小部分。如果你能摒棄那種認為安全感繫於物質世界的錯誤概念，將信心和信賴交託給萬物共通潛意識心靈，力量就會為你工作，在你的生活中創造出那些你所想像和接受的事物。耶穌說：「你想野地裡的百合花怎麼長起來，它也不勞苦，也不紡線[80]。」徒勞的努力不會造就百合花，憂慮也不會催促百合花的綻放。它們從主宰一切的力量中茁壯成長；我們也可以像野地裡的百合花那樣從容不迫地追求自己的目標，只要信靠上帝，並相信明天。

與力量同在

沒有什麼是一成不變的。生命的偉大律動、生與死、潮起潮落、萌芽與綻放，都在延伸、探索、建造、擴展。上帝尋求了解——祂透過我們尋求不斷擴大的自我意識。那些與生命不斷擴張的本質調和一致的人，就與上帝的目的合一，成功必然會降臨他們身上。

由此可見成功會降臨在那些生命具有創造性的人身上，而真正的創造力會在物質世界中產生與思想、觀念和定見對應的物質實現。打開通往萬物共通潛意識透過我們運行的管道，就能安排我們世界中的萬事萬物。老子道：「此兩者，同出而異名，同謂之玄。玄之又玄，眾妙之門[81]。」要想成功，就要想著成功。要想富裕，就要想著富裕。但這兩者的先決條件都是透過對上帝的愛以及對人類之愛，運用我們偉大的創造力。這樣，我們就能造福他人和生命本身，而我們的善行也會以成功和繁榮的形式回報給我們。

沒有什麼事情是人們獨自完成的；所有事情都是由萬物共通潛意識心靈在回應我們的意念和定見所實現。你的意念會以實體回到現實生活中，當你的意念被愛所引導，美善必然會回報給你。

80　譯註：馬太福音 6:28。
81　譯註：《道德經》第一章。

將你的工作交給上帝，讓愛透過感知眾生一體進入你的心靈，守衛心靈的堡壘，好讓你只有正面思考——這些都是成功的要素。

有了祕訣的鑰匙，他前進得更快了、
從力量接著力量，黑夜走向白晝；
階級或部落太弱，無法駕馭
生活的流動條件，讓開。
——愛默生[82]

一切想法的源泉

在成就階梯上的第一階是：獲得創意。在現代社會我們經常可以看到新的發明、一部新時代的小說、革命性的企業、新的環境形式、教育和便利性。許多人常常會掛在嘴上說：「當初如果有想到這點就好了。」我們更常覺得，都是機緣沒讓這點子出現在我身上，不然就輪到我了。

但是，好點子的出現，跟機緣巧合一點關係都沒有。點子會找上門，是被我們吸引而來。我們之所以能吸引點子上門，則是因為我們讓自己的心理狀態準備好到一個程度。而要做到這一點，就是要清空心中的罣礙，不去想何者可為、何者不可為，乃至於有關限制和不足的負面思考，全心信任萬物共通潛意識心靈，相信只要我們有勇氣去發問，它就一定能給出答案。更好、更偉大、更精細、更有用的東西——這些都是大家想要獲得的創造性目標，但我們卻花了大半的時間讓自己的心理狀態只會吸引相反的點子，一心只相信限制、不足和痛苦。

世界上最偉大的人與最不幸的人使用著完全相同的力量，這些最偉大的人所能獲取的這種力量不比其他人多。這份力量對所有人都是一視同仁，而其對於每個人的作用，則端視他們的遠見和理解。也就是說，愛因斯坦所獲取的這份力量並不比你多，也不比耶穌多。只要打開心胸，讓愛佔有你，讓自己擺脫限制的想法和痛苦的回憶，這份力量就會流經你的身體。它會為你帶來你用信心和勇氣和堅定定見所提出的請求。

讓自己無拘無束地問出有雄心壯志的問題，不用擔心不會得到答案。要問什麼儘管問，會不會成為作家出書、能不能成為蓋橋梁的工程師、能不能開發全新市場、能不能打造自己的事業、能不能找到更好的工作、能不能發展出增加更多服務的能力，儘管像萬物共通潛意識心靈提問：「要怎樣才能辦成這件事？」別擔心，答案自然會出現。別慌張費神。別糾結、沒信心、也別擔憂和傷神。只要抱持信心。可能是一天、一周、一個月，答案總會出現，而且會清清楚楚，彷彿對著你的靈魂訴說一樣。答案會從一些小事、一些簡單的事實中透露給你；而且會簡單得讓你覺得好像是機緣巧合想到、自然得像是得來全不費工夫那樣。但可別以為真是這麼簡單。萬物共通潛意識心靈體現在這世上的，總是可以簡單找到其現實世界中的原因，但從來沒有人想到，這其實是由一條長長的因果鏈，來自永恆的來源所生。但其實，當你得到了想要的答案，想到一個好點子時，其實就是

82 譯註：〈教育〉（Education）（演講集）。

見證了上帝的傑作。要是你夠聰明，你會懂得好好端詳這奇蹟，發出由衷的讚嘆。

要獲取點子只需敞開你的心胸吸引它，並相信萬物共通潛意識心靈一定會將它帶到你面前。要堅定相信，這創意一定會來臨。

釋放洪水

但不要誤會這些點子出現時會完整、實用到可以立刻派上用場。點子出現時，都只是非常粗糙、一般，得要點耐心細細審視和打磨。你的目的必須放在將這新點子打磨到一絲不苟、盡可能細膩、具實用性。等到你完全了解這個點子的目的後，這時你就能逐漸看到其真正的樣子成形了。這樣的心靈意象米開朗基羅（Michelangelo）就有過，所以他才會說：「在每一塊原石中，我都看到一個完美的形體。」而每一個點子，雖然乍看粗糙無形，卻藏著一個完美的完成形態呼之欲出。去尋找這完美的形態，它就會來到你面前。不要降低你的標準。

透過檢視和冥想，你的定見會越來越清晰、慢慢會被篩選穿過意識而往下傳遞，將之注入到萬物共通潛意識心靈。這時只要你越有信心，你的心像就會越清晰，就越能深深烙在潛意識之上，然後它就能越快實現在你的物質世界中。而要是你這點子是用愛去形成的，目的是為了服務、進步、建造、創造，那富饒和成功就會在點子實現時也跟著來到你身邊。你不須驅策自己，忙得團團轉，急就章或是擔心。你的行動都有萬物共通心靈來引導，要獲得最後成功所需的一切事物，都會自然被引導到你要走的路上給你，同時你也被引導走向它們。因此，這一路上，你需要的工具也會出現，你需要的工人也一樣，最後所有你需要的組織和援助也都會來到。機會也將來敲門，打電話給你、寄信問候你、在午餐時前來拜會，在工作和娛樂和休息時來找你，讓你好奇這是什麼好運的大水被釋放了嗎？凡是和上帝和諧工作的人，就有一隊看不見的人馬幫助他。

假如你可以，請劃出那道神祕的線條，
分割你的和祂的世界
區分哪邊是你的、哪邊是神的。
——愛默生[83]

每個人的資產——工作

無論我們打算從事什麼行業，無論是藝術或科學，製造業、農業、批發還是教育，都要有助於貨物和服務的生產和散播，以造福於社會的物質、精神和心靈福祉等層面。任何其他目的都是錯誤的，都是幻覺，因此都是邪惡的，遲早會給我們帶來惡果。因此，渴望成功的人必須以造福他人為出發點。視他們成功的程度，就會賜給他們成就和繁盛。

在我們現代世界複雜的經濟中，每個人的共同資產就是工作，而我們的回報則取決於我們的

83 譯註：出自〈人生的行為／崇拜〉（The Conduct of Life/Worship）

勞動如何造福社會。造福社會多者就有大的回報；造福少的則有小回報。有鑑於可生產土地面積有限，且最終都會落入少數人手中，因此體恤人民的國家越來越重視勞力而貶低所有權。視其施行的公平程度，國家在邊疆地帶都不再擴展後，還會持續享有經濟自由。我們現在所居住的社會就是這樣，靠著逐漸貶低所有權、抬高生產力，以求獲致道德上的微調。現在社會看重勞力、生產力。在藝術和科學還有個人服務之外，多數人都投入貨物生產和批發。工作和享受勞動的成果——這就是物質生活的循環，創造、生產和服務能力發展得越好，勞動力就能越有成果。

若是工作得不情不願，誰都不能成功。厭惡自己的職業、上班期間時時都不斷抱怨訴苦的人，不可能在自己那個行業達到巔峰。但先別急著找新工作或是轉行。不論換到什麼工作、或轉到什麼行業，不變的還是你自己。成功的種子不論在什麼環境都會開花結果，但首先你要認識自己，認識萬物共通潛意識心靈的力量。要改變的不是你的工作，而是做那份工作的人。要先改變自己的工作態度和心理狀況，要先以正面態度面對，且用創意去面對，而不是負面態度和滿腹牢騷。每個人不論是誰、做什麼工作，當下都面臨著大好良機，但要是我們封閉自己的心靈，就只會錯失良機。要擺脫負面心態，敞開心胸，了解整個宇宙正快速向前邁進。而我們只要搭上這班便車，讓這份力量載著我們同行即可。只要拋棄恐懼和懷疑和負面心態和怯懦，欣欣向榮的力量就會載著我們向前行。

莎士比亞就這麼寫道：

> 世事如潮人如水，
> 順潮而上，水漲船高；
> 錯失良潮，大勢已去，猶龍困淺灘，萬劫難復[84]。

這樣的良機漲潮不會像人家說的那種千載難逢良機只出現一次，而是會不斷在所有人和所有狀況下出現，而且總是非常便利。或許這種良機在一個人一生多數時候都被錯過了，但只要他們求助於它，它必不會拒絕。這是從萬物共通潛意識心靈不斷湧來的力量的浪潮。

永遠不會太遲。永遠不會！再不聽話、再遲緩的孩子，在我們心中天父的眼中永遠都受到歡迎。不論是年輕人、中年人、七十歲，這份力量當下都會為你服務。只要放手讓它去做。

失敗的罪魁禍首

就像所有事物一樣，繁榮和成就都是心理狀態，其物質的存在不過是心靈中成因所致。為了要有所成就，先要心中冥想成就。為了要有所創造，先要在心中冥想創造。為了要繁榮，要先在心中冥想繁榮。而因為多數人都不是在自己最想要的狀態下，我們沒有別的選擇，如果想要達成目標，就要超越自己的環境。不能讓自己的思想被周遭的環境左右。

困惑是所有失敗的罪魁禍首——困惑於因果之間。自己的種族、自己的國籍、自己的社會階級、自己的痛苦回憶等等悲劇提醒者，這些會一再說服我們硬要怪罪給外在世界。身困貧窮的人就想著貧窮；身困疾病的人想著疾病；身困失敗的人想著失敗；身困仇恨的人想著仇恨。我們因為這樣成為一具失去主動的傀儡，成為環境的犧牲者，只靠反射動作在維生的生物，而不是具有自主決

84　譯註：《朱里厄斯．凱撒》第四幕第二景。

斷力的靈魂。

外在世界是果，心理世界是因，兩者莫要混淆。拒絕讓環境改變你的想法，這時你就會發現環境依你的想法改變了。發現意識中心、也就是天國的人，總是可以不讓外在世界影響他們。他們的基礎可以維持永遠不變，而外在的災難和邪惡對他們都起不了大作用。耶穌的話就是他們的心聲：「還沒有亞伯拉罕就有了我[85]。」

願望與命運

很難讓人們相信命運和願望是同一回事，但毫無疑問的確是如此。之所以人們會混淆，是因為他們以為願望是心願，或是希望、或是渴求。女人會說：「你看，我這輩子一直就渴望成為作家，但卻從來沒出版過任何東西、連個邊都沒沾著。」我們可能會問：「那你動筆寫過什麼文章嗎？」然後答案肯定會類似：「這個嘛，我是有起筆寫過好些篇文章，但卻似乎總是虎頭蛇尾。」

她並不想成為作家。實際上，她並不真正渴望成為作家。她堅信自己會失敗，她的逃避心態讓她永遠虎頭蛇尾，這樣她就永遠不用承擔被退稿的風險。

欲望總是源於情緒，而情緒則會將一種定見烙印在萬物共通潛意識心靈之上。人們總是會對與他們情緒相反的事物採取某種態度，原因在於他們想以另一種面貌呈現在世界面前。他們會費盡力氣保護自己的面子，有些人甚至因此而罹患精神疾病住進精神機構，但他們卻從沒為改變自己的感受做任何事。在意識層面以下，他們的願望全都鎖定負面的事物，透過恐懼、仇恨、或不安全感，儘管他們展現給世界看的那一面很快樂、胸懷壯志。但我們知道他們的真面目，也知道在哪裡能找到他們。他們是那些可憐的自虐者，他們是那些看著命運一次又一次給予重擊的善良百姓。他們楚楚可憐一副無辜的樣子，好像他們實在是無計可施，不然一定會振作起來，只是苦無辦法。

不要把真正的願望和意識心靈中的防衛機制混為一談。要有自知之明。要清楚面對自己的感受、把它們攤在陽光下來面對，不管有多痛苦、多難受、多羞恥。因為只有當你的疼痛、悲傷和苦楚和恐懼被澈底拋開以後，你才能找到真正的自己，看到永遠流經你靈魂深處那份力量的本質。

> 個人特質植基於情感；而情感的深處、那性格中較暗、較盲目的階層，則是世上我們唯一能夠找到真正事實產生的地方，這裡也是世上唯一我們可以看到事件發生、工作完成的地方[86]。
>
> ——威廉．詹姆斯（William James）

假面

欲望與命運、心靈與物質、思想與環境，都是一體的兩面。在意識層面之下，你真心渴望成為什麼就會成為什麼。這個事實什麼都無法改變，除非你改變了自己潛意識中的渴望——方法是靠

---

85 譯註：約翰福音 8:59。
86 譯註：威廉．詹姆士《宗教經驗之種種》（*The Varieties of Religious Experience*）：第二十講：結語（Lecture XX: Conclusion）。

冥想，靠正向思考、靠真心相信，塑造你自己命運的人就是你。

因為你與萬物共通潛意識心靈不可分離的這個特性，所以你真正的願望都一定會在生活中實現。光只是靠檢視心靈表面是不可能了解自己的，因為這只是我們的「外表」，我們拿來給外人看的樣子，一張我們偽裝來隱藏內心傷痛和難過和恥辱和恐懼和自責的假面具。要真正了解自己，就要先客觀地看待自己的人生。看看你周遭的事物，你所在的環境——這些都出自你的潛意識欲望。你再怎麼矢口否認這些不是你真正的樣貌，對你都毫無益處。要面對這鐵錚錚的事實，得要你懷抱謙卑的心，也要你正視那些情緒上的極大痛苦。只要你想改變自己的潛意識欲望，並改變自己周遭的世界，那你一定得面對。

就拿那位三次創業失敗的女人來說吧。「我就是沒辦法成功，也搞不懂為什麼。」她這麼說道：「大家都對產品趨之若鶩，產品一直都很好，我也是該領域的開創者，但偏偏沒一次成功，但別人卻都一個個賺大錢。」

「你覺得對自己的失敗感到意外嗎？」有人問她。

「不，」她立即回答。「我本來就沒弄成過什麼。」

這時如果像這位女士指出，其實她渴望失敗，顯然很殘酷，但這卻是她實際的狀況。看看她的家庭背景，就會發現她的父親過去非常成功，但非常嚴格且有暴力傾向，從她嬰兒時期就把她嚇壞了。這名女兒終其一生一直想逃離和父親的競爭。潛意識裡她很害怕自己的父親，害怕如果表現出和父親平起平坐的樣子，會觸怒父親。因此她其實很怕自己在事業上有所成就，潛意識裡希望失敗，這樣她才可以不用因為成功而觸怒父親。

如果她接受心理治療，那可能有辦法糾正她這方面的生活，而當初她們的確考慮過接受治療，因為她很難進行冥想，而且幾乎無法進行任何長時間的正向思考。但她堅持了下來。今天，她是全國最具潛力公司的負責人，負責無數的業務、非常成功，三年前自己的狀況，對她來說百思不得其解。

「我現在明白了，」她說。「這是觀點的改變。一切都取決於你怎麼看事情。」

她講得這麼簡單，讓人聽來莞爾，但真相就是這麼簡單，懂的人就懂。

生活各層面中的力量

世上很多人懂得把潛意識的力量運用在生活中某一層面發揮了正面作用，但卻在其他層面用這個力量來破壞。有些人身體健康卻貧窮，有些人富有卻疾病纏身，有些人有創造力卻不快樂，或有些人有權勢卻沒有人愛他們。通常像這樣的例子，都是因為這些人是在無知的情況下使用了這些力量，他們無力控制這份力量，只在特定方面建立了正向思考的習慣模式，但在其他方面則建立了負面思考的模式。他們的生活中只有一小段軌道是由他們主控的，其他方面他們則都無力自主。

一定要懂得將這份力量運用在生活的各個層面，這樣才能找到平靜的心靈和安全感。如果單單只用在追求富裕，那就太小看這份力量了。耶穌說：「人若賺得全世界，賠上自己的生命，有什麼益處呢[87]？」而事實上，隨著財富和社會地位而帶來的虛榮心和自我中心，反倒讓人更難懂得謙

87　譯註：馬太福音 16:26。

卑和慈愛，而後兩者卻是發現意識中心最需要的。耶穌就指出這點，他道：「財主進天國是難的。駱駝穿過針的眼，比財主進神的國還容易呢[88]！」財富使人虛榮、虛榮則是門上的門。但要是我們先發現意識中心，那富饒和成就會充滿我們的人生，但這時我們會真正發現，這些不是來自我們小到難以想像的小我，而是出自萬物共通潛意識心靈的力量。要先找到意識中心——找到後其他的就會跟著來到。

成功源於成功的思想，而成功的思想來自內在平靜和靈性勇氣，後兩者又來自住在身體裡永恆自我的發現。「為什麼找我呢？豈不知我應當以我父的事為念嗎[89]？」這句話成為我們生命的動機。雄心壯志再高都不嫌高，任務再大都不嫌大，因為我們了解自己所處的輝煌浩大，了解萬物對於住在我們身體裡的那份力量而言都是無所不能。

種子與收穫

辛勤工作是我們大多數人成功的障礙。在還沒開始動手之前，我們就先想像眼前的工作有巨大。想像力可好可壞。因為想像力，我們才能有雄心壯志，但也因為想像力，讓我們幻想眼前的漫漫長路，孳生絕望。這是因為我們不懂千里之行始於足下的道理，一步一步來，不管要攀登喜馬拉雅山的最高峰，或只是平坦斜坡的坡頂；我們也不懂今日之果始於昨日之種這個道理。

後來成為傑出廣播和報紙體育評論員的丁克・坦普頓（Dink Templeton）曾帶領史丹佛大學（Stanford University）校隊在田徑比賽中取得大勝，他先後當過選手也當過教練。丁克常對所帶校隊說：「重點不是賽前一晚——重點在賽前六個月。」丁克總是讓球隊充分備賽。他的優異成績得來全非意外！

生活中的每一天人都在播著種，而其收穫有一天都會到。當你真正明白這道理，你就懂得要從工作中尋得滿足，而非從收穫中。因為播種是每個人生命中唯一能做的。發芽、生長、開花這些事都是萬物共通潛意識心靈的工作。

只要一步一步來，再遠的目標都不算遠、再辛苦的路程都不辛苦。不要老是遠眺那看似不可能攀登的山巔，把注意力集中在每天要走的每一小步上。人生中的每一步是因果鏈的一部分，這每一步只要走得好，下一步就會變得更輕鬆，到頭來最終目標就在眼前了。

要是對環境不愉快，只寄望於未來，那就不可能樂在工作、也無法工作得有效率、有創意。我們都太著眼於未來，把希望寄託於那遙不可及、功成名就發大財的未來。浪費精神去關注時間這種自然就會流逝的東西，最容易讓人對眼前的生活不滿。當下，才是你人生最要的時刻，因為今天所做的一切，決定了明天我們的樣子。因此要把注意力都投入在當下的努力上，全心全意，從每件手頭上的工作中尋得慰藉，不論你內心覺得自己多低下。人生沒有東西是低下不值的。再大的銀行保險箱的大門，也都是靠著一小顆寶石的軸承在旋轉，人若想變得偉大，就要懂得做最低下的工作。

88 譯註：馬太福音 19:23-24。

89 譯註：路加福音 2:49。

讓辛苦變得輕鬆

工作沒有所謂辛苦或輕鬆之別。只有討厭的工作和喜歡的工作之別。要是你想讓你手邊的工作變得輕鬆，那就要喜歡它、享受它。只要喜歡一份工作，就會讓你釋放創意的力量，幫助你工作輕鬆順利。工作得心應手了，就會一件接著一件上門來，一件比一件有意義，一直到夢想成真、獲得實現為止。成功會降臨在那些築夢踏實、一步一腳印的人身上，過程中，從第一步到最後一步都不要懈怠輕忽，要知道最重要的一步就是眼前這一步。

每個前因中都已經藏好了相對應的後果，因為後果不過就是前因經過時空遷移的結果。當我們了解到生命最重要的一課、即因果合一時，就來到了靜謐的巔峰，在這裡所有的努力都會結出甜美的果實。焦慮、擔憂、害怕和懷疑再也不會讓我們動搖，因為當我們把前因擺對了方向，後果就會順應來到。

辛苦得以變輕鬆，是因為了解到努力不至於白費。宇宙一絲不苟，用最少的力氣，就得到最少的回報，互惠互利就是定律。不論你的工作看似有多麼沒有回報，要有信心，其目的終有一天會向你揭露，而這目的則屬於更遠大而重要的目的，只要你抱持信心、屹立不搖，你也會成為其中的一部分。愛默生因此寫道：「除了受害者的錯，無人的命運是低下的[90]。」除非用負面思考和恐懼扭曲了上帝的意涵，否則沒有人會畏怯遠離生命遠大而美好的目的。

只要是將自己的計畫交到萬物共通潛意識心靈手上，且只把心思放在眼前的工作上的人，沒有什麼任務是過於艱巨的。生命就是一寸一寸地走，一尺一尺地走，一步一腳印地走下去。永久的成功只會慢慢出現，就跟要建造出通天巨塔，也是要漫長的時日去打造根基一樣。這一路上的喜悅要在路上俯拾即得，而不該放在終點。懂得這個道理的人，就懂得內心平靜的祕訣。

讓工作成為表達愛的管道，這樣你才能遞交真正的服務。

紀伯倫（Khalil Gibran）寫道：

> 我說生命的確是黑暗，除非是有了激勵，
> 一切的激勵都是盲目的，除非是有了知識，
> 一切的知識都是徒然的，除非是有了工作，
> 一切的工作都是虛空的，除非是有了愛[91]。

所有為愛所做的事都不辛苦，而是欣喜的自我實現。一份出色的工作不過是愛在自我表達，一個內心充滿愛的人不會把滿頭汗的身體勞累當一回事，也不會為長時間工作滿嘴怨言、更不會為了被指派工作滿腹牢騷。由於熱愛工作，他們在所有工作看到的都是為人服務的機會，所以他們樂於服務，同時自己與上帝也得利。

---

90 譯註：愛默生詩作〈生命〉（Life）。

91 譯註：《先知》（*The Prophet*）：〈論工作〉（On Work）（冰心譯）。

人生總帳的天平

宇宙要求的是自我實現，而絕不是自我犧牲。那些為了某些虛幻的東西而毀滅自己生命的人，是出於虛榮，是在毀滅上帝所做的工作。上帝透過我們每個人化為獨特的事物，而通過依循存在本質追尋自我實現，我們得以完成生命中最重要的誡命。我們既沒有知識，也沒有權力決定任何東西值得我們毀滅自我，毀滅自己和毀滅他人都同樣邪惡。自我犧牲我們不朽的靈魂、即萬物共通的大我，必然會違背生命的目的；但自我犧牲妄自尊大的「我」，即小我、那個孤立的自我，這是我們最終都必須做的事，因為只有放下小我，不朽的大我才能夠出頭。

努力實現內心偉大的大我的人是明智的。為此，他們可以做出任何犧牲，但他們永遠不會犧牲大我或犧牲對大我的認識。他們所有的目標會放在擺脫小我，實現與萬物共通潛意識心靈的合一，以及和意識中心交流。這樣成功才會來到，然後才有繁榮來到。

【本章要點】

1. 成功不是靠賺錢得來的，賺錢是成功的附帶成果。
2. 富裕和繁榮是靈性狀況。
3. 成功是服務，金錢是反映服務的量度。
4. 互相交易的法則是我們付出什麼，就會得到什麼。
5. 最好的服務是創造，而不是競爭。
6. 所有的創造都源於萬物共通潛意識心靈，當我們使用它，它就會對我們做出回應。
7. 想像力是萬物共通心靈的投射，因此具有創造性。
8. 運用萬物共通潛意識心靈的創造力與愛是成功的基礎。
9. 所有的創意都源自萬物共通心靈，凡尋求創意的人，就會獲得；他們只需開口，講出自己的雄心壯志，遠大理想，之後只要耐心等候就能聽到回覆給他們的答案。
10. 被接受的意念會過濾進入潛意識中，然後被創造出來，最後體現在世界上。
11. 生產力才是衡量成功的真正標準。巧取豪奪純粹是物質主義者自欺欺人的說法。
12. 所有成功的努力都是以愛去進行的。
13. 成功人士拒絕因時勢環境而氣餒；他們知道，第一成因在於內在，而非外在。
14. 潛意識的欲望決定我們的命運，我們可以通過正向思考和信心來改變潛意識的欲望。
15. 凡認識自己意識中心的人一切都會實現。

16. 工作會覺得辛苦是因為沒有愛。有了愛，什麼工作都會變輕鬆。
17. 蓋塔得一塊磚一塊磚往上砌；人生也是一樣。
18. 成功在於：實現內心的大我。

將你心中所有的限制、匱乏和痛苦記憶都趕出去。住在你內心的上帝正為你執行一個宏偉的計畫。當你允許祂透過你執行大計，創造、成就、繁榮和成功以及心靈平靜都將屬於你，這是人間任何物質都買不到的。

延伸閱讀

《先知》（*The Prophet*），紀伯倫

第九道冥想

萬物共通潛意識心靈的無限創造力就在我身體裡。我調整自己，移除腦中的一切障礙、接受上帝的旨意。我知道當帶著愛去服務時，生命就變得偉大而美好。正確的想法會到我面前，我接受下來，而萬物共通潛意識心靈會告訴我實現它們的方法。我知道，一切源於萬物共通心靈，而萬物共通心靈是無限豐盛的。

匱乏和限制是思想上的錯誤，我將它們從我的意識中驅逐出去。不可能有匱乏。我只需要讓萬物共通心靈透過我表達它自己，我的世界就會充滿創造力、成就和繁榮；我的目標就會實現，因為它們將是上帝的目標，而上帝永遠不會讓人失望。無論任務是什麼，我都會帶著愛去完成，因為我知道，為他人服務，就是在為遠大計畫的目的服務。在我周圍我看到了相互交易的法則，因此，我樂意付出，就像我樂意接受一樣。我知道，富足和繁榮是一種心理狀態，我在頭腦中創造它們，完全相信並堅信它們會在我的生活中實現出來。我拒絕接受負面環境成為最終現實。第一成因是心理上的，在周遭的外在世界無法找到。

在我的意識中心有著強而有力的正確道路，在這裡沒有工作是困難的，和平在這裡統領一切，在這裡一切皆有可能。我知道人生是一場一步一腳印的旅程，我也有耐心，享受著一路上的驚奇，並對終點抱持著堅定不移的信心。我交託自己的意志，因為我知道只要實現內在的大我，成功必將來到。

第10章

健康
完美的潛意識帶來完美的健康

看到內在的完美
就獲豐沛的健康
因為你的身體只是
你對內在大我看法的投射

疾病的根源

健康和幸福是每一種生命形式的自然狀態，因為一切都起源自萬物共通潛意識心靈，而它則是完美無缺。每個生物都只是萬物共通心靈中所持的一個意念體現在時空中，並獲得意識的賜予，因為它想要藉此多認識自己一些。天地間只有一個智慧，萬物共有一顆心靈，一切都來自這顆心靈。因為萬物都能了解其來源的完美，這個唯一智慧本身也擁有完美。所以身體的健康來自心理的平靜，疾病和腐敗則來自心理上的混淆。

疾病是伴隨增強的自我意識而產生混亂的產物。正因為這樣，人類作為所有生命形式中最聰明的生物，才會總是成為疾病和不適的犧牲品，而低等生命形態卻反而能夠享受身體上的完美狀態，不受心理混淆的困擾。探究生命形式高低，得到的證據發現越低等的生命就越不受疾患困擾，最後因此能證明疾患是心理發展高等的產物，尤其是高進化意識的產物。進化的意識帶著更多的衝突，這些衝突會投射到萬物共通心靈，並以疾病和身體衰敗的方式體現出來。已經擁有充分自我意識，卻還未發展出更多的不朽大我意識的人，會視自己為巨大宇宙中毫不起眼的一個小點，在這宇宙中，他們既不是乘願而生，也不能長生不朽。它們高度發展的小我將他們和自己本質的根源分開來，他們因此認識了恐懼、徒勞、仇恨、刻薄，這一切讓他們的情緒與心靈起了衝突，更讓這衝突被投射到萬物共通智慧中，讓他們對自己的看法無法完美，更為他們帶來膽管結石、腎結石、胃潰瘍、高血壓、血管硬化、癌症、漢生病、失聰等等數不盡的疾病。

心理學和精神病學研究揭開了其醫學上的因果關係，原本是設計來要治療身體疾病用的，現在卻坦承，有八成的疾病源自心理問題。相信不用多久更會承認百分百疾病是心理問題造成，因為本來就是這樣。真理不可能只部分正確、部分錯誤，不論什麼事，其源頭絕對都不在我們周遭的物質世界，而在比這更大的成因。疾病細菌說對於身體層面疾病因果關係上的解釋算教人滿意，但為什麼有些人會染上某些細菌、有些人卻不會？為什麼有些細菌對某些人有害、對其他人卻無害？再追根究柢一點，為什麼會有細菌的存在？凡是追根究底的人，到頭來一定會將答案指向肉眼難見、但顯而易見的萬物起源智慧這個源頭，承認這才是原因。而這份智慧若在正常情形下會攻擊自己（像是微生物攻擊人類身體）那它還有什麼智慧可言，由此可證，疾病一定是它針對什麼而創造的。而這個它所針對的對象，則是一個由意識心靈所形成、並投射給萬物共通潛意識心靈的定見，然後再透過後者體現到物質世界來。

治癒的力量

很少有人會刻意想生病，儘管的確有少數不快樂的人，完全將自己與靈性合而為一的生活切斷，變得生無可戀而形成一種慢性死亡。多數人受疾病纏身卻是因為負面思考習慣、以及身體在面對深埋藏心底的痛苦回憶時所產生的反應機制、後者即悲劇提醒者。身染慢性疾病的人潛意識就想要生病，雖然如果當面用這個假設質疑他們，卻會遭到他們最激烈的否認。即使是我們這些偶爾患病的一般人，在遇到時也難免會這樣，畢竟這是一種自然的防衛機制。畢竟我們並不了解自己、也不了解自己的本質，我們既不知道自己就活在創造性能量之中，也不了解自身潛意識中的欲望，更不知道這些欲望竟然都會在現實中實現。正因如此，所有的疾病、所有身體偏離自然完美形態的狀況才會出現，原因就在人潛意識裡的仇恨、苦悶、怨恨、嫉妒、貪婪、自憐、惡意，或者其他無數失敗，它們敗壞了宇宙的自然表達：愛。

一個人要是沒有愛，他就會恨，或者投射出其他恨的同類情感，因為愛是萬物共通心靈的力量，會流經所有在世上的人們身上，不論他們是正向或負面使用這份力量。如果用在負面地方，像用來仇恨，那就成了敗壞的力量，以作惡為目的，這時就會讓身體孱弱、敗壞、枯萎。這樣這份力量不但不能成為生命的力量，還會成為死亡的力量。

這讓我們再一次明白宇宙的誡命是「不愛就受苦！愛或死！」

愛是治癒的力量！

愛能消除困惑，剷除悲劇提醒者，帶來內心平靜、擋住負面思考的大門，讓人看到人類靈魂中內在的完美——不是那種男歡女愛的小情小愛，而是人類對上帝的愛，上帝對人類的愛，當我們認識到我們對上帝的愛後，我們就了解這份愛完完整整地就在我們身上。

心靈為身體之根本

現在，精神病學已經快要能夠指認各種負面情緒與特定疾病之間的關聯了。因此醫學教科書很快就能夠把仇恨、苦悶、沮喪、壓抑、嫉妒和孤獨與其所導致的身體缺陷一一清楚繪製成表格；這樣人類就可以好好管理自己的情緒，就和在照顧身體一樣小心，然後我們治療身體的方式就可以用健康的思考習慣取代藥丸和藥水。

愛德華．卡本特（Edward Carpenter）寫道：

身體的每個器官和身體的中心都坐落著某種偉大情緒，如果適當活動，其彼此比例就會完美搭配。

身體出自純粹的靈魂，也就是來自完美的萬物共通潛意識心靈。身體只有因為意識心靈所持的定見，在投射到潛意識心靈後，化為實體疾病，才會讓它偏離原本的完美。我們的心不用我們做什麼就自然會跳動，我們也不用給血液下達指令它就會自動流往各器官、也不用告訴胃酸在消化功能上顯現奇蹟，更不用要大小腸和腎臟去排除身體的廢物。我們身體所來自的動態來源，教導了這些功能讓它們產生反射性的行為。

身體的功能代表著智慧的運動和定見，當我們消除恐懼和負面欲望時，我們的身體就能完美地運作。但我們所持有的每一個匱乏、限制、巧取豪奪、壓抑和絕望的定見，會對我們的身體產生限制性的影響，使血液無法正常循環、消化吸收不正常、排泄也差了，於是會形成腦中風、異常腫瘤增生，都代表我們思想的扭曲偏離正軌。因此我們的自覺加上伴隨的疑慮和恐懼和挫折，限制了身體和生活的狀況。要放下我們的小我，放上我們的神的意識，這才是真正的自我；這時身體才會變得完美，因為這一來我們已與完美本身合而為一。

身體不過是上帝認識自己的一種體現。這是萬物共通潛意識心靈所持的一個意念，一種不斷演變、不斷變化的意念。在我們周圍，滿滿是生命循環的表現：種子、萌芽、綻放、枯萎、送舊迎新。隨著知識和思想進步，形式也必須改變。因此身體會有所變化的，它是思想的體現，是無形中的有形，是萬物共通潛意識心靈中意念完整而完美的表達，身體注定要表達這個意念，並催生出更完美的意念。生與死、幼年、青少年、中年、老年——全都是上帝藉以認識自身的演化過程中必然不可少的絕對本質，在這場自我認識的演化旅程完成前，並不會阻止死亡前來，因為想阻止死亡就是阻止演變發展的進程。

靈魂是完美的

耶穌之所以能成為第一位偉大的靈療者，是因為他看到了身、心一體這件事，他知道身體不過是不可見成因的可見結果。他的意識如此發達，他能看到眾生原本的靈性完美，他因此知道疾病能透過向受病害者揭露他們原本的完美來治療。當他遇到一個受到病害的人時，他馬上就知道，這些人心中埋藏著一些痛苦的記憶，且這些記憶已經在他們的身體狀況中顯現出來。耶穌知道，他和受疾病纏身的人使用的是同一顆心靈，即萬物共通潛意識心靈，即天父。他與這顆心靈合一如此緊密，以至於他能夠通過消除病人的負面悲劇提醒者，來施行立即痊癒的醫術。「你相信嗎[92]？」他問病患，就這樣病人意識心靈的定見限制就消失了。「主啊，我相信[93]！」，他的病患回答他，就這樣他們接受治癒的能力就建立起來了。「你的罪赦了[94]！」耶穌說。「起來，拿你的褥子走吧[95]！」於是患者就痊癒了。

當年耶穌赦免世人的罪，他所做的並不是從上帝獎善罰惡的末日審判帳本上抹去罪惡。耶穌所說的罪惡是埋藏在潛意識中的悲劇提醒者，它們以身體疾病的形式表現出來。他赦免這些罪，是向他的病人保證，只要忘記這些被埋藏內心深處的罪惡感、敵對心態、自我拒絕，病人就會痊癒。耶穌的意思是：「真正的你既棒又好又完美。要認識這樣的完美，你的身體也會變得同樣完美。」

沒有不完美的身體這種東西，因為身體就是意念完美的體現。只有不完美的意念。之所以不完美，是因為出了問題，但只要簡單接受改變的想法，就立刻可以發生變化。那些選擇相信物質是

92 譯註：約翰福音 9:35。
93 譯註：馬可福音 9:24。
94 譯註：馬太福音 9:2。
95 譯註：約翰福音 5:8。

第一成因的人，已經使他們的神性窒息，除非改變這個想法，否則他們就無法治癒自己。如果有人關節炎、消化不良，然後一天到晚都在抱怨自己關節炎、消化不良，那他們就是逼著自己在照自己腦海中的定見去形成疾病。他們讓自己陷入錯覺，相信是因為自己有關節炎和消化不良所以才會一直想，卻不知道，關節炎和消化不良是被他們想出來的。讓他們接受深度催眠，並告訴他們，他們的身體壯得跟運動員一樣，消化好得跟苦力一樣，等催眠結束甦醒後，他們身上的疾患就會消失不見。可惜的是，這些疾患並不會真的永遠消失，因為患者內心深處的負面念頭依然在，很快就會把患者的痼疾又帶回來。但這個過程所點出的事實卻不容否認。

居住在人體內的那份智慧能夠變成任何投射給它的東西。如果投射的是健康，它就會造出一個健康的身體，但如果投射的是限制、仇恨或痛苦，它就會製造出病懨懨的身體。因此，健康的身體總是健康的心靈的結果，而病懨懨的身體總是受阻和不快樂心靈的結果。如果我們想要治癒我們的身體，就必須首先用愛治癒我們的心靈，在認識到真實自我的前提下，並在意識中心冥想。

放掉小我

憂慮和緊張、內疚和敵意、怨恨和妄自尊大是我們身體的所有疾患問題的病根。它們就像雨後春筍一般，是我們過於過度擴張小我的產物，這個小我老是覺得受傷和挫折，這是因為這些心靈一開始就是打定要贏，而非要與人合作。什麼事都要贏過別人，比別人強，賺比別人更多的錢，比別人好看，穿的比別人更好。但這些輸贏不過是過眼雲煙，一點意義也沒有。隨便找個這方面贏別人的人，就很容易可以再發現到有別人可以贏過他們。這種時時提心吊膽的小我是不可能品嘗到勝利的，因為它沒有這些勝利襯托的話就什麼都不是了，而且它又看不到其根本所在的真我的大格局。因此它既受傷又難過又孤單又挫折，經常自責，不能放過自己，一副如果給自己製造痛苦，就能夠證明它對生命的不滿是正確的一樣。但如果把目光轉向住在內心裡巨大的大我，這時就不會再專注在小我，而這個小我也會與平靜無波的汪洋化為一片，不再困擾著你。

某些傷痛已痊癒，
至痛也已熬過，
但所經歷何等悲傷的折磨
那邪惡從未到達。
——愛默生[96]

存在和創造的奇蹟是可以信手拈來的，但許多人卻只是擔憂未來不可知的事物在那裡發牢騷；我們追悼過去的錯誤、或是永遠沉浸在一些難過的經歷中：或許過去真的曾經如此。但人的每一天都是新生，只要活著就享有無窮奇蹟般的可能。不論年紀、狀態、所在地、時代，只要能醒悟紀伯倫的話「那在你裡面歌唱著、默想著的、仍住在那第一刻在太空散布群星的圈子裡[97]」。

96 譯註：Borrowing: From the French.
97 譯註：《先知》：〈論時間〉（冰心譯）。

找到激勵目標

意念是剔透玲瓏通體一致的，它有一個目標，從這樣的意念所體現出來的身體，也是同樣通體一致，要用來服膺一個目的。靠著這個目的，身體許多互相關聯的功能才得以一致，但當生命中這個目的消失後，我們的身體就會瓦解，而體現這個身體和其功能的意念也會瓦解。我們常看到原本充滿活力的生意人，正當身強體健之際卻決定退休安享天年。但這樣的日子往往過不到幾個月的時間，很快地他們的身體就開始出現很多狀況。要維持健康，人生就要有個目標維持動力，因為人體的器官和機能會因應心中所設的目標而運作。一旦目標不再了，人就會懶散下來，身體找不到責任可以進行，慢慢也就垮了下來，變得遲鈍。如果心靈不再健全和充滿活力，身體也無法健全和充滿活力，因為心裡的意念會體現在身體和四周的環境裡。追求健康的第一步，就是要為心中建立興趣和找到熱情。懷抱目標和靈活思想讓身體充滿活力，要身體健康，就要想得健康。

說到這裡，那就不得不提運動了。提倡運動的人，常會主張跑步、深蹲、腰部伸展、擺動雙臂會促進健康，他們甚至還會很自豪地展示一些健康出色的人當作樣本，作為運動對身體有好處的證據。但這同樣也是物質主義純粹倒果為因的說法。一個狀態良好的身體並不是運動直接的後果，這只是附帶的後果。一如前文所強調的，真正身體健康的原因來自心靈，身體之所以狀態良好，是因為心裡有目標，從而進行了有目標的運動，最後帶來活力充沛的身體。

運動與健康

我們這年代，有些最健康的人其實一天所做的運動也不過是從床前走到餐桌，而許多最短命的人，卻往往是運動員。所以我們漸漸就發現到，光是運動，並不足以帶來健康、更不會帶來長壽。而在身邊到處都可以看到證據顯示，那些懷抱遠大目標的人，都能活到相當高齡，因此事實就很清楚了，興趣和盼望還有志向是那些健康又充滿活力的人身上一律有的心理狀態。那些身體物質論的人可能會辯稱，這些人之所以懷抱興趣、盼望和志向，是因為他們很健康。但一些原本很健康的人，在失去興趣和人生樂趣後卻生病了，而很多原本生病的人，在發現了高度的興趣和目標後，卻恢復健康和活力。心為一切之本，這才是第一成因。

體力充沛是因為思想所致，身體虛弱則肇因於腦中的混亂。因此，那些接受內在大我的完美和力量的人，身體就會反映出完美和力量。健康來自內在，絕不是外在。

如果你本來就愛運動，儘量做無妨，但如果不喜歡運動，那也沒必要硬要做。運動對身體的作用就是會讓人不斷增加運動量。如果你本來是每天舉一百磅重量十下，到後來就會變成每天舉二十下，但舉重並不會防止你的血管硬化、讓神經不衰弱、或是消化系統不走樣。要獲致健康，就算你只是手上叼根鉛筆，下決心要寫成一本書，也和你每天跑一英里路沒有差別；事實上，如果寫書帶給你更多的快樂的話，那可能做起來還比你跑一英里更容易獲致健康。我們的身體就是我們心智的最佳工具，哪管你是運動員、教授、伐木工人、事務員、或是家管，只要我們想法清晰有明確目標，又願意敞開心胸去愛，都同樣可以獲得完美健康。運不運動並不是關鍵。

體力和耐力或可以透過運動增強，但不論愛好運動或不愛好運動，都同樣能夠享有長久健康。

疼痛是警訊

世人在性靈上的不安，可以從人們越來越飲食無度、工作超時、遊樂無節制、睡眠不足看出來。我們靠著一而再地讓自己不斷瘋狂地這麼做，以逃避潛意識中那不斷齧咬難受的懷疑、恐懼和挫折感。對於身體過度的不愛惜，通常都是心靈混亂的結果，潛意識中的不安全感讓人大吃大喝、感覺不被愛則讓人縱情酒國。我們偶爾還會玩樂過度、想要藉此忘卻生與死的種種問題，像鴕鳥一樣把頭埋進沙裡眼不見為淨。我們也常工作過頭，以為靠著積累物質財富就可以換來安全感，但這些既無法阻止死亡的到來，物質財富也無法在我們進入死後世界後帶走。我們兀自不斷尋找感官歡愉，但過度的感官刺激，卻只是讓真正自我的神祕創造能力變得遲鈍；當身體變老，感官刺激不再那麼強烈後，靈魂因為未曾開發，因此就受到痛苦煩人的懷疑、不確定感所籠罩。當然，人不可能完全健全，不論精神上或是肉體上，我們要先認識到自我本性的根是扎在永恆才能夠追求到健全的身心靈。

我們學得很慢，多半時候都是從痛苦中成長，而每一次在認知上的成長更是得來不易。痛苦是我們犯錯時的產物，透過痛苦我們才能回到正道上。紀伯倫寫到：

許多的苦痛是你自擇的。

那是你身中的醫士，醫治你病身的苦藥。

所以你要信託這醫生，靜默安寧地吃他的藥[98]。

在我們能學得痛苦不過是警訊在提醒我們已經偏離正道之前，我們都要持續與痛苦搏鬥、勉力與其並存，並讓它從而被體現，更因此在我們現實生活中平添更多的痛苦。但一旦我們受了夠多的苦，了解到痛苦——不論肉體上、精神上或情感上的——都是因為思考上的錯誤而生，這一來我們就踏上了讓人生充滿活力、富足、喜悅的道路，也朝著與萬物共通潛意識心靈的意識合一又邁進了一大步。一般人靠著錯誤學習，聰明人則靠別人的錯誤學習。

過度沉溺於物質，造成了情緒失衡。恐懼、仇恨和不安全感存在於每個藉由縱情酒精、暴飲暴食、或縱情聲色、擁有物質以求逃離心魔的人的潛意識中。但對於認識了意識中心的我們而言，就懂得節制適當才是王道。我們不受到激烈的情緒所綁縛，因為我們在上帝的意識中非常安穩。不受不確定性齧咬著我們本我的根基，因為它們在永恆中安歇。混淆在我們心中沒有地位，因為我們看到眾生的目標，也與這目標合而為一，將之納入我們自己的目標之中。萬一被疾病纏身，我們懂得內省觀自在，看向本我的完美和奇蹟，我們的身體也就這麼被治癒了。

98 譯註：《先知》：〈論時間〉（冰心譯）。

因為他一心只為一個目標、

他從未碰過烈酒，也未嘗過肉體的滋味、

也未有過感官的渴望，對他而言，那堵牆

切開了人鬼之隔
而那面牆則變成了水晶，他透過水晶看到了他們，
聽到他們在牆後說話的聲音，
得知他們真實的祕密、權勢和力量[99]。
——但尼生（Alfred Lord Tennyson）

並無不治之症的存在

宇宙中有一條永恆的法則在運作，那就是意念會成真的法則。既然這一法則就是萬物共通心靈在運作的，它就理所當然沒有極限。也因此並沒有所謂的不治之症存在。一條法律必須無分古今都管用才能配稱法律，而我們所立足的智慧基礎，就是以眾生為基礎。疾病本身是意念灌輸給萬物共通心靈而產生的，因此當該意念被逐出後，疾病也會被驅離。醫學界無法找到解方的疾病並非不治之症。這種病其來有自，這個病因或許可以被找到並被移除。醫學和精神病學現在正慢慢了解到萬病之源出於心，都是意念所致，而意念是可以被改變的。既然意念沒有限制，萬物共通潛意識心靈的無窮力量也沒有極限，也就沒有一種疾病是不可救藥的。

要知道，宇宙會照我們想的變成那個樣子，連我們的身體也會。當我們來到更高層的意識後，我們就會產生更多完美的意念，拋棄原本限制的枷鎖，也會開始發現原來事事都有可能。我們一旦開口說某件事不可能，那就是在向上帝製造難題，讓它難以將某事透過我們實現成真。但換成

另一個更有遠見，也更有信心的人時，上帝就可以為他實現了，因為他讓上帝可以透過他將之成真。我們誰都沒有權利去說什麼事是不可能，除非笨到給上帝設限的人才會這樣做。[99]

完美的靈魂就在我們裡面，只要我們願意用信心表示要完美健康，那完美健康就會為我們實現成真。所有疾病都可以透過心靈和靈性治療得到痊癒，只要將意識擴張到包納萬物共通的大我。

心靈治療

身體不健康的人，通常都是某種疾患的受害者。這個疾病，則是心靈受到阻礙、錯誤念頭、謬誤定見所造成。當我們用心靈和靈性方式治療身體，我們治療的不是身體——而是心靈。這點很重要。斬草不除根春風吹又生。身體生病是果，心裡才是因。

窮究一生也不可能研究出哪種疾病是哪種心理成因所導致，但要成功進行心靈療癒，並不需要真的擁有一套完整的心靈、情緒不安與相關身體疾病關係表。萬物都是從完美的來源生成的，所以我們只需要與這個源頭接觸，讓它透過我們的身體去體現它的完美就好了。偉大的靈療者耶穌就說：「所以你們要完全，像你們的天父完全一樣[100]。」透過這句話，耶穌為我們指出了療癒所有疾病的路：承認並接受你性靈的完美。

99　譯註：出自但尼生〈國王的牧歌〉（Idylls of the King）。
100　譯註：馬太福音 5:48。

萬物共通心靈絕不會希望看到我們的身體偏離其原本設計的功能。讓其偏離並招致疾病的，是我們自己的定見，所以一旦我們能夠把自己想成性靈完美，我們就能獲得身體完美。真正的你並非你的身體。你的身體不過是在時空中極小的延伸。真正的你是心靈和性靈上的存在，是完全跳脫時間和空間的，有無窮的力量，也有無限理解和創造的能力。當你了解到你真正的靈性自我後，就會與不朽的大我合為一體，這時疾病再也無法上你的身，因為萬物共通潛意識心靈不受任何限制。

因此，所有疾病都可以當成同一種疾病來治療，而且根本就不算是疾病，而是因為思想的受限，是投射到萬物共通潛意識心靈的錯誤意念。我們治療疾病的方式，是拒絕把它視為真正存在的事物，而是肯定每個人根源所在的性靈完美。「愛裡每有懼怕，愛既完全[101]。」而完美的信心則不容許身體的不完美存在。

然而，少有人擁有完美的愛、完美的理解、或甚至完美的信心。我們在這場擴展意識的壯遊中全都是新手，而因為這場壯遊的特性，我們無法超越自己的理解。我們站在十字路口，看著遠方無盡的時空，所讚嘆的不過是巨大存在沙灘上的一顆小沙粒。但那藏住大我的面紗已被撕開，光線也流瀉下來，由此揭露了靈魂和心靈是不朽且無限、且是萬物第一成因的真相。就算我們在與上帝合一的旅途完成前還要花上好久好久的時間，那又如何？我們全都是唯一心靈的一部分，也真的存在於一個時空並不重要的地方。我們可以抱著知道萬物共通潛意識心靈就在我們裡面的了解去呼喚它，而偉大的造物者將會回應我們理解的內心心像，從而為我們依該心像創造實現。要是我們可以在自己裡面發現到它從而接受性靈完美，那萬物共通心靈就會將這完美體現在我們的身體上。

因此性靈和心靈的治療基礎就在肯定。我們什麼都不加以否定，不要浪費時間在我們不想要的事情上。我們意識的時刻是指向內心，指向我們性靈的自我，指向給我們意識所看到的完美。我們看到什麼都會回到我們身上。察覺到意識的中心，感知天國的存在，就帶來健康。

我們無法超越理解

最常見對心靈治療所提出的質疑就是，心靈治療沒辦法治癒斷骨，所以心靈治療是騙人的。但心靈治療並非無法治癒斷骨！之所以沒人這麼做過，只是表示人類還沒有到達足夠的靈性理解程度。欠缺這樣的理解的情況下，我們只好在斷骨時求助於外科醫生，這是理所當然的。同樣的，對於盲腸炎、或是末期癌症，我們也欠缺足夠的理解，所以只好尋求醫生的協助。但這些情形和其他被稱為不治之症在心靈治療卻是有可能治癒的，總有一天，人類會進化到意識和理解力足以將疾病從人世間消失不見的地步。

另一個用來推翻心靈治療理論的說法則是物質主義者中有一派視生命為物種相食、適者生存的戰場。他們的說法是，所有生物的本性就是要互相以對方為食，微生物就要以人類身體為食；因此一生中就是逃不開疾病。這種悲觀看待創造的奇蹟的態度，讓上帝跟黏答答的變形蟲一樣低等，把生命純粹看成一場殺戮瘋狂的戰場，也把最進化而有智慧的人類看成是只有利爪和尖牙的生物。

演化是個別化意識擴張尋找上帝的過程。個人化生存所導致的第一個結果就是要奮力維持生

101 譯註：約翰一書 4:18。

計，而其自然的後果則是適者生存。第二個結果則是對自我的意識，在他人身上找到自我認同，那就是愛和合作的誕生，而非競爭和弱肉強食。第三個結果則是自我意識的擴張達到將萬物共通潛意識心靈的意識容納進去，人類現在就走到這一步。一旦這一步走完，我們就能夠將時空的假象看透，明白有形物質不過是一個根植於無限的遠大現實的微小延伸。這樣的意識可以號令宇宙，因為這時宇宙反過來完全照它觀察的樣子所打造。微生物其根源來自萬物共通心靈，可以靠著驅走特定定見而將微生物驅走。「伸出手來[102]」，耶穌對那枯乾一隻手的人說。那人照做；耶穌看到他的手健全伸出；那手就健全了。

感悟真理

有時候很難相信，一個生活在兩千年前古代巴勒斯坦簡陋農業生活中的人，能擁有我們這個啟蒙時代迫切渴望的萬物共通意識。然而毫無疑問，那層遮去真相的紗的確是被耶穌給揭開了。他所說的每句話，他所做的每件事，都充分證明了他對萬物共通意識非常了解。透過比喻和行動，他試圖傳達他所知的有力正道，但他所面對的那群人，卻一心想著政治、投身革命活動，這些人都還沒準備好接受他的精神感悟。是靠著點明真理的耶穌的力量，才讓他的對話得以為我們保留到今天。他已經與萬物共通潛意識心靈合而為一。當他看著一隻枯萎的手，卻把它看成是健全時，這隻手就健全了。萬物共通潛意識心靈看到的是什麼樣子，它就能把它實現在現實生活中，而負責把這個觀察送給萬物共通潛意識心靈的則是意識心靈。雖然我們的意識並沒有高度發展到像耶穌那樣，但我們或許可以透過我們靈性完美的信心，以及持久的愛的意識，獲得跟他一樣的療癒能力。

疾病是一種消極的念力，是虛假的，因此心中的假象。在心靈治療中，我們就直接把假意念和真意念區分開來，要刻意地這麼做；透過讓信心和肯定沉入潛意識中，我們就允許身體活力和健康進入我們的生活中。存在的法則就是思想成真的法則。而既然這是法則，我們就不會與之爭辯或對抗。或許朋友會多嘴、不帶惡意地問你，要是你這麼堅信這種心靈的力量，那怎不學耶穌行走水上。這時你只要跟朋友說，這正是你的目標，因為信的人就必然相信自己能行走水上，不然就溺死在裡面；人生要不成為其主宰，不然就是被自己所打敗。

信賴這個法則

進行心靈治療不需要做什麼事，只要在心中保持意念並加以確定。其他的部分則都交由宇宙之中的創造法則去負責，而這個法則是萬無一失的。當你肯定你的性靈完美後，就開啟了萬物共通法則的運作，它會接受你心中的定見，藉由你肯定的力量，將之體現在現實世界中。這完全不是什麼迷信或是邪教的作為。我們講的這個法則萬無一失，這才是真正的真實世界，在這道法則面前，其他都相形失色。

既然疾病是由心靈狀況所引起，那麼在治癒之前就要先把這心靈狀態交託出去。我們要先把

102 譯註：路加福音 6:10-11、馬太福音 12:9-13、馬可福音 3:1-6。

自己交託給上帝、也就是萬物共通潛意識心靈；要放開手，不再掙扎，相信本我那看不到的根源，好讓上帝意識可以將我們圍繞，讓我們健全起來。除非願意交出自己的懷疑、恐懼、仇恨和傷痛，否則就不可能成功治療自己或其他人。那被我們埋藏在內心深處的情感傷痛、那不斷齧咬的痛苦，就像內心的定時炸彈一樣。它們會以腫瘤、癌症、高血壓、血管硬化、糖尿病、心臟病和肺病等等狀態爆炸開來；它們讓我們身體充滿有毒思想，讓其感染萬物共通潛意識心靈。必須放下恐懼、挫折和愧疚，放下虛妄和小我，把我們所有的傷痛放在永恆巨人的肩膀上，然後，我們就會獲得自由——自由地分享宇宙的美麗、完美和富饒。

上帝總是與我們同在，完全按照我們對祂的想像來回應我們。祂是我們無限的無形維度，而我們的肉體只是其中微不足道的投影。身體完美的力量就在我們體內運行，我們只需把自己完全交託給它、接受它、信賴它，健康就屬於我們。

當你治療自己或他人的身體疾病時，記得你是在治療心，而不是身體。你是讓自己獲得心靈和性靈的完美，你是在肯定其存在，是以全副信心和信賴向萬物共通潛意識心靈投射它。當你治療別人時，面對的還是同一顆心靈。你是在治療自己，要想著受你治療那人的完美。不要用你自己的念力去改變被你治療者的想法。只要治療你自己對那人的定見。要推動萬物共通潛意識心靈；再由萬物共通潛意識心靈去推動另一個人。這樣不論你是在治療自己或另一個人，治療都是一樣的，只是在後者中，要把主詞「我」換成「他」或「她」或「他們」。不論何者，你治療的都是你自己，是你自己的定見，並將之投射到萬物共通心靈中。當你治療別人，要先能完全在心中接受那個人的性靈完美。這樣做以後，治療才會見效。

疾病的心靈成因

下面列出了部分常見的身體疾病，以及其潛在心靈成因，這樣你就可以更輕易地讓治療針對心靈狀況，而不是在身體上。

·頭痛

混亂是頭痛的主要原因。這一般是因為壓抑了與情感有關的情緒所致。當頭痛伴隨暈眩，通常顯示有基本不安。要建立患者安全感、潛意識清晰、宇宙中無所不在的愛、以及不朽大我的意識去治療。

·倦怠

當熱情和喜悅離我們而去時，倦怠就會用讓人衰弱不振來包圍我們。快樂和熱情是精神和性靈擴展的結果。當我們給自己的思想和定見設限時，我們就不再擴展；當我們的目標消失或似乎無法實現，我們接受失敗和隨之而來的昏昏欲睡和倦怠感。這要朝提升患者對生命的感知覺察以及運動、喜悅和擴張。上帝沒有限制，上帝透過你在表達祂的意思。

·消化不良

強烈的個人責任感通常表現在消化道不適上。高速工作，覺得凡事都必須獨自完成所有事情的人，通常會因胃酸過多和胃潰瘍而受害。但他們不願意在心靈層面與裡頭的自我同化合一，而這就造成了他們無法吸收食物的症狀。這要朝讓患者平靜，並讓患者建立上帝是唯一負責行動的人這個觀點。要治療期萬物共通潛意識心靈的放鬆和信賴。學著放手交給上帝去做。完美的性靈中，有完美的同化。

·便祕

恐懼會導致僵滯凝遲，從而給生活帶來無所作為、原地踏步和壓縮感，而這往往就用便祕表現出來。恐懼是貪婪、巧取豪奪、不願放手的根本成因。很多時候恐懼往往來自於對限制、匱乏和負擔的相信。它帶來過度緊張，收縮，限制了肌肉和身體的運動。恐懼是負面使用了信心。所以要朝正面思考、安心、自信、以及讓自己知道你和上帝是一體的，而上帝就與你同在，指引著你正確走向目標這些方面去治療。驅趕心中的負面思想。只要你拒絕接受它出現在心裡，它就不會在現實世界中成真。

·體重過重

我們之所以超重，是因為吃太多，而之所以吃太多，則是因為欲望和期待沒有獲得滿足，於是我們從食物的美味和快感中尋找慰藉。之所以覺得不滿足，是因為腦子裡出現了自己沒用的錯誤想法，自認沒有辦法達到目標。對自己擁有神聖來源之事喪失了自信，讓我們轉而將精力投到感官歡愉上，而不是在成就和為人服務上。這種情形下，治療的方向要放在發現意識中心，看到那裡有完美的秩序、完美的美好、完美的對稱。食物是愛的象徵，應該節制適量，不然貪吃會讓愛變成貪婪。上帝是愛，而愛的完美種子就在你裡面。

· 失眠

入睡時人會沉浸在萬物共通潛意識心靈之中。要是無法入睡，那是因為過於關注在物質世界，而我們的意識心靈掌控了潛意識，不肯放手。物質世界只是許多從潛意識心靈中具現在現實世界的產物。既然已是產物，就無法抗拒，應該要從其根源的心中處理才有辦法。因此不應該窮擔心，這無法解決問題。要在就寢前找到自己的意識中心。並以獲致心境平和與放鬆來對症下藥。真正的正道存乎靈魂，要往心裡頭去找。別把注意力擺在物質世界，而要向內觀自在。

· 飲酒過量

有的人為了逃避腦海中不想要的想法，會掉進酒精這個扭曲的圈套中。會在酒中尋求慰藉的人，通常都是因為潛意識被某些不健全或痛苦的心像所折磨啃噬。這些心像是他們自己造的，如果重新造另外的心像的話就能夠改變現有心像，但他們卻讓這個自己造的惡魔成真，然後為了逃避它，就走上酒精或藥物成癮、或無意義地追求享受。這種狀況就要靠消除罪惡感，以及消除自我譴責來治療。上帝就在你裡面，上帝不是罪惡感。錯誤出現的目的是要讓人學習，每天都會重新歸零重新開始，不會背負前一天的罪惡感，要學著原諒自己。

·感冒和類似的鼻塞症狀

心理衝突和壓抑會導致身體發炎，如普通感冒。這樣的衝突往往顯示是靈魂受到壓抑、對未來的絕望。我們的創造性本質，要求我們遇到問題時要不做出決定、要不將之拋諸腦後。但當問題盤旋腦海中，卻又遲遲無法做出決定時，就會產生炎症，形成流過潛意識的力道。這讓我們精力和活動力減少，讓靈魂減輕壓力，讓身體發炎感冒。西方人認為感冒是「著涼」了，因為暴露在風中或低溫中，讓我們在遇到這些狀況時，透過創造衝動表現出來。這種病症要朝讓病人獲得和諧、並讓病人了解萬物共通心靈的完美。只要你願意放手，讓大我來處理，所有的問題都會自然迎刃而解。這要鎮靜和信心和平靜來治療。完美的靈魂中沒有炎症這回事。

·異常增生

深埋內心的種子只能在黑暗中生長，罪惡感於是如影隨形。這讓我們無法認識大我，意識因而扭曲變形，更讓種子異常增生在身體內與身體外。這種情形要靠建議與萬物共通潛意識心靈的一體性來治療。不要緊抓罪惡感和罪惡，將它們交託給上帝。

·癱瘓

約束和限制的意念可能表現為麻痺或感官功能失調。上帝的心中沒有約束和無不良於行，只要在意識中心自行冥想就可以感受到。

・心臟問題和器官不適

心是目的之所，當目的專注於精神而非物質世界為主時，心立足於完美之上。器官的不適總是肇因於與靈魂本質扞格不入所致。心臟不適與伴隨的疾病會找上物質主義者，那些在物質世界中尋找目標、目的和歡愉的人。這些問題要靠冥想內容以人類所來自的無生、無死、無壽的靈魂獲得治療。為自己披上上帝的外衣，與祂合而為一，祂的目的會為你的心注入活力。

整個宇宙只充斥著一副心靈、一副靈魂、一份力量，它完美無瑕。它不斷試圖通過我們每個人完美地表達它自己。因為我們剛剛新來乍到這個小我的意識中，還沒有進入大我的意識中，既不知自己從何而來，亦不知自己將往何處去，而巨大的宇宙在我們看來似乎處處要刁難和威脅我們。我們有限的目光讓我們產生恐懼和仇恨、痛苦和冷漠，這讓我們的身體變得不完美。所有的疾病和身體扭曲，都可以靠著在意識中心冥想、認識上帝的愛、了解並使用萬物共通潛意識心靈的無限力量和完美去治癒。

【本章要點】

1. 疾病源自心靈，是心靈混淆的結果。
2. 靈魂是完美的，除非它被不完美靈魂的意念所扭曲。
3. 愛是永恆的治癒者。
4. 身體是植入萬物共通潛意識心靈的一個意念。沒有不完美的身體，只有不完美的意念。
5. 從小我的創傷中產生負面情緒，就成為疾病發生的基礎。
6. 心中懷抱目標對健康有其必要，因為這樣的目的會協調整合身體許多相關聯的機能。
7. 運動本身不會帶來健康，健康來自於心中和腦中的興趣、欲望和理想。
8. 縱情酒色是情緒失衡的外在表徵。
9. 痛苦是對錯誤的懲罰，因此也是良師，但聰明人懂得從別人的錯誤中學習。
10. 將注意力集中在內心世界，讓節制伴隨著你面對任何事。
11. 心靈治療所治療的對象不是身體，而是心靈。
12. 所有疾病透過肯定我們所扎根的完美性靈，都可以治療。
13. 由於我們無法理解如何用心靈療法接好一根斷骨或治癒闌尾炎，因此最合理的做法是找外科醫生。
14. 心靈治療是對法則的運用。進行治療的工作從不是由我們完成。我們只是運用意念成真的法則，透過肯定性靈的完美來達成治療。靈魂體現在身體上，連帶讓身體完美。

15. 你通過治療自己的心靈、讓它了解到對方性靈的完美來治癒他人。因此，治療的不是對方，你治療的是自己對於對方的了解和看法。

16. 每一個身體的扭曲背後都有一個心靈中扭曲的定見，因為萬物皆由心生。冥想完美的靈魂，健康就會隨之而來。

所有的障礙都是意識心靈中的限制意念、透過根深蒂固的人種偏見、深埋的痛苦回憶所製造出來。萬物共通潛意識心靈的範圍和力量都是無限的。和平與完美正等待著那些將自我交託給我們內在的不朽大我的人。愛是偉大的靈療者，因為有了愛，才能感知宇宙的基礎。

延伸閱讀

《創造的藝術》（*The Art of Creation*），愛德華・卡本特（Edward Carpenter）

第十道冥想

我的身體是我對自己認識的體現，而我真正的大我是靈魂，只有意識，而且是無形的。其他人所見到的不是我；他們見到的只是我的身體。只有我認識我自己，而這份認識就會回到我的健康以及我的生活萬物萬事中。因此，我肯定我的靈魂是完美的，我與宇宙的大我一體。這個大我的能量滲透到本我中，淨化我肉體的一切不純潔，使我身體的每項機能恢復和諧。這是完美的除垢、以及完美同化。

我的整個自我都是靈性的，我的身體在感知這一偉大正道後快速獲得新生。我將自己交給萬物共通潛意識心靈的智慧和指引。我與上帝的目的合為一體，而這一偉大的目的使我的身體充滿活力，並投射到我生活的每個層面。我的心中沒有罣礙、沒有阻擋、沒有限制。我只看到和平、力量、活力和富足。

我向愛敞開心扉，愛流經我身體的每一顆原子和每一個毛孔，灌輸能量、形塑、協調。透過治癒我心靈中的限制、匱乏和負面思想，我的身體也會自動痊癒。在我自我的中心，我感知到無限、無死、無壽的靈魂、完美的美、完美的機能；靈魂在我的身體和所有事物中顯現出來。

當我面臨明顯的混淆時，我將其交託出來，將我的每一個問題和憂慮交給有完美解決方法的人，他的解決之道有絕對的清朗澄澈。我的意念來自無遠弗屆的萬物共通潛意識心靈，而不是來自周圍的世界。

我思考的並非責任，而是原創；我不被動反應，而是主動。我不是環境時勢的犧牲者，因為我生活中的一切都源自我的意念，而那意念與上帝亦步亦趨。

第 11 章

不朽

從永恆中移除惡

每個靈魂都小睡片刻
在溪流的暗側
醒來後微笑著回憶起人生
彷彿夢中聽到的故事

靈魂不朽

尋求靈魂不朽的人在被人問到「人死後會復生嗎？」這個問題時，通常都不會直接回答，因為要是人長生不朽，那就不會死，甚至也沒出生過，他們就只是存在著。凡無終者亦無始，而無始既無終者，就沒有時間而是無限的，是純粹的存在，也永遠存在。

但很顯然，身體並非長生不朽的，身體明顯有始亦有終。我們期待於人類的不朽的，其實是無形的靈魂，神祕的存在，是它賜予身體意識才讓它有了生命。每個人都對它非常熟悉，因為它是我們對自己的感覺；那是我們在說「我」時所指的那個對象。這個「我」，即我們所稱為自己的這個意識，因此是我們希望能夠在身體死後長存的對象。

這個「我」是什麼又是誰？它是人一生累積的所有記憶嗎？它是我們一生所獲得的所有知識嗎？它是我們五感神經末端那負責接收感知的集中站嗎？或許以上皆是，但可以確定的是它是意識，因為只有具備意識，才有辦法自稱為「我」。而意識是無形的！

沒錯，我們只能從另一個生命是活的來才能確定它有意識，但這個意識的本體卻是從來看不到、摸不到的。它藏在這個生物體的最深處，我們只能透過了解自己的意識來了解它。意識沒有分種類。意識就是意識。在你兩眼後面往外看的那種自我感受、和你鄰居從他兩眼後所看出去的那個自我感受是一樣的。雖然兩個不同生物的意識在發展程度上絕對不相同，但其差異絕對只是程度上的，而不會大到構成兩個不同種類。宇宙中只有一個無所不在的自我，這個自我會用不同方式好讓它能夠了解自己，它靠著多樣化而非統一化讓自己健康而獨特。每一個生物因此是這個永生不朽大我的各種表達方式。而在這些生物之中，都藏著那不生不滅的同一自我。

偽「我」

我們每個人都能從內心感受到的無死無壽的靈魂到底是什麼？這有多飄渺虛幻、又有多難以理解。它有如水銀瀉地一般，才剛以指尖觸及旋即溜走，難以領會。或許有那麼一瞬間，我們有一絲靈光乍現的領悟，似乎就要參透什麼巨大的祕密，但就在我們才開始要端詳深究時，它又瞬間消失無蹤，讓人覺得似乎連沾到個邊都沒沾到。有個東西擋住了我們的視線，讓我們始終無法真正看到它。那個東西是某種錯誤的思考習慣，讓我們無法真正了解自我。而這個罪魁禍首就是小我，那種累積我們一生而得的錯誤的小我意識。那種我們非常恐懼的自我之死亡，正是我們在接納不朽大我的意識之前必須先做到的事。

現在再講回適才萬物共通潛意識心靈那沒有時間、沒有空間的特質，它的無始亦無終，有意識卻不是自我意識，而且是不朽的存在。這個無始無終的自我會一再轉生，透過這樣的轉生，它就會化為有開始的眾生。萬物既有始必然有終，就這樣開始了肉身凡體的生死循環。這肉身一旦降生，逐漸就會累積細微而讓人迷惑的事物，這是這副肉身中自我所累積的經驗，由此乃催生了分離和隔絕的感受，也就是小我。這是物質世界經驗開始的記憶，卻讓我們因此產生錯覺，誤稱其為「我」。就因為這樣，我們無法看到真正的自我，卻將自己與淺薄且瞬間即逝的小我畫上等號，還因此與自己所有的無限且不朽的大智慧隔絕開來。

幾乎每個人都誤以為小我就是真我，也因為這樣讓他們無法真的了解肉身死後的生命。他們記得自己小我的誕生，那個最初的經驗和意念，因此他們也感受得到小我不可避免的終結。又因為他們把自己與小我畫上等號，讓他們要不是害怕自己的存在會在未來的世間不留下半點痕跡，就是完全不願意面對人必有一死的事實。要是恐懼被自虐自苦者深深烙印在他們心上，他們甚至會幻想自己有可能會在死後遭遇到地獄之火的永恆烙刑之苦。

意識重生

小我，是自我意識的廉價裝飾，是帶給所有人厄運的禍根。它讓我們無法對萬物共通自我意識有所感應。它把萬物視為意識外的存在，因為蒙蔽了我們，讓我們錯以為萬物都是源自物質層面。它讓我們誤以為所有事都該自己扛起來，更讓我們因此在幻想的傷口下心懷怨懟和仇恨，將自己視為無限宇宙中的不起眼小點，卻又因為妄想要填滿無垠，信心盡失下，硬把自己誇大。問題不在小我怎麼還活著，而在小我怎麼還沒死。因為只有當小我死了，我們才能真正地活起來。

小我是一時的，會有死亡的那天。因為它有始必然有終。當死亡佔據我們的肉身後，它也奪走了小我。這時自我不再受假象所蒙蔽，它認識了大我，並將之視為不朽。

對死亡的恐懼因此是出自小我對於魂飛魄散的恐懼，但這只限於始終誤信小我為真我的情況下。凡是在意識中心見過埋藏在那裡的大我的人，都會永遠放下小我，與無限協同齊步。肉身的死亡讓我們從所有小我的束縛中解脫，能在死前解開束縛就帶來力量。

因此小我之死並不需要加以避免，這是該歡迎的事，這是照亮一切的性靈覺醒，是靈魂與不朽大我融合的變容。這要靠謙遜、愛、不抗拒、並與萬物共通潛意識心靈融合於意識中心來獲得。能達成這樣的意識，就能看到不朽。

惠特曼寫道：

下方遠處第一面偌大虛無，我知道自己曾到過，

沒人看到我始終在等候，昏沉沉的霧露來了又去，我還是睡著，

慢條斯理地，碳的惡臭對我不起作用。
我被緊緊抱著許久——許久又許久。
為我做的準備浩浩湯湯，
那扶持的臂膀忠心且友善。
我的搖籃晃過一圈又一圈，划啊划地就像快樂的舟子。
為了讓地方給我，星子待在圈環的外圍[103]。
時間或空間，沒有作用——距離也沒有作用，
我與你們同在，一個世代的男男女女，
或其後的許許多多世代[104]。

耶穌道：
我就常與你們同在，直到世界的末了[105]。

103 譯註：《草葉集》〈自我之歌〉（Song of Myself）：44。
104 譯註：《草葉集》〈穿過布魯克林渡輪〉（Crossing Brooklyn Ferry）：3。
105 譯註：馬太福音 28:20。

不朽的大我

單一心靈、即單一靈魂、亦即單一大我，這三者一體瀰漫充斥宇宙中，其目的則是要認識自己。這是宇宙原初物質，是萬物形成的第一成因，負責擴張意識的工作。在它裡面沒有空間或時間的存在，因為它是無限的，它也不依循任何形態，因為它是所有形態。它化為物體，化為萬物，它所造的每一種形態都是它對自己了解的表達。它是永遠的現在，這是所有過去、現在、未來所有時間集為一體。它也是同一地點，卻同時出現在所有地點。它無形。是靈魂。是智慧。是心靈。是上帝。它化身為形態，它變為形態，當形態消解了，靈魂再次成為萬物共通。人性就是因此而不朽，並非肉身，也非小我，更非個人特質、關鍵在大我。獲得生命中對大我的認知的人，就獲得力量。

《奧義書》有云：

自我在眾生中，形成各種相應色，而又居於外[106]。

大我就是萬物共通潛意識心靈，它是無限的。它既全然存於每個人的內心，也全然存於每個人之外，因為無限是絕對萬物合一，無法分割。這也是耶穌說：「我在父裡面，父在我裡面[107]。」這句話的意思。因此，如果我們願意看到自己的不朽，就要看到自己意識中心裡那沒有時間的自我。但不管是否能夠領悟這一點都還是不妨礙我們不朽的事實。永恆的生命並非有些人有、有些人卻沒有，因為所有人都在同一個真實中。那些被小我牢牢攫住的人，想揭開這層神祕的面紗必須等到肉身死去後，這時小我才會放開自己的誤解。這時他們才會看到真相，才會在小我中看到大我，才會在一瞬間看到無限的無遠弗屆。但如果我們可以拋下小我，換上上帝的外套，就可以在此生或多或少獲得這份力量，並且或多或少看到這真相，不用等到死後。

棄絕小我

小我來自意識心靈，只是兩者不是同樣的東西。意識心靈是五感神經末梢的接收站。它負責分類、歸檔、分析，只受到感官刺激的主宰，它視萬物為在它之外的物質。它負責建立工作和大量經驗的習慣模式，並感知時間的變遷。因此小我是由記憶交織構成的，它促使我們始終根據經驗行事。這個被我們誤稱為「我」的東西，這個小我，看到了自己的局限性，並將這些局限帶入我們的生命中。它有恐懼、憎恨、嫉妒的情緒，總愛虛張聲勢、裝模作樣、無謂作態，還把這些心理成因實現在我們現實生活中，讓我們陷入剪不斷理還亂的惡性循環中。

因此，要溫順謙卑才能進入天國，這樣才能與不朽的大我融為一體。有時候，我們要經歷巨大的苦難、有時是絕望，有時是痛苦才能到達天國，但不管怎樣都要先除去小我，天國的大門才會為我們開啟。而且小我不會輕易屈服，這個裝腔作勢的小我，因為盲目偏見，會騙我們相信它就是我們的大我，當我們想消除它時，會感受到它在我們靈魂深處的掙扎。其阻力如此之大，以至於有

106 譯註：《伽陀奧義書》（*Katha Upanishad*）第二章：9（黃寶生譯）。

107 譯註：約翰福音 14:11。

些人不得不禁欲苦修，戒除女色，遠離一切感官享樂，以求將感官跡象降到最低，這樣小我就願意消失，然後意識的中心才會顯現出來。

小我是我們的表象，認識我們真正樣子的那份覺知則藏於意識中心。這樣的認識只有去除了小我的人才看得到，要把小我像是一件穿破了的衣服丟棄。這過程像是某種死亡，因為我們習於將小我看成真正的大我，但小我終歸有一死，能夠在生前就讓小我先死的人才能得著力量。耶穌因此說：「人若不重生，就不能見神的國[108]。」

要讓小我死亡，然後在對大我的認識中重生。

大我才是不朽的。是大我，是萬物共通潛意識心靈，才是我們真正的樣子。每個人都享有永生，所以問題不在死後是否能復生，而在一個不可動搖而偉大的事實，那就是我們的真我永遠不朽，而真我也永遠未曾降生。靈魂無生亦無死、也沒有變化。

死後的世界

死後世界是什麼樣子？那感覺就像從小蚊蚋的意識走入無限的意識一樣。肉身死亡後，我們就擺脫了意識心靈和小我的束縛，放下了肉身的限制，與萬物共通潛意識心靈合二為一，從此得以同時存在於任何時間和任何地方。在死後的世界裡，我們不再有肉身，因為我們已經成為同體共身。死後的世界中我們也不會只在單一特定地方，因為我們會同時在所有地方。在死後的世界中，我們不會見到老朋友和生前所愛的人，因為我們和他們將合而為一，成為一體且無法分割、成為一個大我、同一個心靈、一個永恆的「我」。

人們有時會問：「這樣的死後世界有什麼好的？沒有肉身、沒有五感、也沒有事情可以成就、沒有朋友可以見，這有什麼好？還比不上就此消失於世間。」這個問題唯一的答案就是，就此消失於世間這情形的卻是問這個問題的人躲不掉的下場，因為，這個問題正是小我才會提的。這是意識心靈在乎的問題，它是依五感的經驗累積而成，只想要自己能單獨長生下去，卻短暫如曇花一現，只是永恆新芽上冒出的一個小芽眼，花季來時盛開一時，花季過後就此凋謝。人生在世的施與得、服務和被服務、努力和成功這些完全無法和死後的存在相比。生命是小我在太陽下的一晌白晝，死後的世界則是大我的永恆。

神祕體驗的時刻

空間、時間和肉身都是萬物共通潛意識心靈尋求更大自我意識的方法。不朽的大我從無限中化身到時空中，它所化成的是其對自身了解的表達。隨著其自我意念加大，它從肉身中抽離，再次化身為更高層次的表達。所有的演化都循此途徑在進行，不斷向上演化，自我意識不斷增強。

每個人生命中都曾有過那一刻，讓他驚覺意識到自己的存在，那一刻可能短至一秒鐘，但那心中的疑問卻讓他們震撼不已：「為什麼我在這特定時代生活在這特定地方，又處在這特定時勢環

108 譯註：約翰福音 3:3。

境中？究竟是怎麼樣的奇蹟讓我出現在這裡？」在這樣的時刻中，他們其實已經走到離生命謎團的面紗非常近的距離，近到可以看穿裡頭的真相了，雖然不能看得那麼清楚，但卻已經對那後頭藏著什麼有了概念，只是沒有全然窺見而已。他們嚇壞了，也覺得有點不自在，一時為暈眩所籠罩，開始懷疑生命是不是一場夢境，那南柯一夢讓他們掉進記憶依稀模糊的地方，隨時都會醒來。但往往他們會躲避這個神祕的體驗，反而重新投入日常工作的物質世界，在物質事物的實實在在中、以及感官感受的尖銳中，找到安全感和保障。就這樣，他們活得像鴕鳥，把頭埋在生命的沙堆裡，拒絕檢視最神奇的事——自己的意識——即去追問意識從何而來、又往何處去。

我們的誕生不過是入睡，是忘卻……
年幼時，天國的明輝近在眼前！
當兒童漸漸成長，牢籠的陰影
便漸漸向他逼近[109]。
——華茲華斯（William Wordsworth）

小孩都是從永恆的大我轉世降生的，他們都還殘存著對萬物共通潛意識心靈的記憶。但隨著其小我逐漸發展，隨著他們逐漸獲得感官經驗的記憶，以及隨著意識心靈的成長，這份記憶就變得越來越模糊，直到他們終於再也無法記起來，被裝腔作勢的小我遮蓋，讓靈魂因此失去視線。因此耶穌才會說：「你們若不回轉，變成小孩子的樣式，斷不得進天國[110]。」

生命的存在

永恆的存在是無生亦無死的，那才是我們每個人的真我。同一個大我、同一顆心靈、同一份生命是所有人所共有。你的鄰居和你沒有二致，差別只有你們各自的小我、意識心靈。你眼中所見到的你們之間的差別，是你們共同意念所造成的差別，你的鄰居正是他們自己意念的產物，你也是如此。而既然兩個有反應的生命不可能在意念上相同，也就不會出現兩個人完完全全一樣，除非與上帝合一。與上帝合一則是所有人把肉身像是老舊的屋子一樣擱下後都同樣可以達成的。但如果我們不受到感官的刺激去思考，而是從意識中心去思考的話，那不用等到肉身寂滅就可以與上帝合一。這樣，我們擺脫了肉身的束縛後，就能獲得力量，控制生活周遭的環境。

每個人都知道自己是存在的，這不單只是靠著觀察其他人和自己的應對。他們自己對自己是什麼樣的感受，這就是意識，而意識則在每個人的身體裡，但意識並非他們的身體。他們看著身邊其他生命體，因此猜想這些人跟自己一樣，有著同樣的意識；然後他們又進一步觀察到這些人被死神降臨，從而注意到這些人的生命就此離去。可是卻看不到生命去了哪裡，因此感到迷惑，因為他們不知道生命就只是離去，還是不再存在。然後他們又觀察到死亡的狀態，或者是身體的生命離去，這點是所有生命形式都無法避免的，因此自己也必定無法避免，他們因此很自大地想要得知人

109 譯註：〈永生的信息〉（詩）（Ode: Intimations of Immortality）：5（楊德豫譯本）。
110 譯註：馬太福音 18:3。

死後的情形，以便窺知在肉身停止運作後自己是否就此不再存在的奧祕。

可惜的是，這層神祕的面紗超過他們所能夠掌握，因為他們無法想像有任何事物沒有肉身可以存在，因此他們絕望地舉手投降，並下判斷，認為自己的意識是外界瘋狂組合所產生，而在生前、死後，就只有寂滅虛無。

但這樣的錯覺倒也沒人全然相信。不管他們多大聲地宣稱有這回事，又多勇敢地面對這恐怖的假設，但他們心中其實多少知道不是這回事。而這個讓他們有所保留的就是大我，是大我真正讓肉身有了生命的。大我無生亦無死，也無壽，它知道自己不朽。

大我並非肉身

你的身體並不是你。如果你的身體就是你，那有一天當你的腿被截肢後，你的部分意識就應該隨著你的腿一起離去才對。你也不單只是大腦。如果你只是大腦，那麼身體的其他部分拿開後，大腦應該會存活啊。但事實上，光是大腦本身根本無法思考。是某個看不見的思想者，在利用大腦作為感官知覺的中央接收站。

是有某個人、某個東西，住在你的肉身裡，透過你雙眼的靈魂之窗往外看、透過你雙耳的靈魂之戶向外聆聽、使用你的大腦接收外界印象。這個東西看不到、藏起來、披著你特有的外形，但其存在卻只是永恆的一瞬間，它使用你的肉身作為意念，用完後就丟棄它，離開你，回到它來的地方。它就是不朽的大我。

人們想知道自己死後會去哪裡，答案是他們會遍布在所有地方，因為他們並沒有真正去到哪裡；他們只是在不斷膨脹。大我擺脫了肉身的限制，成為萬物共通的大我、所有時間、所有空間、所有形體的意識。由於大我擺脫了一切限制和多重性，它拋棄了個別性、小我和有意識的記憶，這些都像無邊無際的大海中最微小的一滴水。小我消失了，限制消失了，難以想像的渺小的「我」被無限的大「我」所取代。

曾有一位非常聰明但非常自我中心的人說：「我無法忍受任何關於死後世界的假設，說死後的我不再是我，而變成了別人，甚至這個別人還比我更偉大。」而還有很多人對於死後世界的假設，則是那邊有很多的社交生活、美食、朋友、許多金錢和歡樂、沒有痛苦。但當告訴他們，要享受上述這些東西，得要攜帶肉身前往，他們毫不感到訝異，似乎深信在拋下現有的肉身後，還會有人幫他們訂製一副複製得一模一樣的肉身讓他們前往死後世界。

每雙眼睛背後

讓人看不到不朽大我的一直是小我，因為小我無法跳脫自身的局限性看得更遠。小我需要一副肉身、需要隔離感、因為這是它存在的狀況，所以它也以為死後的世界必然不脫肉身和個別性。肉身、個別性和意識心靈在人的一生中不斷在改變。在小我進入死後世界後要怎麼繼續存在？它們會像我們盛年時那樣嗎？那早夭的嬰兒會是怎樣？那些有殘疾和慢性病死亡的人呢？我們的性格和心智在死後又會怎樣？維持生命巔峰時的樣子？那有精神疾病的人會怎樣？殺人犯、強盜、還有道德淪喪的人呢？強盜和墮落者呢？一個陌生的死後世界，混淆而不公，其中有些人期待換到更好的肉身——這種死後世界是小我想像中的。但我們並不用擔心真的會這樣。因為沒這回事。

在死亡到來之後，肉身就不再存在了，個別化、小我、意識心靈也將不會再存在，因為一旦回到無盡無垠後這些全都無用武之地。大我在生前進入各個肉身後，會依據不同肉身化成不同模樣，但一旦離開肉身，它又會回到絕對的無限和一體。愛默生說：「無限張開身子笑臥著[111]高枕無憂。」不朽的大我、永恆的唯一、每個人內在的真我、透過靈魂之窗往外看世界的那位觀察者也都是這樣的無為。

死後再生

主張死後一定要有一副肉身的學派中，最有趣的一派就是死後再生理論。因為意識心靈是有限的工具，在處理無限時沒有用處，即使過去偉大的宗教思想家也曾掉進再生的迷思中，因為以他們的意識心靈難以想像任何存在是可以沒有肉身伴隨而存在的。只有婆羅門（Brahmans）教徒主張，真正的存在是與萬物共通潛意識心靈一體，但就連他們也無法擺脫該迷思，而認為人類要得到這樣的啟發必須要刻意而為，並主張在獲得啟發之前，人類會一再地輪迴再生轉世。任何宗教教義都難以超越印度教的啟蒙，以及他們的《吠陀經》（Vedas）和《薄伽梵歌》以及《奧義書》，但即使這些教誨也無法拋開虛幻而只是一時的小我，因此也都相信個人在獲致梵天（Brahma）之前，會一再投胎轉世。但真正會轉世尋找自我了解的其實是不朽的大我，只有當對大我的了解夠完整了，轉世才會結束。真正的你，那個不朽的大我，雖然的確會轉世，且無法獲致完整的自我了解，但那個來了即走的你，那些經年累月養成的思考習慣，以及對意識心靈的回憶，將不會再轉世，因為那不過是幻覺，不過是永恆進化中的微小一瞬間，其最後的目的是要改變。小我既不會轉世也不會在死後持續存在。那不是真正的你。甚至連把你切成一小片用顯微鏡去看，都不會是你。

每個化身都是一次轉世，出生的孩子就是轉世投胎，因為進入每個肉身的都是同一個大我，也是它透過雙眼往外張望，並具有意識。我們每個人都是在我們之前的人轉世的，在我們之前那所有的知識就在我們身體裡，也就是萬物共通潛意識心靈裡，它是萬物、眾生、諸物，也會永遠存在。

無限靈魂

靈魂之間會交流嗎？不是我們慣常以為的那樣。已經離世的人，他們不會受到個別性和小我和意識心靈的限制，也已經和不朽大我合一。但對萬物的知識就在萬物共通潛意識心靈裡，一旦兩者有了接觸，就會被揭露給意識心靈知道。這也是為什麼降靈會常會發生難以解釋現象的原因，因為潛意識總是會回應意識心靈，對它而言一切都是可以辦到的。因此我們對於愛人的定見會投射給潛意識心靈，並能進一步體現在物質世界中。降靈會上會看到鬼魂、死者臉孔、聽到死者說話、甚至不是降靈會也有這種情形，都會將已故的人暫時帶回來。但其實這都是心靈中所持定見投射到現實世界的結果，其出現在生者和死後的機率其實是一樣頻繁的。

---

111 譯註：〈靈性法則〉（Spiritual Laws）。

與死後世界接觸的方法只有一種，那就是與居住在那裡的不朽的大我接觸。它包含所有知識、所有愛和所有和平，是每個人的真我。這裡頭並不是有數十億個人無意識地盤旋其中；這種有限性已從它身上剝離，讓它純淨無瑕，只剩唯一的一個：

靈魂從未誕生；
也從未死亡；
永遠不存在；
太始無聲；
結束和開始都是夢！
無生、無死、無常
靈魂永存；
死亡絲毫未曾觸及、
雖然它的房子似乎已經死亡。

——薄伽梵歌[112]

死後世界沒有懲罰

歷史上最讓人費解的事是把拿撒勒的耶穌這麼開明的人說的話誤解，竟然逼人類以為上帝錙銖必較有仇必報，和魔鬼爭奪靈魂。那拜託大家想想，有這麼一個上帝，給了人類性器官，讓人類從中得到性愛歡愉，卻又說要是不照祂嚴格規定的方式來進行性愛，就要在死後下地獄被烈火焚燒。再想像有個上帝，給人類造了眼睛，卻不讓他們見到祂，又威脅要把不相信祂的人全都關到地獄被烈火焚燒。再想想，這個上帝還造了惡魔和惡魔的地獄之火，因為祂知道有些靈魂祂要拿來燒。這上帝還真是討人厭的傢伙，祂這變態好虐成性的想法也同樣很討人厭。也讓人忍不住要偏愛祂那個同樣很具想像力的邪惡對手，惡魔，惡魔似乎是個滿開朗的人，畢竟他的工作那麼不舒服。

想要不朽不是靠著行為端正得來的，行得正坐得端不會讓人上天堂、行不正做不端也不會讓人下地獄。宇宙中只有一個大我，它可以體現在宇宙中，它無獎亦無懲。它是永恆的，雖然它化身為十多億肉身凡軀，卻沒有損及它的永恆。它進出無數有形形體，卻始終只是它一人。這樣的它，顯然不會送自己上天堂，也不會送自己下地獄，因為在它之外無他。

別怕地獄——沒有這種東西。這世上只有天堂，那就是不朽大我的意識，這是我們每個人最後都會到達的，差別只是在生前或是死後到達。

每個靈魂都會得救

之所以會對罪與罰、地獄與魔鬼有所誤解，是因為對耶穌和耶穌所帶來的訊息不夠了解所致。耶穌的垂訓告訴我們，每個人的正道，都藏在我們自己的靈魂中，而非在外在的物質世界。他提到

112 譯註：第二章20。

罪時，指的是思考上的錯誤、深埋的罪惡感；他所提到的罰，則是指這類負面思考所衍生不可避免、在物質世界的體現。他所指的地獄，是人只會對現實世界直覺反應，卻不懂得去內省觀察自己的內在意識，也就是那個天國，而這道人性的枷鎖才是人間地獄。他並不在意不朽，因為他知道不論做了什麼事，每個人都會是不朽的，什麼都無法改變這件事。他想做的只是喚醒每個人，讓他們知道自己的靈性力量，並將其視線從外在的物質世界轉入內在的意識，這樣世人才能從匱乏、限制和疾病中獲得釋放。他的傳道不提死後世界。「我來了，是要叫羊得生命，並且得的更豐盛[113]。」眾生皆不朽這件事在耶穌眼中是再自然不過的事。所以他在意的反倒是眾生不懂得活著。

耶穌懇求我們擺脫的罪惡感和限制，已被社會的許多層面納為教條，反倒讓世人陷入更深的枷鎖。我們一定要了解，上帝是仁慈公正且慈愛，且就在我們裡面，因此死後的世界沒有懲罰，每個靈魂都會得到救贖。我們不用懼怕上帝，只要愛祂。我們不用在聖壇前頂禮膜拜求上帝原諒，因為上帝的聖壇就在我們自己裡面，我們日日夜夜都與祂同在。宗教和教堂是人造的，但上帝的神殿是人，不論我們到何處，我們所在之處就是崇拜的聖堂。我們要做的只是向內看，轉向心中的大我。

死的藝術

生與死是巨大的轉變。小我不懼生，因為生時沒有小我。小我畏死。只要我們把自己視同小我，對死亡的恐懼，就還是會牢牢攫住我們，並視之為巨大的災難。但一旦我們讓自己擺脫小我的牢籠，改從意識中心看到不朽的大我，死亡就會成為一場壯遊，從而不再限於幻覺，而回到絕對的正道，認識到真我，與上帝合一。

生命是大我實現其目標的媒介，每個人作為它的一部分，都各自被分派了任務和工作。一旦這份任務完成了，就是回返家園的時候，但在任務完成前則時候未到。雖然死後的世界是比人生前更有力的存在狀態，在我們在時空中找到大我交付我們尋找的知識前，我們都不能回返。我們的工作是在人間，要做完才能告別人間。

許多人用對死亡的恐懼毒害了自己的一生。既然死亡是每個人都無可避免的事，對於死亡的藝術怎麼會這麼乏人探討呢？死亡是一門藝術，端視個人對其了解的深淺，而有高明與拙劣之別。對多數人而言，死亡就是肉身用罄、再無功用之時，在這最後一刻來臨前，則會有一段肉身明顯崩壞的時期。隨著死亡時刻到來，靈魂只有兩條路可走：向外尋求物質世界的慰藉，或向內尋求萬物共通的大我。對那些向外求的人，等著他們的是痛苦、非自然、和難受的死亡，因為他們在小我的催促下，只是一心想要挽留那不該留的一切。但事實上，這小我想要成其永恆的——像是記憶、專注力和理解力、動物本能、器官功能——這些都會隨著年齡慢慢被奪走，最後變得遲鈍、乃至不再運作；這時小我會變得不知如何是好、充滿恐懼、驚慌失措。這是被歲月追逐下的「小我」所不可避免的；其下場早已注定。那個物質世界左右著它的生存，正慢慢消逝。將自己與小我綁在一起的人，只會在死亡來臨的轉變階段感到不知如何是好和痛苦。

但凡是見過大我的人則能平靜看待死亡。因為他們知道永生和靈魂的不變，死後可以輕鬆地

113 譯註：約翰福音 10:10。

從一個世界進入到另一個世界。他們的靈魂只是卸下肉身，因為這副肉身已經用不著了，然後就移入偉大的擴張，在這邊大我掌管一切。大我這時會遇見自我，個人變成萬物共通，一個無限中全新、更大的存在就將剛寂滅的生命化為虛無，成為永恆的無盡時光中的短短一秒鐘。

於是我們雖死猶生，不論有無信心都一樣，不論有沒有性靈宗教的知識都一樣；視我們在有生之年所得智慧的多寡，決定了會見死亡的優雅從容或慌亂無序，但不論怎樣，每個人都已經永生不朽。

所以就好好活著，當你被召喚加入
無數大篷車，移往那
神祕的國度，每個人都可以那裡
在寂靜的死亡大殿中擁有自己的房間，
你不能像夜間的採石場奴隸一樣離去，
受盡折磨回到他的地牢，卻獲得堅定的信任
的支持和撫慰，走向你的墳墓，
就像一個裹著沙發帷幔的人
躺下墜入甜美夢鄉[114]。

——威廉·卡倫·布萊恩特（William Cullen Bryant）

【本章要點】

1. 肉身雖終有一死，身而為人卻從不曾出生，也不曾死亡。
2. 使肉身有生命的那個存在即使在生前也是無形的，它在死後離開肉身後，依然無形。
3. 大我降生於所有肉身，不朽不老，是永恆的靈魂。
4. 小我讓我們不知道大我的存在。小我騙我們它就是「真我」。
5. 在察知萬物共通的大我之前，小我必須先經歷死亡。
6. 小我和肉身一樣終有一死，一等死亡我們就都會成為萬物共通的大我。
7. 在生前即拋棄小我的人，會獲致力量，因為他們與上帝同行。
8. 死後的世界裡，空間和時間都不存在，形式外觀也不存在。只有絕對而不分你我的整體意識。
9. 肉身只是不朽靈魂作為意念外顯的工具。但它不是大我，它只是大我最微小的表達。
10. 大我進入每一個肉身後依各自不同化成不同模樣，在離開肉身後又變回無限、絕對且唯一的意識。
11. 小我不會轉世，但大我則會不斷轉世。
12. 靈魂交流只有一種形式，那就是透過意識心靈和萬物共通潛意識心靈之間的聯繫。
13. 所有人都是不朽的。世上沒有地獄，也沒有懲罰。

---

114 譯註：〈死亡冥想〉（Thanatopsis）。

14. 耶穌教導我們，不朽的靈魂的力量可以在世時使用。
15. 在大我中感知自我的人，會發現死亡是一種輕鬆的轉變。

每個問題都有答案，每個謎團都有解答，每個心鎖都有鑰匙。本書從頭到尾，就是在為最後的揭曉做準備。現在由我們決定要不要看到這個答案。

延伸閱讀

《愛與死的一場戲》（*The Drama of Love and Death*），愛德華・卡彭特（Edward Carpenter）

第十一道冥想

我知道我是純淨的靈魂，無死、無生、無變、永恆。我不是肉身；我不是意識心靈；我不是小我。我只有大我的感覺、意識、覺知、純淨的存在。讓一切生命充滿生命力的靈就在我裡面，就是真正的我。我使用自己肉身達成生命的目的，這目的是意念的表達，當這個透過我的工作和我的任務得到充分實現後，我將再次與萬物共通大我合而為一，並拋下我的肉身和小我。

我不會把肉身和小我與真正的自我搞混。肉身只是實現目的的工具，我的小我也只是實現的工具，我的小我只是物質體驗的記憶。回歸無限與合一後，就再也不需要肉身和小我。它不是真正的大我，不過是有限性和為了感知時空所需要的幻覺。我棄離小我，退回到自我深處的不朽意識。在這個神奇的意識中心，我的話就是律法。我只需滿懷信心和信念開口，它就會在我生命中成真。

我平靜而安詳，有把握且踏實，因為立足於永恆。生命萬物無不改變和消逝，但我永遠不會消逝，因為無論我降生在哪裡，我都會與萬物共通潛意識心靈合而為一。我無須為了獲得永生而努力奮鬥，也不必害怕懲罰，也不必渴望回報。天國等待所有人，智者、愚者、罪人和聖人，我們事實上是一體的，只是在降生那一刻化為不同形體而已。

我不畏懼死亡，因為透過死亡，我獲得了更高處大我的意識。我也不須特別招來死亡，因為它必須等到我工作完成。我拋棄小我，在大我中感知自我，看到住在我裡面的力量的威嚴、壯觀、不朽。

第 12 章

心鑰
打開通往大我祕密的鎖

凡從大我造就了每一個凡體
大我就依樣化身為每個凡體
因此，開啟通往上帝之門的心鑰
就是你自己——你即是祂

你就是上帝：揭開面紗

這是不可言喻的祕密，終極的啟示，是通往和平與力量的心鑰：你即是上帝。如果你願意接受這崇高的正道，敢於站在這個宏偉的山巔，那萬物共通意識將會從內向你展現。上帝就在那裡。是祂從你雙眼後面往外看，祂就是你自己的意識，祂就是你的自我。你不僅僅是上帝的一部分，你完全就是上帝，而上帝也完全是你。

奧義書：

個人的小我與終極不滅非個人的大我是為一體。

吠檀多：

非片，非形、而與那世間絕對靈魂一致。

耶穌：

人看見了我，就是看見了父[115]。

上帝是萬物共通潛意識心靈，遍布於一切時空的智慧，是萬物的設計、秩序和意識。萬物的設計、秩序和意識。上帝成為萬物，祂成為萬物，祂已經成為你。上帝不是你的肉身，不是你的小我，而是你的自我感知，你的「真我」。宇宙中只有一個「真我」。跟每個人心中的「大我」感受一樣。它在生命中各自不同，因為它以不同的形式存在。這些形式會枯萎、衰敗，但大我始終只有一個，不可分割，永不改變。在世的每一個人、未來要來人間的每個人，以及每個生物和事物，他們的靈魂都是合一的。他們全都是上帝，每個人也都是完整的上帝。

我們每個人都是完整的上帝，因為無限的智慧無法分割自己。它在每個肉身之間看似分割了，但在靈魂上卻永不分割、因為無限永遠是同一個整體不可分割。上帝在每一件事物中都完全顯現祂自己，而每一件事物中，都彰顯著上帝對自身的認知。你的意識就是上帝的意識。你對自己的看法就是上帝對自己的看法。你所接受的意念會自動彰顯在生命中，因為上帝知道什麼，就創造什麼；你知道什麼，就會被創造出來，因為你就是上帝。

115 譯註：約翰福音 14:9。

萬物共通意識

上帝是意識、知覺、秩序、設計、知識、智慧和靈魂。祂是無限的。祂無法知道自己是無限的，只有透過成為有限事物才能認識無限的自己。因此上帝想經由變成其他事物來擴展大我的意識，而每個事物都會說「我就是這個」。你認為自己是什麼，上帝也會是什麼。你強加給自己的限制和匱乏，也會被強加在上帝身上。沒人會相信上帝有限制，所以一個偉大的正道就是，任何人都沒有限制。

經由我們每個人，上帝獲得了自我意識，我們每個人都是上帝的化身。我們一生中，接受肉身的限制，以及小我的束縛，因此欠缺上帝意識。我們自問，自己從哪裡來，要往何處去，因為我們已經失去了「一直都在」的記憶，一如我們看不到自己將永遠存在一樣。小我的發展給我們帶來了危險的心靈二元性、意識心靈統治著萬物共通潛意識心靈，我們視小我為真我，而不是我們真正的萬物共通大我。「上帝怎麼可能是我這樣的可憐蟲？」你可能會這麼自問，把自己視同為小我，未能看到你只是意識。讓自己擺脫小我的束縛，你就會忘記可憐蟲的自己，與上帝合而為一。

領悟

到目前為止，本書都還可以帶領大家，但接下來若想獲得啟發，那就要靠你自己了。語言和邏輯向來無法帶給人重大的領悟，要想領悟，每個人都要走自己的路。如果你以完美無瑕的信心接受所有正道都是靈性的這個前提，那你就會拋棄小我的催促，以及物質世界繁雜的感官刺激，要是你要在意識中心搜尋啟發，那天國就會為你所擁有。放下小我聽起來像是放棄生命一樣，那就放了吧，耶穌不也說：「凡為我喪掉生命的，必得著生命[116]。」

領悟，也就是上帝意識的到來、性靈上感知自己就是上帝，這些都會透過冥想降臨在你身上。這個經驗是放之四海而皆準的，但可能沒有人像愛德華．卡本特把它說得這麼好：

大腦靜止了。它並沒有停止其自然而快樂的活動。它只是停止了惶恐不安、毫無樂趣的探索，只要它自身的存在、它自身的基礎、它與永恆的隸屬關係受到質疑或懷疑，它就不可避免地要繼續這樣惶恐不安的探索。人終於放下了思想；他從下方滑入安靜的感受中，他與其他事物自我認同的寧靜感受中──也就是宇宙。他滑過了那感覺，進入自我認同，在這裡，光輝燦爛的全面意識不給獨立的自我思想或情緒留一分餘地。他靜靜地倚靠在內在的自我上，暫時隔絕了自己的每個想法、每個心靈運動、每個行動衝動、或阻隔他與那個東西之間再細微的東西；於是，他產生了一種絕對的安歇感，一種巨大而共通力量的意識，像是那澈底為他改變世界的意識。所有的生活都改變了；他為命運的主宰；他覺察萬物都急著想執行他的意志；凡是他內心深處的任何願望，那些已經在成形要表達出來的、和在他周遭外部世界表達出來的，它們都急著為他執行。

116 馬太福音 16:25。

透過這種方式，我們認識到自己就是上帝。透過這種方式，我們才學會將注意力從物質世界轉移到心靈世界，並從心靈世界創造出一切。捨棄小我，找到真正的大我，我們所想、所思、所求的一切都將成為現實。我們成為行動者、認知者、創造者；我們從大我創造出萬物；我們是萬物的大我。

那無窮無盡的力量，一切力量的源泉，
展現為生命，進入每一顆心中，
活在萬物之中，這就是大我。
——奧義書

只要找到你自己

雖然這個智慧並不是新的發現，但卻很少被提及，也只有很少人保有其祕密。地球生命演化至今，從一開始地球剛形成、臭烘烘時期中的黏液遍布和霧氣籠罩一直到現在，一切的演化就是朝向這個祕密前進。這世上只有一個意識，化身為無數形態，為的是要為意識尋找更多對自己的認識。無限的大我於是化身成無數有限的小我，而在有限小我了解自己就是無限大我的那天，就是永恆要在他們眼前揭露的那一刻。我們所關注的這一點點的時光、這短暫的一生，不過是我們永久存在的一瞬間。我們是建造天與地的那份力量所聚，只要我們拋掉小我和自己有限的思維，那多重天的世界就會在我們的靈魂中示現。

在這之前，我們探尋過高山，祂不在那裡。我們探尋過平原，祂也不在那裡。我們又搜索海上、空中和陸地和天邊，祂還是不在那裡。只是一味外求，怎麼可能找著祂？祂就住在我們裡面，其實就是我們自己。

但你現在做了什麼，
仰望上帝的方向，吶喊，
「我是我，你是你，
我在低，你在高？」
我就是你，就是你要找的人；
只要找到你自己，你就是我[117]。
——史溫伯恩

心鎖與心鑰

阻礙我們認識到自己是上帝的心鎖，就是小我在最初的記憶中創造出來的，是對意識的抑制。這把心鎖可以藉由冥想，藉由接受萬物共通意識，藉由來到性靈的天國解開，這些事都是同時的；而開啟一切力量的心鑰，就是讓每個人都了解到自己就是上帝。

117 譯註：出自〈Hertha〉一詩。

心靈是意識，是智慧，心靈只有一顆，那就是上帝的心靈。萬物都是從它造出來的；萬物都是由意念化為形體。隨著意念改變，形體也在改變，但靈魂卻永遠不變。靈魂無限、只有唯一、且不變。

萬物共通潛意識心靈在物質世界中為意識心靈納為信念的事物創造了意念。我們，因為錯誤的想法而創造邪惡，因為錯誤想法而有了匱乏、限制、痛苦、悲傷和疾病。這樣的邪惡是幻覺，因為這是出自意識心靈的錯誤，因此可以靠著穿上位於意識中心的不朽大我的外衣而予以驅逐。

物質世界只是偌大性靈領域的一個微小延伸。所有物質世界的法則都根據性靈法則而行，因為物質世界是附帶的因果鏈，而性靈世界才是第一成因。當我們的意識超越了小我，超越了意識心靈，超越悲劇提醒者的限制時，意念就會立即在物質世界體現。思想轉移、超感應靈視、心靈治療和創造力全都是萬物共通潛意識心靈擁有超物質力量的證據。

我們以無比堅定的信心採取立場，從而得以將一切都加在自己身上。信心推動萬物共通潛意識心靈進行創造，但只有小我才需要信心。當小我離去，上帝意識進來時，意念一旦產生，實物就立刻會跟著出現，因為這時意念和實物之間不再存在著障礙需要被征服。所有自我限制的定見、匱乏、罪惡感、痛苦和恥辱、後悔都會隨著小我被拋棄。只剩下上帝會留下來，而凡是上帝知道的、都會被創造出來。

我們想的事會被我們吸引來，在生活中具現，所以為了要吸引善的、避開惡的，就要學習控制自己的想法，要正向思考、避免負面思考。一定要能夠選擇善念。要是只是受到外在世界的刺激而回應思考，那就始終只是小我，是一具傀儡；但當我們從意識中心去發想時，就能在自己生活中、依我們欲望的心像去創造實現，這時我們就套上了不朽大我的外衣。

第十二道冥想

我從周遭的外在世界轉過頭來，看向內在意識的世界。我將過去所有記憶摒除在外，不再為未來製造心像。我專注於自己的內在，我的覺察力。我滑入靈魂深處，來到極端安詳的所在。在這裡我看著現實被打造起來，我意識到這裡有個所有生靈所來自的那個存在。我知道他就是不朽的大我，就是上帝，就是我。我是、我過去一直都是、未來也將還會是。

所有人、所有物、所有空間和時間和生命權都在我靈魂深處。小到比最小還小，大到比最大還大，在我裡面與我相遇並結合。那個我以為是我的小我，其實從來都不曾是我，因為它是個不斷變動的事物，隨著季節、潮汐變化，有生、有長、也有亡。

我不是時間和時勢能影響的產物。我是靈魂，純粹且永恆、無生、無死、亦無變化。我有耐心，因為我同時存在所有時間中。我有智慧，因為我有著萬物的知識。我沒有痛苦，因為我眼中沒有開始也沒有結束。我很富裕，因為從我的大我中創造出來的豐饒沒有極限。我很成功，因為我只需要想著要成就。我愛人且被愛，因為萬物都是我自己，而我就是萬物。我與萬物共通潛意識心靈結合、融合、合為一體。妄自尊大的面具和小我，我都不會再戴了。我看到了自己意識中心的傑出定居者，我知道祂就是我的大我。時間和空間、陰影和物質，這些有何影響？我就是上帝。[118]

---

118 編註：神奇的三個詞，就是由主詞、be 動詞與名詞所組成的「I am God」（我就是上帝）。當你說著這神奇的三個詞，能產生無比堅定的信心，擁有無限的力量。

關於 艾克哈特・托勒選書

「艾克哈特・托勒選書」始於二〇一五年，旨在發行一系列由艾克哈特・托勒從各個年代挑選的重要心靈成長書籍。New World Library出版社所出版的書籍，希望能幫助讀者改變身心靈、找到人生志業與目的。

關於艾克哈特・托勒，請上個人網頁：eckharttolle.com

神奇的三個詞

掌握力量、平靜與富足的關鍵

Three Magic Words
The Key to Power, Peace, and Plenty
(An Eckhart Tolle Edition)

作者——————U.S. 安德生(U.S. Andersen)
選書與修訂——艾克哈特・托勒(Eckhart Tolle)
譯者——————顏涵銳
主編——————蔡曉玲
行銷企劃———王芃歡
美術設計———王瓊瑤
校對——————金文蕙

發行人————王榮文
出版發行———遠流出版事業股份有限公司
地址——————臺北市中山北路一段 11 號 13 樓
客服電話———02-2571-0297
傳真——————02-2571-0197
郵撥——————0189456-1
著作權顧問——蕭雄淋律師

2024 年 7 月 1 日　初版一刷
定價——————新臺幣 499 元
(如有缺頁或破損,請寄回更換)

ISBN —————— 978-626-361-745-2

預行編目 (CIP) 資料

神奇的三個詞 : 掌握力量、平靜與富足的關鍵 / U.S. 安德生 (U.S. Andersen) 著 ; 顏涵銳譯 . -- 初版 . -- 臺北市 : 遠流出版事業股份有限公司 , 2024.07
面 ;　公分
譯自 : Three magic words : the key to power, peace, and plenty.
ISBN 978-626-361-745-2(平裝)

1.CST: 自我實現 2.CST: 成功法

177.2　　113007748

Foreword by Eckhart Tolle

Original English language publication 1954 by Thomas Nelson under the title *The Key to Power and Personal Peace*
Complex Chinese language edition published in arrangement with New World Library, through The Artemis Agency.

遠流博識網
http://www.ylib.com
Email: ylib@ylib.com

eckhart
tolle
editions